맺음말

우리는 이 책을 통해 한국의 패권 실현 가능성을 다각도로 탐색했다. 역사 속에서 우리가 겪었던 아픔과 잃어버린 국통의 단절은 결코 외면할 수 없는 현실이다. 하지만 동시에, 환국, 배달, 조선 시대로 이어지는 동이족의 찬란한 역사는 우리에게 위대한 잠재력과 자부심을 상기시켜주었다.

현재 대한민국은 복잡한 지정학적 환경과 내부적 과제에 직면해 있다. 북한의 위협, 중국과 일본의 패권적 시도 속에서 우리는 미국과의 동맹을 기반으로 하면서도, 실용적이고 균형 잡힌 외교를 펼쳐나가야 함을 확인했다. 또한 미래 시대의 핵심인 기술과 자원 패권 경쟁에서 우위를 점하기 위한 끊임없는 노력과 투자가 필수적임을 강조했다.

궁극적으로 한국 패권의 비밀은 단순히 외형적인 힘의 확장에 있지 않다. 이는 바로 '잃어버린 국통을 바로 세우는 것'이다. 올바른 역사 인식을 바탕으로 우리의 뿌리와 정체성을 확립하고, 자유민주주의와 인권이라는 보편적 가치를 확고히 하며, 이를 통해 국제 사회에 책임감 있는 리더십을 발휘하는 것이 진정한 패권의 길이다. 이승만 대통령과 박정희 대통령의 업적을 정당하게 평가하고, 우리 민족이 단일 민족을 넘어 다양한 문화와 피가 섞인 '혼합 국가'임을 인정하는 열린 자세가 필요하다.

대한민국은 과거의 아픔에 갇히지 않고, 스스로의 잠재력을 믿으며 미래를 향해 나아갈 때 비로소 진정한 빛을 발할 수 있다. 이는 단순히 국가의 이익만을 추구하는 것이 아니라, 인류 공동체의 평화와 번영에 기여하는 선한 영향력을 가진 패권 국가로서 세계무대에 우뚝 서는 것을 의미한다. 이 책이 독자들에게 대한민국의 미래에 대한 희망과 비전을 제시하고, 각자의 자리에서 이 위대한 여정에 동참할 동기를 부여했기를 바란다.

참고자료

조선일보 입력 2008.09.24. 03:05

"세계경제 질서의 다극화와 미국의 경제패권" 조혜경(사)금·융경제연구소연구위원

인류의 문명 어디까지 왔나(중국문화 대교약졸, 2007. 9. 10. 박석)

미국 달러 패권의 메커니즘과 중국의 대응전략 2021.12. 이규철(경북대학교)

자주시보 임옥현 주권연구소 객원연구원 | 기사입력 2020/09/11

사회민주주의 나무위키 © biosciences.lbl.gov

사이언스타임즈 2019.01.04

서울경제 2019-01-07

서울경제 2019.1.3. 매일경제 2021.3.16.

〈세계 영토분쟁의 과거와 현재〉, 세계영토분쟁연구회, 강원대학교 출판부

〈세계의 영토분쟁 DB와 식민침탈 사례〉, 배진수, 윤지훈, 동북아역사재단

카이스트신문 2019.12.

패권의 비밀

-지배의 허상, 세계는 누구의 것인가-

가은 지음

주)휴먼컬처아리랑

패권의 비밀

-지배의 허상, 세계는 누구의 것인가-

초판 1쇄 인쇄 2025년 8월 20일
초판 1쇄 발행 2025년 8월 25일

지 은 이 가은

발 행 인 이헌숙
디 자 인 (주)휴먼컬쳐아리랑 디자인팀
편 집 (주)휴먼컬쳐아리랑 편집팀
교정·교열 김선화

주 소 경기도 양평군 옥천면 용천로 37
문 의 •TEL 070-8866-2220 •FAX 02-784-4111
이 메 일 thethinkbook@naver.com
홈페이지 www.휴먼컬처아리랑.kr

발 행 처 (주)휴먼컬쳐아리랑
출판등록 제 2009-000008호
등록 일자 20009년 12월 29일
등록번호 132-81-87282

ISBN 979-11-6537-393-1 (03180)

저자 소개

이 책 『패권의 비밀』의 저자는 본명이 이헌숙이며 호는 '가은(街隱)'이다. 그는 문화예술경영학 박사이자, 인간의 본성과 사회 구조를 탐구하는 사유의 작가다. '가은(街隱)'이라는 호처럼, 거리의 삶 속에 숨은 진실을 직시하며, 화려한 겉모습 이면에 흐르는 욕망과 불안을 깊이 응시해왔다.

대표 저서로는 『예술과 상상력』, 『칭찬 터치』, 『칭찬하는 미스김』, 『나는 왜 돈을 버는가?』, 『2020 벼랑 끝의 노인들』, 『조선의 참혹사를 건너온 유일한 박사』, 『나는 남자가 꺽고 싶어하는 꽃이 아니었다』 등이 있다. 이들 작품은 각기 다른 주제를 다루면서도 '삶의 본질을 묻는 질문'이라는 공통된 주제로 연결된다.

이번 책 『패권의 비밀』에서 이헌숙 작가는 오랜 시간 천착해온 인간과 사회의 본질, 그리고 보이지 않는 힘의 역학 관계를 '패권'이라는 키워드로 풀어낸다. 그는 이 책을 통해 독자들이 겉으로 드러난 권력의 모습뿐만 아니라, 그 이면에 숨겨진 비밀스러운 작동 원리를 이해하고, 궁극적으로는 자신과 인류 모두를 위한 지속 가능한 '상생의 패권'을 모색하는 통찰을 얻기를 바란다. 이 책은 이헌숙 작가의 깊이 있는 사유와 날카로운 분석이 응축된 결과물이다.

서문

세상은 끊임없이 변화하는 힘의 역동적인 무대이다. 고대 문명의 흥망성쇠부터 오늘날 강대국들의 미묘한 줄다리기까지, 우리는 역사 속에서 늘 패권이라는 그림자를 목격해왔다.

패권은 단순히 물리적인 힘이나 경제적인 우위를 넘어, 한 시대의 질서를 규정하고 인류의 삶에 지대한 영향을 미치는 복합적인 개념이다. 하지만 이 거대한 힘의 이면에는 늘 비밀스러운 작동 원리가 숨어 있다. 겉으로 드러나는 모습만으로는 결코 알 수 없는 패권이 형성되고 유지되며 때로는 자멸하는 근본적인 비밀들이 존재하기 때문이다.

이 책, 『패권의 비밀』은 바로 그 숨겨진 원리들을 탐구하고자 한다. 우리는 고대 제국의 흥망에서 현대 초연결 사회의 지정학적 경쟁에 이르기까지, 패권의 다양한 얼굴을 마주할 것이다. 여기에는 군사력, 경제력, 문화적 영향력이 어떻게 패권의 원천이 되는지, 그리고 이들이 얽히고설키며 어떤 시너지를 만들어내는지 깊이 파헤칠 것이다. 또한, 21세기라는 새로운 시대가 던져주는 디지털 혁명과 글로벌 패러다임 전환은 패권의 성격 자체를 근본적으로 바꾸고 있다. 데이터와 인공지능이 새로운 힘의 원천이 되고, 기후 변화와 지속 가능성이 미래 패권의 중요한 조건으로 부상하는 현상을 분석하는 것이 이 책의 중요한 부분이다.

우리는 기술 패권의 새로운 비밀, 다시 말해 디지털 인프라와 플랫폼, 알고리즘을 누가 지배하는지가 미래 패권을 결정하는 비밀임을 강조할 것이다. 또한, 미중 경쟁과 같은 현대 강대국들의 대결이 단순히 이익 다툼을 넘어, 가치관, 체제, 그리고 미래 질서에 대한 서로 다른 비밀스러운 비전을 바탕으로 전개되고 있음을 분석할 것이다.

여기에 공급망, 우주, 해양 등 새로운 전장에서 벌어지는 패권 경쟁의 비밀스러운 양상도 다룰 것이다. 하지만 이 책의 목적은 단순히 패권의 현상을 분석하는 데 그치지 않는다. 우리는 패권이 가진 양면성을 직시하고, 오만과 남용이 결과적으로 스스로의 몰락을 초래했던 역사적 교훈에 귀 기울여야 한다. 패권이 자만과 오만으로 이어질 때 어떻게 내부 부패, 사회적 불평등, 국제적 고립이라는 비밀스러운 독이 되어 스스로를 파괴하는지 밝힐 것이다. 역사 속 패권국들의 몰락이 단순히 외부 요인이 아니라, 내부의 비밀스러운 균열에서 비롯되었음을 보여주는 것이다.

진정한 패권은 단순히 다른 이를 지배하는 것이 아니라, 책임감을 가지고 인류 공동의 번영에 기여하며, 궁극적으로 상생의 길을 모색할 때 비로소 지속 가능하다는 비밀을 밝히고자 한다. 이는 힘을 현명하게 사용하는 비밀인 것이다.

이 여정은 국가와 국가 간의 거시적인 관계뿐만 아니라, 우리 각자의 삶 속에서도 이어질 것이다. 나라는 브랜드가 어떻게 자신만의 패권을 구축하고, 자기 통제력을 통해 그 영향력을 긍정적으로 활용하며, 타인과 사회에 기여할 수 있는지에 대한 비밀도 함께 탐구할 것이다. 개인이 자신의 전문성, 신뢰, 관계 형성 능력, 그리고 자기 통제력을 통해 삶의 주도권을 획득하고 나라는 브랜드의 패권을 구축하는 내면의 비밀을 탐구한다. 이는 겉모습이 아닌 본질적인 역량에 집중하는 비밀인 것이다. 또한, 개인이 자신의 패권을 통해 어떻게 끊임없이 성장하고, 그 성장을 바탕으로 타인과 사회에 긍정적으로 기여할 수 있는지에 대한 성공의 비밀을 제시한다. 개인의 성장이 모여 사회 전체의 역량을 강화하고, 이는 다시 국가의 패권으로 이어지는 유기적인 연결고리를 이해하는 것은 매우 중요한 의미를 가진다.

마지막으로, 미래 패권의 궁극적인 비밀에 다다를 것이다. 미래 패권이 환경, 사회, 경제적 지속 가능성을 얼마나 잘 달성하느냐에 달려 있다는 궁극적인 비밀을 밝힌다. 친환경 기술, 사회적 포용성, 윤리적 인공지능 등 지속 가능한 발전을 위한 요소들이 미래 패권의 핵심이 되는 이유를 설명할 것이다. 인류 공동의 번영을 추구하는 상생의 패권이 왜 미래 시대에 가장 강력하고 바람직한 패권 모델인지에 대한 미래의 비밀을 제시한다. 이는 협력과 공존을 통해 모두가 승자가 되는 길을 모색하는 것이다. 이러한 변화하는 패권의 비밀을 이해하고, 능동적으로 미래를 준비하기 위한 구체적인 전략(기술 투자, 인재 양성, 거버넌스 혁신 등)을 제시하는 것이 마지막 비밀이 될 것이다.

『패권의 비밀』이 독자 여러분에게 패권이라는 복잡한 현상을 이해하는 깊이 있는 통찰을 제공하고, 급변하는 미래를 주도하며 더 나아가 모두가 함께 번영할 수 있는 상생의 패권을 위한 지혜와 영감을 선사하기를 진심으로 바란다. 이제, 패권의 숨겨진 비밀을 함께 밝혀나갈 시간이다.

목차

1

패권의 구조

1. 인간은 왜 지배를 갈망하는가

패권의 문제는 단순히 정치나 국제관계의 문제가 아니다. 그것은 인간의 본성 깊숙한 곳에서 발현되는 원초적 충동이자, 집단이 살아남기 위해 세대를 거쳐 만들어온 전략적 선택이다. 인간은 왜 권력을 추구하는가? 왜 어떤 이는 타인을 통제하고자 하고, 어떤 이는 통제받기를 수용하는가? 이러한 질문은 단순한 윤리적 판단이나 이념적 구호로 설명될 수 없다. 인간은 본능적으로 '위계'를 이해하고, '우위'를 선호하며, '우월성'을 욕망한다.

고대부터 권력은 생존과 직결되었다. 먹이를 더 많이 확보하고, 더 나은 환경을 지배하며, 자신의 유전자를 더 많이 남길 수 있었던 이는 대부분 무리를 통제하거나 지배했던 존재였다. 이때부터 '패권의 본능'은 인간 정신의 한 축으로 자리 잡기 시작했다. 그리고 시간이 흐르며 그것은 단지 생존을 위한 수단이 아니라, '가치 있는 삶' 혹은 '위대한 존재'

로 인정받는 방식으로 변형되었다.

이처럼 패권은 단순한 물리적 우위나 권력 행사 그 자체를 넘어, 인정 욕구와도 결합되어 있다.

아도르노와 호르크하이머가 『계몽의 변증법』에서 지적했듯 인간은 자신이 세계의 중심에 있다고 믿고 싶어 하며, 세계를 지배하는 것이 곧 의미 있는 존재의 증표라고 여긴다. 이러한 심리는 국가, 문명, 종교, 이념이라는 형태로 구조화되어 대규모의 지배 욕망을 '정당한 것'으로 포장한다.

현대의 패권은 더욱 복잡한 구조를 가진다. 단순히 군사력이나 경제력의 우위만으로 성립되지 않는다. 오히려 '정당성의 서사'가 중요하다.

미국은 단지 세계 최강국으로서가 아니라, '자유와 민주주의의 수호자'라는 내러티브를 통해 자신의 영향력을 전파한다. 이처럼 '패권의 구조'는 눈에 보이지 않는 의미와 상징, 가치와 신화를 통해 강화되고 유지된다.

중요한 것은 인간의 이러한 패권 본능은 개인 수준에서 국가, 문명 수준으로 확장되면서 훨씬 더 복잡하고 교묘한 형태로 작동한다는 점이다.

한 개인이 집단을 장악하는 방식과 한 국가가 다른 국가를 규율하는 방식 사이에는 형식적으로는 차이가 있을 수 있으나, 본질적으로는 '불균형 속의 안정을 추구하는 구조'라는 점에서 동일하다. 그리고 이 구조는 언제나 다음과 같은 세 가지 요소로 구성된다.

첫째는 **우위의 자원이다.** 이는 군사력, 기술력, 자본력, 정보력 등 시대에 따라 변형되지만 항상 중심에 존재한다.

둘째는 **정당성의 담론이다.** 힘은 존재하지만, 그것이 인정받기 위해선 서사가 필요하다. 제국은 언제나 문명을 전파한다고 말하고, 독재는 질서를 수호한다고 주장하며, 시장은 자유를 주겠다고 속삭인다.

셋째는 **타자의 수용 또는 굴복이다.** 지배는 일방적으로 이루어지지 않는다. 피지배자가 이를 수용하거나 저항을 포기했을 때 비로소 완성된다. 이 지점에서 '허상의 지배'가 가능해진다. 실제로 완전한 통제를 하지 않더라도, 타인이 스스로 지배당하고 있다고 느끼지 않으면 지배는 유지된다.

패권은 이렇게 강제력과 상징력, 수용성의 삼각 구조 안에서 작동한다. 그리고 그 기저에는 '본능의 체계화'가 있다. 인간이 가지는 원초적인 지배 욕망은 사회적, 제도적, 언어적 장치를 통해 정당화되며 반복되는 문명의 내러티브 속에서 안정적 시스템으로 굳어진다. 이것이 바로 패권의 구조다. 그러나 이 구조는 필연적으로 긴장과 충돌을 낳는다. 왜냐하면 지배는 제로섬 게임이기 때문이다. 누군가의 패권은 누군가의 종속을 전제하며 이 때문에 인간과 문명은 끊임없이 저항하고 전복하며 재구성된다.

패권은 영속할 수 없으며 모든 패권은 그 구조 안에 붕괴의 씨앗을 가지고 있다. 그러므로 '지배'란 완결된 상태가 아니라, 늘 작동 중인 과정이며, 그것은 본능과 이념, 물질과 언어, 현실과 허상이 교차하는 복합적 구조로서 존재한다.

2. 경제 초과 이익 구조

패권의 첫 번째 기반은 경제적 초과 이익을 안정적으로 확보하는 능력이다. 이는 단순히 부유한 나라가 된다는 것을 의미하지 않는다. 패권국은 자국의 경제 시스템이 글로벌 시장에 깊숙이 연결되도록 설계함으로써 구조적으로 초과 이익을 실현하고 이를 장기적으로 유지할 수 있는 능력을 갖춘 국가다.

패권은 단순한 힘의 과시가 아니다. 이는 구조다. 이 구조를 이해하지 못하면 우리는 세계 질서가 어떻게 작동하는지, 누가 설계했고 누가 따르도록 만들었는지를 결코 알 수 없다. 패권의 작동 원리는 무질서한 세계를 가장 이익이 되도록 정렬해 놓는 방식이며, 이는 거대한 기계처럼 정교하게 짜여 있다.

패권의 구조는 다섯 단계로 설명할 수 있다.

첫째, **경제적 초과 이익의 확보다.** 단순한 부의 축적이 아니라, 세계 다른 국가들이 따라올 수 없는 지배적 생산력과 금융 주도권을 확보하는 것이다.

19세기 대영제국의 해상무역 지배, 20세기 미국의 달러 중심 금융질서가 대표적 사례다. 이는 단순한 무역 흑자가 아니라, 다른 국가들이 거스를 수 없는 선택지를 제공하는 구조로 진화한다.

둘째, **군사력의 확대다.** 경제력만으로는 안 된다. 그 경제적 이익을 보호하고 위협을 억제하며, 궁극적으로는 힘의 정점을 유지하기 위해서는 글로벌 군사망이 필요하다. 미군의 해외 700개의 기지, 나토와의 동맹, 전략 핵무기의 전방 배치는 이 구조의 일부다. 군사력은 단순한 위협 수단이 아니라, 세계 질서의 보증 수표다.

셋째, **규범과 제도의 주도권이다.** 패권국은 자국의 이해관계를 보편적 규범으로 치환하는 능력을 가진다.

WTO, IMF, UN, SWIFT[1] 등 국제기구와 시스템은 형식상 중립적이지만, 그 설계와 운영은 패권국의 이익을 내재화하고 있다. 예컨대 IMF는 긴축 정책을 조건으로 개발도상국에 자금을 제공했고, 이는 미국식 자본주의 체제를 확산시키는 통로였다.

넷째, **문화적 수출이다.** 하드파워가 아닌 소프트파워로서, 패권국의 가치와 생활양식을 자연스럽게 모방하게 만드는 효과를 가진다. 여기에는 헐리우드, 넷플릭스, 하버드 대학은 총칼을 들지 않고도 전 세계 엘리트와 대중의 사고방식을 형성한다. 이는 강제보다 무서운 "동의의 구조"다. 미국식 교육, 자유주의, 인권 담론은 전 세계 법과 제도의 설계에 영향을 주었다.

---

1) WTO: World Trade Organization, 다자간 무역 규범을 제정·감독해 자유롭고 공정한 국제 무역을 촉진하는 기구이다. IMF: International Monetary Fund, 국제 금융 안정과 환율 안정을 지원하며 회원국에 자금 지원과 경제 정책 자문을 제공하는 기구이다. UN: United Nations, 국제 평화와 안전 유지, 인권 보호, 개발 협력을 목적으로 설립된 국제기구이다. SWIFT: Society for Worldwide Interbank Financial Telecommunication, 전 세계 금융기관 간 안전하고 표준화된 금융 메시지를 주고받게 하는 네트워크이다.

다섯째, **도전자 억제 혹은 포섭이다.** 패권은 가만히 있지 않는다. 도전자를 미리 파악하고 때로는 힘으로 억제하며, 때로는 체제 안으로 끌어들인다. 소련 붕괴 이후 미국은 러시아를 G8에 초대했고, 중국에 WTO 가입을 허용했다. 이는 열린 듯하지만, 실상은 체제 내 통제다. 하지만 중국처럼 체제 바깥에서 내부를 재설계하려는 시도가 나타나면, 이는 패권의 진짜 위기로 간주된다.

이러한 패권의 구조는 단선적이지 않다. 한 요소가 다른 요소를 강화한다. 경제적 우위는 군사력을 가능하게 하고, 군사력은 국제 규범을 정당화하며, 문화는 그 규범을 자연스럽게 수용하게 만든다. 이 구조는 거대한 톱니바퀴처럼 유기적으로 맞물려 있으며, 한 축이 무너지면 전체가 흔들린다.

하지만 이 구조는 투명하지 않다. 오히려 위선과 정당성의 포장 속에 감춰져 있다. 패권국은 인권과 민주주의를 이야기하면서도 필요할 때는 독재 정권을 지원하고, 자국 이익을 위해 전쟁을 일으킨다.

이라크 전쟁은 인권이라는 명분 아래 벌어진 이익 중심의 개입이었다. 이것이 패권의 구조가 가진 또 하나의 진실이다.

패권의 구조는 외형이 아니라, 작동 원리다. 눈에 보이는 힘보다, 그 힘이 어떻게 구성되고 정당화되며 유지되는지를 파악해야 한다. 그리고 이 구조는 결코 자연스럽게 형성되지 않는다. 설계된 결과이며, 의도된 힘이다. 이 책이 말하는 '패권의 비밀'의 첫 관문은 바로 이 구조를 해독하는 데 있다.

패권이 지속되려면, 다른 나라가 감히 따라올 수 없는 '경제적 잉여'를 안정적으로 거두는 구조가 필요하다. 이는 단순히 부유한 나라가 된다는 것을 의미하지 않는다. 패권국은 자국의 경제 시스템이 글로벌 시장에 깊숙이 연결되도록 설계함으로써, 구조적으로 초과 이익을 실현하고 이를 장기적으로 유지할 수 있는 능력을 갖춘 국가다. 이러한 구조는 몇 가지 전략적 메커니즘을 통해 작동한다.

첫째, **패권국은 국제 분업 구조의 상위에 위치하여 고부가가치 산업을 장악한다.** 단순한 제조업이 아니라 금융, 정보, 기술, 브랜드, 플랫폼 등 높은 수익률을 창출하는 영역을 점유한다. 여기에 미국은 금융과 기술 플랫폼 분야에서 압도적인 우위를 차지하고 있으며, 애플, 구글, 마이크로소프트 등 거대 기업을 통해 전 세계로부터 경제적 지대를 흡수한다. 이러한 구조는 자본의 흐름을 통제하고, 특허권, 저작권, 기술 표준을 통해 지속적인 초과 이익을 확보하는 방식으로 작동한다.

둘째, **국제 무역 질서를 설계함으로써 자국에 유리한 무역 조건을 확보한다.** 패권국은 세계무역기구(WTO), 국제통화기금(IMF) 등 글로벌 경제 질서를 규정하는 제도 설계에 깊이 관여하며, 이를 통해 자국의 경제 모델이 전 세계에서 복제되고 확산되도록 유도한다. 이로 인해 패권국은 단순한 경쟁자가 아닌 시스템을 만든 자로서 규칙을 통제하게 된다. 예컨대 미국의 달러 패권은 세계 금융 거래의 기준통화를 자국 화폐로 설정함으로써, 무역을 할수록 미국으로 자본이 흘러들어오게 만드는 구조다. 이는 미국이 세계 중앙은행 역할을 수행하면서도 자국의 재정적자를 전가할 수 있는 역설적 구조를 가능하게 했다.

셋째, **패권국은 경제적 충격을 흡수하는 유연성과 회복 탄력성을 갖춘다.** 글로벌 금융위기나 코로나19와 같은 위기 상황에서도 패권국은 중앙은행의 통화정책, 정부의 재정정책, 다국적 기업의 글로벌 네트워크를 동원하여 위기를 기회로 전환하는 능력을 보여준다.

미국은 2008년 글로벌 금융위기 이후에도 빠르게 경제를 회복하며, 전 세계 자본을 다시 끌어 모으는 데 성공했다. 이는 패권국이 단순한 부의 총량이 아니라, 위기 상황에서도 시스템을 유지하고 재편할 수 있는 구조적 우위에 있다는 것을 보여준다.

넷째, **패권국은 경제적 종속 구조를 통해 상대 국가의 자율성을 제한한다.** 이는 단순한 무역 의존을 넘어, 기술, 금융, 공급망, 자원 등 다양한 측면에서 다른 국가들이 패권국 없이는 생존하기 어려운 구조를 만드는 것이다. 이렇게 반도체, 배터리, 원천 기술 등에서 특정 국가에 대한 과도한 의존은 국제 정치에서 그 나라의 행동을 제한하는 실질적인 힘으로 작동한다.

미국은 첨단 기술에 대한 수출 통제를 통해 중국을 압박하고 있으며, 이는 기술이 단순한 산업이 아니라 전략 자산으로 기능한다는 것을 보여준다.

3. 군사력 확보

패권을 유지하기 위한 군사력은 오직 물리적 충돌을 대비한 방패 이상의 의미를 지닌다. 이는 경제적 초과 이익을 보장하고, 국제 질서의 방향을 조율하며, 도전자의 등장을 억제하는 핵심 기제로 작동한다. 역사 속의 모든 패권국은 강력한 군사력을 기반으로 세계를 설계해왔다. 군사력은 한 국가의 물리적 힘을 넘어, 질서의 구도를 고정시키는 가장 현실적인 수단이며, 동시에 다른 수단들이 실패할 때 마지막으로 작동하는 절대적 메커니즘이다.

미국은 이를 가장 체계적으로 실행해 온 국가다. 제2차 세계대전 이후 미국은 단순히 전쟁의 승리자가 아니라, 새로운 세계 질서를 건설한 설계자였다.

브레튼우즈 체제와 유엔의 탄생, 세계은행과 IMF의 설계 뒤에는 언제나 미국의 압도적인 군사력이 자리 잡고 있었다. 군사력은 명시적으로는 언급되지 않았지만, 국제회의장 밖에 배치된 항공모함 한 척은 누구보다 강력한 외교적 설득력으로 기능했다.

세계 곳곳에 구축된 수백 개의 미군 기지와 항공모함 전단은 물리적 통제를 넘어서서, 미국이 설정한 질서와 규범을 실질적으로 유지하는 무력 인프라였다. 이처럼 패권국의 군사력은 정지된 힘이 아니라 언제든 세계 곳곳으로 투사될 수 있는 유동적 구조 속에 존재한다. 이 군사력은 결코 독립적인 것이 아니라 경제와 정치, 문화와 맞물려 작동한다.

미국은 군사력을 활용하여 동맹국들의 전략과 방위정책에 영향력을 행사하고, 무기체계를 표준화하며, 자국산 무기를 중심으로 한 글로벌 방산 네트워크를 구축했다. F-35 전투기 사업은 그 상징이다. 단순한 전투기 판매를 넘어, 부품 생산과 기술 이전, 공동 훈련과 작전운용을 통해 미국의 군사적 통제력은 전 세계로 뻗어나갔다. 이러한 구조는 단순한 무기 판매가 아니라, 질서 재편의 일환이며, 동맹국을 자율적 방어가 불가능한 구조로 고착화시키는 소프트한 종속의 기술이기도 하다.

군사력의 진화는 물리적 충돌을 넘어 정보와 기술의 장으로 확장되고 있다. 인공지능 기반 정밀 무기, 무인 드론, 사이버 전력, 극초음속 무기 등은 단순히 전투 능력을 넘어서 전쟁의 룰 자체를 재설계하는 수단이 되었다. 이로 인해 군사력은 전장에서의 승패를 결정하는 차원을 넘어서 정치적 협상과 경제적 패권의 보이지 않는 지렛대로 기능하고 있다. 기술은 언제나 군사력을 따라가고, 군사력은 기술의 혁신을 토대로 더욱 정교한 억지력으로 진화한다. 이러한 과정에서 군사력은 하나의 산업군을 형성하며, 기술 개발, 생산, 수출, 유지보수까지 포함하는 독자적인 경제 영역을 만들어낸다.

무기화된 경제는 현대 패권의 또 다른 얼굴이다. 물리적 무력 충돌 없이도 경제 제재, 수출 통제, 기술 차단 등을 통해 특정 국가의 성장과 자립을 제약하는 방식은 군사력의 비물리적 확장으로 이해할 수 있다.

미국은 반도체 장비와 관련된 첨단 기술의 수출을 제한함으로써 중국의 기술 자립을 지연시키고, 이란에 대한 금융제재를 통해 해당 국가의 국제 거래망을 붕괴시켰다. 이러한 조치는 제재라는 명분을 내세우지만, 실제로는 군사력과 동일한 기능을, 다시 말해, 도전자의 부상을 억제하고 기존 질서를 방어하는 효과성을 수행한다.

또한 군사력은 국제 규범과 규칙의 형성에도 결정적 영향을 끼친다.

유엔 안전보장이사회에서의 상임이사국 지위, 나토의 집단방위조항, 또는 인도주의적 개입이라는 명분 모두는 해당 국가가 보유한 군사력이 뒷받침되었기에 가능한 구조였다. 명분은 언제나 군사력의 그림자 위에서 있고, 국제 규범은 힘의 비호 없이 작동하지 않는다. 미국의 이라크 침공은 인권과 자유라는 외피를 썼지만, 본질적으로는 석유와 중동 전략이라는 이해관계 위에서 설계된 것이며, 그것을 실현 가능케 한 것은 바로 군사력을 가능하게 한다.

패권국의 군사력은 단순한 방어 수단이 아니다. 이는 정치적 설득의 도구이자, 문화적 지배의 보이지 않는 경계선이며, 경제적 이익의 최후 보루이다. 이러한 군사력은 정당성이라는 이름으로 포장되며, 질서 유지라는 명분 아래 작동하지만, 그 근본은 생존이고 이익이다.

패권은 도전자의 출현을 용납하지 않으며 도전자를 억제하거나 포섭하는 데에 군사력을 언제든 동원할 수 있는 준비태세를 갖춘 자만이 그 자리에 남을 수 있다.

결과적으로, 패권이란 무력의 존재를 드러내지 않고 행사할 수 있는 능력이다. 상대가 한발 나아가기도 전에 물러서게 만드는 힘, 그것이야말로 진정한 군사 패권이며 이 구조는 단순히 전투력의 문제가 아니라 설계된 위압, 예측된 대응, 암묵적 강제의 총합으로 완성된다. 이런 점에서 군사력은 단순한 무장이 아니라, 패권의 숨겨진 언어이자 그 지속성을 가능케 하는 무형의 설계도다.

4. 국제 규범과 기구 설계

"패권국은 규칙을 만들고, 세계는 그것을 따르게 되어 있다."

패권의 본질은 단순한 힘의 우위에 있지 않다. 힘은 지속되지 않는다. 총칼 위에 세운 제국은 피의 해일 속에 무너졌고, 일시적 경제력만으로는 미래의 질서를 설계할 수 없다. 진정한 패권은 자신이 설계한 규칙 안에 세계를 끌어들이고, 그 규칙이 세계 각국의 자율적인 선택처럼 작동하게 만드는 구조 속에서 완성된다. 이 구조의 핵심이 바로 국제 규범과 국제기구의 설계이다.

1945년 이후의 세계 질서는 미국이 중심이 되어 설계한 질서다.

유엔, 세계은행, IMF, GATT(WTO의 전신), 나토, G7 등은 단순한 회의체가 아니라 미국이 설계한 가치와 질서를 제도화한 장치들이다. 주목할 점은 이 규칙들이 무력에 의해 강제된 것이 아니라, 다수 국가들이 자발적으로 동의한 듯 보이도록 정교하게 설계되었다는 사실이다. 다시 말해, 미국은 전후 세계가 필요로 하는 틀을 제시함으로써 자국의 패권을 정당화했고, 다른 나라들은 그 틀 안에서 자신들의 생존과 이익을 찾게 되었다.

IMF와 세계은행은 개발도상국의 경제 구조를 서구 중심의 자본주의 체제로 편입시키는 수단이었다. '구조조정 프로그램'은 단순한 지원이 아니라, 시장 개방, 민영화, 긴축재정이라는 미국식 자본주의의 수출이었다. 이는 종종 국가 주권의 약화를 동반했고, 사회적 불평등을 심화시켰지만, 국제기구의 권위를 등에 업은 '합리적인 정책 패키지'로 제시되었기 그래서 반발이 어렵게 구성되었다. 다시 말해, 제도라는 외피를 쓴 규범의 수출은 결과적으로 패권국의 이익에 봉사하는 구조였다.

세계무역기구(WTO)는 미국이 만든 세계화의 규칙을 가장 잘 보여주는 사례다. WTO의 기본 원칙은 자유무역, 비차별, 투명성이다. 하지만 이 규칙은 모든 국가에 동일하게 적용되는 것이 아니라, 선진국 중심의 무역 질서를 유지하는 구조로 작동한다. 여기에 지식재산권에 관한 무역 관련 지침(TRIPS)은 미국과 유럽의 거대 제약사와 IT기업의 이익을 보호하는 장치로 작동했고, 농업 보조금 문제에 있어서도 선진국의 보조금은 관용되면서 개발도상국의 보호무역은 억제되었다. WTO의 규칙은 결과적으로 '평등하게 불평등한' 구조를 만들어낸 것이다.

유엔(UN)은 세계의 보편 가치를 대표하는 기구처럼 보이지만, 그 작동 원리는 군사력과 패권의 힘에 기반한다. 안전보장이사회는 다섯 개의 상임이사국에게 거부권이라는 특권을 부여했고, 이는 곧 세계 안보에 대한 해석과 개입 여부를 특정 국가가 독점하는 구조로 이어졌다. 유엔은 국제법과 인권의 보루처럼 보이지만, 그 작동은 언제나 힘의 균형 위에서 조율된다.

미국이 이라크를 침공할 때 유엔의 명시적 동의를 얻지 못했음에도 작전이 실행되었고, 그에 대한 국제사회의 대응은 소극적이었다. 이는 국제기구의 권위가 패권국의 전략과 충돌할 때 얼마나 쉽게 무력화될 수 있는지를 보여준다.

나토(NATO)는 집단안보의 이상적 형태로 제시되었지만, 실질적으로는 미국의 군사적 패권을 제도화한 기구다. 유럽 국가들은 미국의 군사력에 의존하며 국방비를 절감했고, 동시에 미국은 유럽의 안보 환경을 통제하면서 전략적 입지를 강화했다. 나토의 확장은 러시아의 반발을 초래했고, 이는 결과적으로 우크라이나 전쟁이라는 지정학적 충돌로 이어졌다. 나토는 오직 방어기구가 아니라, 미국이 설정한 지정학적 질서를 유지하기 위한 군사적 구속 장치다.

G7과 같은 클럽 형태의 기구는 글로벌 거버넌스를 주도하는 비공식 무대다. G7은 세계 경제의 주요 강국들이 모여 글로벌 의제를 조율하는 장처럼 보이지만, 실질적으로는 비G7 국가에 대한 정책적 압박의 도구로 활용되기도 한다. G7은 새로운 국제 규범을 형성하고, 그것을 전 세계에 확산시키는 창구로 기능하며, 새로운 기술 표준, 규제 틀, 금융질서 등을 선도적으로 설계하는 데 주력한다. 여기에 디지털 세금, ESG 투자 기준, CBAM(탄소국경세) 등의 도입은 비회원국에게도 사실상 '강제성'을 갖는다. 이처럼 국제기구와 규범은 그 자체로 중립적이거나 자연스러운 진화의 결과물이 아니다. 이는 특정 국가의 이익, 가치, 전략이 제도적 언어로 번역된 결과이며, 그 기저에는 힘의 비대칭성이 고정되어 있다. 중요한 것은 이 규범들이 강제로 강요되는 것이 아니라, '합리적'이고 '보편적' 가치로 포장된다는 점이다. 규칙은 논리가 아니라 구조의 문제이며, 패권국은 이 구조를 설계하고, 유지하고, 개정할 권한을 갖는다.

세계는 지금 새로운 규범 전쟁의 시대에 돌입했다. 디지털 통화의 기준, 인공지능 윤리, 공급망 안보, ESG 회계 기준 등 새로운 영역에서 누가 먼저 규칙을 만들고 이를 세계적으로 표준화하느냐가 패권의 향방을 가르게 될 것이다.

중국은 자국 중심의 '글로벌 남반구' 네트워크를 통해 대안적 규범을 확산시키려 하고 있고, 미국은 이를 견제하기 위해 첨단 기술 규범, 공급망 규칙, 환경 기준 등을 통한 새로운 연합을 시도하고 있다. 이제 패권은 오직 군사력이나 경제력의 문제가 아니라, '세계가 따라야 하는 규칙'을 누가 정의하느냐의 싸움이 되었다.

결과적으로, 패권은 설계하는 자의 힘이다. 규칙을 만드는 자가 질서를 만들고, 그 질서 안에서 이익을 취하며, 반발을 '비이성'으로 몰아간다.

미국이 만든 세계는 미국이 그 자리를 비켜도 돌아가게끔 설계되어 있다. 그것이 진정한 패권의 위력이자, 규범 설계가 가지는 결정적 힘이다.

5. 문화/정보 담론 지배

패권은 물리적 힘만으로 이루어지지 않는다. 진정한 패권은 사람들의 생각, 감정, 신념과 감수성까지 설계할 수 있을 때 완성된다. 그것이 바로 문화와 정보, 다시 말해 '담론'의 지배다. 군사력과 경제력이 겉으로 드러나는 힘이라면, 문화와 정보의 지배는 사람들의 머릿속과 마음속에서 작동하는 가장 보이지 않는 형태의 권력이다.

헐리우드는 단순한 영화 산업이 아니다. 이는 세계인의 상상력을 설계하고, 가치 판단의 잣대를 제공하며, 삶의 방식과 윤리의 구조를 은연중에 주입하는 '기억의 공장'이다. 이들의 영웅 서사는 미국의 존재 방식과 일치하며, 악의 축은 미국 외의 타자를 상정함으로써 미국의 질서가 '정의'로서 자리매김하게 만든다.

슈퍼히어로의 싸움은 언제나 뉴욕의 빌딩 사이에서 벌어지고, 세계를 구하는 손은 늘 미국인이다. 이것은 단순한 스토리텔링이 아니라, 세계관의 프레임이다. 헐리우드는 무기보다 강력한 무기였으며, 국민국가의 정체성을 해체하고, 세계인의 무의식을 설계하는 패권의 가장 고도화된 형식이었다.

넷플릭스와 디즈니+, 유튜브, 인스타그램, 틱톡 등은 그 뒤를 이었다. 이제 정보와 감정은 알고리즘에 의해 선별되고, 정보가 소비되는 방식은 '참여'가 아닌 '유도'에 가까워졌다. 미국의 빅테크 기업들은 플랫폼 그 자체를 통해 세계인의 문화적 감수성과 판단 기준을 재구성한다. 이는 단순한 콘텐츠 제공이 아니라, 누가 어떤 정보에 먼저 접근할 수 있고, 어떤 감정에 노출되는가를 통제하는 '감정의 분배 시스템'이다. 현대의 패권은 총을 들지 않고도 감정의 흐름을 지배함으로써 질서를 고착화시킨다.

더 나아가, 자유, 민주주의, 인권 등은 보편적 가치로 인식되지만, 실상은 특정 국가와 문명이 정의한 질서의 언어다. 자유란 무엇인가? '표현의 자유'는 서방의 방식대로 말할 자유인가, 아니면 전통 사회가 갖는 집단적 존엄의 수호인가? 이 모호한 질문은 결과적으로 "누가 그것을 정의하는가"라는 본질로 귀결된다.

서구 문명이 문화적 표준을 선점하고, 그것을 국제 규범으로 고정시킬 수 있었던 이유는 바로 이 문화/정보의 지배력이 있었기 때문이다. 이러한 문화적 프레임은 개발도상국이나 비서구권 국가들로 하여금 '진보' 또는 '문명화'라는 명목 아래 자신들의 고유한 문화를 자발적으로 수정하도록 만든다. 이는 명령이 아니라 유혹이었고, 강제라기보다는 선망이었다. 이것이 소프트파워의 핵심이다.

한국의 K-POP, K-드라마, 한류 콘텐츠가 글로벌 무대에서 큰 반향을 일으키고 있는 것도 이 문화/정보 지배의 역전 가능성을 보여준다.

BTS의 메시지는 평등, 자아, 연대, 평화 등 보편적 가치에 기반하지만,

그것을 전달하는 방식은 전통적인 서구 팝과는 다른 감정적 리듬과 서사 구조를 지닌다. 이것은 동아시아적 감수성과 디지털 세대의 특성이 결합된 새로운 문화 코드이며, 미국 중심의 감성 체계에 균열을 내는 새로운 '정서의 패권'이다. 하지만 한류는 단순한 대중문화 수출을 넘어, 한국어 학습과 관광, 패션·뷰티 산업 확장으로 이어지고 있다. '오징어게임'이나 '기생충'처럼 서구 시상식과 글로벌 미디어 담론에 영향을 준 사례도 등장했다. 특히 ARMY를 비롯한 온라인 팬덤 문화는 글로벌 팬 번역과 콘텐츠 제작을 통해 자발적인 홍보 효과를 만들어내고 있다. 이 역시 글로벌 플랫폼 특히 유튜브와 트위터 위에서 작동하기 그래서 완전한 자율성이라 보기는 어렵다. 플랫폼이 미국에 의해 설계되었다면, 그 위의 담론은 결과적으로 플랫폼의 규칙 안에서만 허용되는 것이다. 이것이 패권이 감추고 있는 또 다른 비대칭성이다.

정보 지배의 또 다른 형태는 '사' 자체의 구조화다.

현대 국제정치는 사실을 놓고 다투지 않는다. 오히려 '무엇이 사실인가'를 먼저 정의할 수 있는 자가 승리한다. 이는 CNN과 BBC, 뉴욕타임즈와 워싱턴포스트가 왜 여전히 국제 담론의 기준점으로 작동하는지를 설명해준다. 특정 국가가 저지른 전쟁은 '인권 수호'로, 타국이 벌인 반격은 '테러'로 규정된다. 이중 잣대는 윤리의 문제가 아니라, 권력의 프레임이다. 담론의 선점은 법보다 앞서고, 무력보다 더 효율적이다. 이러한 지배에 맞서기 위한 중국, 러시아, 이란 등의 전략은 이른바 '대항서사(counter-narrative)'다.

중국은 CCTV와 CGTN을 통해 '중국식 질서'와 '다극화 세계'의 필요성을 강조하고 있다. 또한 드라마·영화·게임 산업을 국가 전략에 포함시키고, '일대일로' 연선 국가에 문화원과 방송 채널을 확장하며 영향력을 넓히고 있다. 틱톡과 더우인(Douyin), Bilibili 같은 자국 플랫폼을 기반으로, 아프리카와 동남아 시장에서 현지 제작 지원과 공동 콘텐츠 제작을 확대해 서구 플랫폼 의존도를 줄이려는 시도도 이어가고 있다. 러시아는 RT(Russia Today)를 통해 서방 언론의 위선을 조명하며, 이란은 프레스TV를 통해 미국의 중동 정책을 비판한다. 하지만 이들은 기술적 플랫폼과 언어의 주도권을 장악하지 못했기에 여전히 주변적이다. 문화와 정보의 담론 지배는 단순히 메시지를 보내는 것이 아니라, 수신자의 뇌 속에서 그 메시지를 '신뢰할 만한 것'으로 가공하는 메커니즘이 필요하다. 그것이 없다면 아무리 강력한 주장도 회색지대로 사라진다.

이 질문은 문화의 자유가 아니라, 패권의 설계 능력에 관한 것이며, 그것이 바로 담론 지배의 정체다.

6. 도전자 억제 또는 포섭

패권의 본질은 오직 자신을 드러내는 데 있지 않다. 진정한 패권은 도전자를 탄생 이전에 제거하거나, 등장 후에 무력화시키는 구조에 있다. 그것이 억제와 포섭의 전략이다. 역사의 모든 패권국은 두 전략을 교묘히 병행해 왔으며, 이를 통해 자신에게 유리한 질서를 '정상'으로 만들어 놓았다.

패권국 미국은 이 두 전략을 모두 정교하게 발전시킨 국가다. 소련이라는 냉전기의 도전자는 핵무기라는 동등한 파괴 수단을 보유했음에도 불구하고, 경제적 고립과 군비경쟁이라는 이중 포위망에 갇혔다. 미국은 소련과의 군사 경쟁에서 압도적인 첨단 기술 우위를 확보하고, 동시에 소련의 위성국가들을 경제적으로 유인하며 그 내부를 분열시켰다. 미국의 마샬 플랜은 단순한 유럽 재건 프로젝트가 아니라, 서유럽을 소련으로부터 떼어내기 위한 '포섭' 전략이었다.

자유시장과 민주주의라는 가치 아래 자본과 문화를 투입하며, 미국은 '소련을 제외한 나머지 세계'라는 거대한 공동체를 조직해냈다. 이 과정은 도전자의 고립, 곧 억제의 성공으로 귀결되었다.

이라크의 사례는 더욱 직접적이다. 사담 후세인이 패권의 규칙에 도전했을 때 미국은 외교적 고립, 경제 제재, 군사 침공이라는 3단계 시나리오를 통해 그를 제거했다. 명분은 대량살상무기였지만, 핵심은 석유와 중동의 안정을 미국 중심 질서로 고정시키려는 의지였다. 이처럼 패권국은 언제나 '도전자의 의도'를 무력화하는 데 집중한다. 그 도전이 의지에서 비롯됐든, 체계의 변화에서 비롯됐든, 패권국은 사전에 감지하고 억제하거나, 사후에 응징한다.

중국은 오늘날 대표적인 '현대형 도전자'다.

미국은 화웨이 제재, 반도체 공급망 통제, AI기술 수출 차단 등으로 기술 패권에 대한 도전 의지를 사전에 억제하고 있다. 동시에 중국의 경제적 성장 기반이었던 세계시장 접근과 금융망을 흔들기 위한 전략이 구사된다. IMF에서의 투표권 구조, 달러 패권의 유지, 국제 신용등급의 결정 메커니즘 등은 모두 중국의 경제적 자율성을 제한하는 억제 장치로 작동한다. 또한, 미국은 인도, 일본, 호주 등 인도태평양 국가들과의 안보 네트워크를 강화하여 중국의 지정학적 확장을 포위하고 있다. 억제는 오직 군사적 충돌을 막는 차원이 아니라, 경쟁자의 출현 자체를 무력화시키려는 다층적 시스템이다.

반면, 포섭 전략은 보다 은밀하고 설득적이다.

일본의 경우, 제2차 세계대전 이후 미국은 패전국 일본을 군사적으로 무장해제 시키는 한편, 평화헌법을 주입하고 경제 재건을 위한 기술 및 자본을 제공함으로써 미국 중심 세계질서의 동맹국으로 다시 편입시켰다. 독일도 마찬가지다. 나치의 잔재를 철저히 제거하고 민주주의와 시장경제라는 미국적 규범을 이식하여 서방세계의 일원으로 재편했다. 이 포섭 전략은 상대를 제거하는 것이 아니라, 새로운 질서 안으로 끌어들이는 것이다. 이는 마치 자율을 부여받은 듯 보이지만 사실상 구조적으로 종속시키는 방식이다.

한국 역시 포섭의 대표적인 사례다. 미국은 한국전쟁 이후 지속적인 군사적 보호를 제공하면서, 동시에 경제 원조, 교육 시스템, 민주주의 모델 등을 수입하게 했다. 그 결과 한국은 정치적으로는 자유민주주의, 경제적으로는 시장자본주의를 채택하게 되었고, 문화적으로는 미국 중심 질서의 일부가 되었다. 이 같은 구조는 자발적 선택처럼 보이지만, 실제로는 미국의 구조적 권력에 기반 한 포섭 전략의 결과다.

도전자의 운명은 오직 무력에 의해 결정되지 않는다. 패권국이 설계한 규칙과 질서, 제도, 정보, 문화의 복합 네트워크 안에서 도전자가 살아남을 수 있는 방법은 극히 제한적이다. 도전자가 패권 질서에 도전하면서 살아남기 위해서는 자국 내 자립적 경제 시스템, 독자적 기술 능력, 견고한 정치적 정당성, 그리고 제3세계 또는 이념 공동체와의 외교적 연대를 구축해야 한다. 소련은 경제의 폐쇄성과 정치적 강압성, 기술 경쟁에서의 실패로 인해 스스로 붕괴했다.

중국은 기술 주권과 정보 통제를 통해 버티고 있지만 내부 불균형과 국제적 고립 위험에 여전히 노출되어 있다.

오늘날의 억제는 물리적 충돌이 아닌, 기술과 금융, 문화와 데이터의 영역에서 이뤄진다. 전통적 전쟁보다 더 은밀하고 지속적인 억제 방식은 상대가 스스로 도전 의지를 접게 만드는 결과를 낳는다.

유튜브, 인스타그램, 넷플릭스 등 문화 플랫폼은 미국 중심의 담론을 전파하며, 경쟁 국가의 문화적 정체성을 침식시킨다. 국제학회, 글로벌 기업의 기술표준, 국제인증 체계 등은 경쟁자의 기술 생태계를 미국 중심으로 흡수하거나 고립시킨다. 이러한 억제 전략은 명분이 아니라 구조로 작동하며, 억제가 성공하면 충돌은 필요하지 않다.

결과적으로 패권은 직접적으로 힘을 행사하지 않고도 세계를 움직이는 기술이다. 억제와 포섭은 그 기술의 두 축이다. 억제는 도전자의 행동을 제한하고, 포섭은 선택지를 조정한다. 두 전략 모두 결과적으로은 상대가 '스스로' 선택했다고 믿게 만드는 것에 있다. 억제는 공포에 의한 선택, 포섭은 매력에 의한 선택처럼 보이지만, 모두는 구조의 설계 아래 존재한다. 이처럼 패권은 무력의 사용이 아닌, 사용하지 않아도 작동하는 힘이다. 억제와 포섭, 그 사이의 긴장을 설계하는 능력. 그것이 패권국만이 보유한 비밀 병기이며, 진정한 권력의 정점이다.

2

문명의 패권

1. 역사 이래 서구 중심의 문명이 동아시아로

문명은 오직 기술과 산업의 축적이 아니라, 세계관과 질서에서 인간관을 포함한 총체적 삶의 방식이다. 인류의 역사는 다양한 문명이 생성되고, 팽창하고, 쇠퇴하며 서로 교차한 이야기였다. 하지만 지난 수백 년간 그 질서는 오직 하나의 중심으로 수렴되었다. 서구 문명의 독점적 주도가 그것이다. 이는 산업혁명에서 제국주의, 자본주의, 계몽사상, 민주주의, 인권 담론 등으로 모습을 달리하며 세계의 지배적 질서로 자리 잡았다.

하지만 21세기에 들어, 이 흐름은 점차 균열을 맞고 있다. 동아시아, 특히 중국, 한국, 일본으로 대표되는 문명권이 정치, 경제, 문화, 기술 모든 분야에서 서구적 질서에 대한 대안을 제시하기 시작했기 때문이다.

이 변화의 시발점은 경제였다. 20세기 후반, 일본의 산업화, 한국의 압축 성장, 중국의 개혁개방은 서구가 만들어 놓은 질서에 균열을 내기 시작했다. '서구 중심의 발전 모델'이 아닌, 자국 전통과 권위주의적 체제, 공동체 중심의 가치관이 혼합된 '동아시아적 발전 모델'이 실효성을 입증한 것이다.

문명의 전이는 경제력의 이동과 함께 나타난다. 여기에는 GDP와 생산력의 중심이 대서양에서 태평양으로 이동하면서 그 문화적 중심도 함께 이동하고 있다. 이제 세계는 '헐리우드에서 K-드라마로', '옥스퍼드에서 서울대와 베이징대'로 시선을 옮기고 있다.

하지만 이 흐름은 단순한 '경제의 역전'을 의미하지 않는다. 진짜 변화는 담론과 질서의 설계 권력에서 나타난다. 동아시아는 단순히 서구 질서를 따라가는 소비자가 아니라, 새로운 문명의 생산자로 부상하고 있다.

특히 한국의 경우, 한류 콘텐츠를 통해 단순한 대중문화의 수출을 넘어서, 감정과 가치, 공동체 의식이라는 동양적 감수성을 세계에 전파하고 있다. 이는 서구의 '개인주의적 자유'가 아닌, '관계 속의 자아'라는 동양적 인간관의 부상을 의미한다.

중국 또한 '중국식 현대화'를 주장하며 서구의 민주주의 모델과는 다른 체제 우월성을 강조한다. 이와 같은 흐름은 문명의 패권이 '자유주의냐 권위주의냐'의 이념 논쟁이 아니라, 어떤 질서가 인류의 지속 가능성과 공동 번영에 기여할 수 있는가에 대한 문명적 경쟁임을 보여준다.

이제 문명 패권은 더 이상 총칼과 무역으로만 쟁취되지 않는다. '누가 세계의 미래를 설계할 것인가', '어떤 가치가 다음 세대의 삶을 결정할 것인가'에 대한 질문의 우위로 이동하고 있다.

동아시아 문명이 서구 중심질서의 대안이 될 수 있으려면, 경제력과 기술력만으로는 부족하다. 보편적 공감대와 미래 비전, 포용과 지속 가능성을 함께 갖춘 새로운 문명 설계도가 필요하다.

역사 이래 이어져 온 서구 중심의 문명 구도가 지금 동아시아로 이동하고 있다. 하지만 이 변화가 단순한 주도권 교체로 그치지 않기 위해서는, 질서를 지배하는 힘뿐 아니라, 그 질서를 납득하게 만드는 설득력 있는 철학과 가치가 함께 수반되어야 한다.

동아시아의 시간은 이미 시작되었으며, 그 중심에는 지금의 우리가 어떤 선택을 하는가가 자리하고 있다.

2. 대한민국, 패권화의 현실과 도전

오늘날 대한민국은 자유민주주의 시장 경제 체제 위에서 눈부신 성장을 이루었지만, 여전히 복잡한 지정학적 현실에 직면해 있다. 이는 대한민국의 안보, 영토, 경제, 사회, 문화 등 모든 분야에 지대한 영향을 미친다. 우리는 이 현실 속에서 과연 진정한 패권 국가로 나아갈 수 있을지, 주요 국가들과의 관계를 통해 그 도전을 면밀히 살펴볼 필요가 있다.

북한: 핵 위협과 체제의 딜레마

대한민국에게 북한은 단순한 이웃 국가가 아닌, 분단이라는 특수한 상황 속에 존재하는 가장 직접적인 위협이다. 북한은 봉건적인 인민민주주의 노동당 독재 체제를 고수하며 김씨 일가의 3대 세습을 이어가고 있고, 이 과정에서 국가 경제는 피폐해졌다. 특히 핵무기 및 미사일 개발

프로그램은 한반도뿐 아니라 동북아시아 전체의 안보를 심각하게 위협하는 요소이다.

북한의 핵 개발은 선군정치(先軍政治)라는 명분 아래 진행되었으며, 이는 군사력을 최우선으로 하여 체제를 유지하고 대외적으로는 위협 수단으로 활용하려는 전략이다. 이러한 정책으로 인해 북한 주민들은 극심한 경제난과 인권 침해에 시달리고 있으며, 탈북(脫北) 현상은 북한 내부의 모순을 여실히 보여준다. 이처럼 북한은 국제 사회의 규범을 무시하고 강도 국가로 전락했다는 평가를 받는다. 대한민국의 일부 정치 세력이 북한 문제에 대해 유화적인 태도를 보이거나 경제적 지원을 옹호하는 것은 이러한 북한 체제의 본질과 위협을 간과할 수 있다는 우려를 낳기도 한다. 북한이 주장하는 강성대국(强盛大國)은 무력 입국(武力立國)을 우선시한 결과 세계에서 가장 가난한 국가 중 하나로 전락하는 역설을 초래한 것이다. 우리는 북한의 비핵화를 유도하고, 주민들의 삶을 개선하며, 장기적으로는 평화적 통일을 위한 실질적인 해법을 모색해야 하는 과제를 안고 있다.

중국: 역사 왜곡과 확장주의적 야심

중국은 대한민국에게 지리적으로 가장 가까운 이웃이자, 역사적으로도 매우 복잡한 관계를 맺어온 국가이다. 중국은 과거부터 한반도를 천년 원수(千年怨讐)처럼 침략하거나 영향력 아래 두려 했고, 이는 한반도가 가진 지정학적 중요성, 다시 말해 대륙 세력에게 '허리띠'와 같은 역할을 했기 때문이다.

오늘날 중국은 단순한 과거사에만 머물지 않는다. 동북공정(東北工程)을 통해 고구려 역사를 자국사에 편입하려 했고, 최근에는 일대일로(一帶一路) 사업을 통해 과거 백제 문화권까지 자신들의 역사적 영향권으로 주장하려는 움직임도 보인다. 이러한 시도는 역사적 진실을 왜곡하고 대한민국의 정체성을 흔들려는 노골적인 패권 행위다. 또한, 조선족을 내세워 서해안 일대의 영토를 편입하려는 시도나, 남중국해의 무인도를 점령하여 영토 확장을 꾀하는 등 야비한 제국주의(帝國主義)적 행태를 보이고 있다.

중국은 대한민국의 역사를 폄하하고 5천 년 동안 가난과 속국 상태였다고 주장하지만, 우리는 인류 문명의 시작에 중요한 역할을 했던 동이족(東夷族)의 후예로서의 자부심을 잊지 않아야 한다. 중국의 이러한 패권적 시도를 저지하기 위해서는 단순히 반발하는 것을 넘어, 우리의 올바른 역사를 국제사회에 적극적으로 알리고 문화적 주체성을 확립하는 새로운 정책이 필요하다.

일본: 아날로그와 디지털의 공존, 그리고 과거사 문제

일본은 대한민국과 가장 가까운 선진 이웃 국가이지만, 과거사 문제로 인해 깊은 갈등을 겪어왔다. 특히 문재인 정부 시기에는 일본을 주적으로 상정하는 반일 프레임이 강조되기도 했다. 하지만 학계에서는 한일 양국의 국력 격차가 크지 않으며, 일본이 아날로그 국가라면 한국은 디지털 국가라는 새로운 분류를 제시하며 상호 보완적인 관계의 가능성을 언급하고 있다.

일본 국민의 혐한(嫌韓) 감정은 주로 우파 정치인의 정치적 선동이나, 혐한 감정을 이용한 특정 경제적 이득 추구에서 비롯된다는 시각이 있다. 이는 국가 전체의 감정이라기보다는 특정 세력에 의해 조장되는 측면이 있다는 것이다. 따라서 한일 양국이 과거사를 제대로 정리하고, 역사적 진실을 바탕으로 미래 지향적인 협력 관계를 구축한다면, 불필요한 악영향을 주고받을 이유가 없어질 것이다. 양국 간의 경제적, 문화적 교류를 확대하고 상호 이해를 높이는 노력이 지속되어야 한다.

미국은 대한민국의 건국과 현대적 성장에 결정적인 도움을 준 핵심적인 동반자 관계다. 6.25 전쟁 당시 대한민국의 자유를 수호하는 데 기여했고, 전후 재건과 경제 발성 과정에서도 중요한 역할을 했다. 비록 미국이 세계적인 패권을 행사하는 초강대국이지만, 대한민국과는 굳건한 한미 동맹을 바탕으로 상호 존중과 협력을 이어오고 있다.

미국과의 동맹은 대한민국의 안보를 위한 핵심 축이며, 특히 북한의 핵 위협에 대응하는 데 필수적인 요소이다. 하지만 국제 질서의 다극화 속에서 대한민국은 미국과의 동맹을 유지하면서도, 중국과의 경제적 관계를 소홀히 할 수 없는 복잡한 균형 외교를 펼쳐나가야 한다. 이는 국가적 실용주의에 기반하여 국익을 극대화하고, 특정 강대국에 대한 일방적인 의존을 지양하는 현명한 전략이 될 것이다.

3. 영토 패권

국가의 통치권이 미치는 구역을 영토라 하지만, 영해가 없는 내륙국도 많다. 여기서 영토란 개인이 소유한 땅 개념이 아니라, 국민이 삶을 영위

하는 국가 체제의 터전이다. 영토 안에는 민족적 정체성이 정립되고 민족의 혼을 담은 지역의 특성이 포함된 민족성이다. 그 민족성에 따라 국가 제도가 확립되어감에 따라 14세기 유럽에서 영토 주권 개념이 등장했고, 영토가 국가 권력의 기초가 되는 존재가 되었다. 영토는 법적 정의에 따라 국가 그 자체이기도 하고, 국가가 소유한 자산이다. 영토는 국가 권력이 미치는 범위로 인해 국력을 만들어내는 경제력으로 나타나 국가 권리이기도 하다.

영토 패권은 특정 지역의 경제성이나 인간이 가장 살기 좋은 영토 지정으로 인한 권리를 갖고자 하는 것이다. 이에 대한 국가 간의 주장으로 국경선을 정하는 데 있어 충돌하거나 의도적인 전쟁으로 인해 빼앗아 오는 경우도 있다.

인류사에서 영토 확장 정책은 국경선을 두고 영토 분쟁을 일으킨다. 실제로 많은 영토 패권 전쟁은 제국주의 시대 식민 지배와 영토 쟁취를 일삼는 전략이었다. 전쟁에서 비롯되는 무력 충돌은 육지뿐 아니라 영해나 영공을 모두 포함하고 있으므로 근대 이후 군사적, 경제적 이유가 가장 많았다. 이후 산이나 강 등 자연적으로 이루어진 국경과 정확하지는 않지만 수백 수천 년 동안 내려온 조상들이 살아온 민족 국경은 역사적으로 기록 없이 사용된 모호한 경계로 인하여 영토 분쟁이 발생했다. 국민의 안식처인 영토 싸움은 이익을 수호하고 국가의 영향력을 보존하는 절대로 포기할 수 없는 문제이다. 이로 인하여 전쟁으로 이어지는 영토 분쟁은 아직 끝나지 않았으며, 우리나라 또한 일본과 한국이 주장하는 독도를 놓고 자신의 영토라 주장하며, 국제사회의 가장 중요한 논제 중 하나이다.

영토 분쟁에 따른 ICOW(The Issues Correlates of War)[2] 는 국가 간 영토 분쟁을 중점적으로 정리한 데이터 뱅크이다. 이는 영유권 분쟁, 해양 영유권 분쟁, 강 분쟁, 존재 분쟁의 네 가지로 분류해 다루고 있다. 영토 분쟁은 영토를 중심으로 하는 국경선과 육지 영토를 둘러싼 분쟁을 말하며, 해양 영유권으로 강과 바다, 호수 등에 대한 권리 분쟁은 서로의 주권을 전혀 인정하지 않고 그 영토 전체에 대한 권리를 주장하는 형태이다.

인류사에서 역사적 영토 분쟁 지역으로는 카슈미르 연방 직할지와 라다크 연방 직할지, 파키스탄 동부 길기트 발티스탄 주와 아자드 카슈미르 주, 그리고 중국 서부 신장 위구르 자치구와 티베트 자치구가 관할하는 아크사이친이 속하는 고원지대 등이 있다. 이들 분쟁 지역은 인도와 파키스탄 국경, 그리고 인도와 중국 국경을 지나고 있다.

인도, 파키스탄이 분리 독립한 이후 각국은 카슈미르 지역 영유권을 두고 카길 전쟁 등 무력 충돌을 벌이고 있다. 심지어 일부 지도에는 국경이 점선으로 표시되어 있는 경우도 있으며, 시아첸 빙하의 경우 국경이 표시되지 않는 패권 전쟁이 일어나고 있다. 특히 현재 카슈미르에 있는 인도와 파키스탄 간의 경계선은 국경선이 아니라 통제선으로 되어 있어, 언제든 양측이 서로 카슈미르를 차지하려고 한다.

2) ICOW(The Issues Correlates of War)는 국가 간 분쟁의 원인을 영토, 해양, 강(河) 등 구체적 쟁점 단위로 체계적으로 기록·분석하는 데이터베이스 프로젝트이다. 미국 일리노이대 정치학자 폴 헤인즈(Paul Hensel)가 주도하며, 분쟁이 단순히 전쟁 발생 여부가 아니라 어떤 쟁점에서 시작됐는지를 장기간 비교·연구할 수 있도록 한다.

여기에는 경제 패권에 의해 인도가 압도적이라 파키스탄이 불리한 편이다. 한층 더 나아가 중국까지 간여하는 '아크사이친(阿克赛钦)' 지역을 중인 전쟁 와중에 인도에서 빼앗아 지배하고 있다. 주 거주 민족은 다르드어군을 사용하는 카슈미르인이다.

카슈미르는 인도와 파키스탄이 1947년 독립할 당시에는 번왕국 소속이었으며, 그 당시 번왕국들은 인도와 파키스탄으로 편입되거나 독립 존속을 선택할 수 있었다. 문명의 발달이 없었을 당시 무슬림이 다수 인구를 지배했고, 카슈미르의 힌두교도 번왕은 카슈미르의 독립을 선택했다. 이러한 상황에서 인도와 파키스탄 모두의 편입 요청을 거절하자, 카슈미르의 무슬림들은 이 결정에 반대하였고 파키스탄의 지원을 받은 민병대가 카슈미르를 침공하기 시작했다. 그러자 카슈미르 번왕은 인도에 지원을 요구했고, 파키스탄에 점령당하지 않은 지역들은 인도로 편입되었다.

현재 카슈미르 영토를 소유하고 있는 인도는 카슈미르 전체의 63%를 차지하고 있지만, 거주 인구의 77%가 무슬림으로 무슬림이 힌두교인보다 많이 거주하고 있다. 오늘날까지 영토 전쟁은 지역 문화에 맞는 종교가 압도적으로 지배하고 있어, 많은 전쟁은 영토와 종교 전쟁으로 나뉘고 있다. 카슈미르 내에서도 불교나 힌두교가 우세한 지역도 있기는 하지만 전체적으로는 이슬람이 우세하다. 인도의 무슬림들은 심한 차별을 받아 이 지역의 무슬림들은 파키스탄과의 병합을 원한다. 무슬림 주민들은 틈만 나면 시위로 독립을 주장하며 민족 분쟁은 그치지 않고 있다. 이러한 상황에서 인도 정부가 허용하지 않기에 인도군이 주둔하고 있다.

현재 남부는 인도, 북서부는 파키스탄, 동부는 중국이 나누어 지배하고 있다. 인도와 파키스탄의 영역 사이에는 통제선이 있으나 국경이 명확하지 않은 지역도 있다.

이뿐 아니라 영국은 식민 지배 과정에서 힌두교, 이슬람교의 갈등을 이용해 이슬람 신자들을 파키스탄으로 이주시켰고, 영연방에서는 종교에 따라 차별적 통치를 했다. 결과적으로, 파키스탄과 인도는 각각 독립 국가로 인정되면서 종교적 문제로 생긴 갈등은 국가 분쟁으로 번지고 있다.

남부의 잠무 카슈미르 지방은 힌두교도의 지배를 받는 국민의 대부분이 이슬람교도이다. 파키스탄은 인도가 점령한 잠무 카슈미르와 라다크 지방을 제외한 아자드 카슈미르와 길기트 발티스탄 지방을 점령하고, 해당 지역에 대한 영유권을 주장하고 있다. 결과적으로, 인도-파키스탄 전쟁이 발발하고 세 차례 반복되는 동안 분쟁은 해결하지 못하고 있다.

여기에 동쪽 산악 지방인 아크사이친 지방은 중국 지배권에 있고, 인도가 지배하는 잠무 카슈미르 지방은 독립을 목적으로 분쟁이 끊이지 않고 있다.

이런 영토 분쟁의 범위에서 카스피해 분쟁을 뺄 수 없다. 요즘같이 자연 자원이 국력으로 작용하는 바다나 호수는 해양 영유권 분쟁이 된다. 카스피해는 아시아 북서부와 유럽 사이에 위치한 내륙호로, 러시아, 아제르바이잔, 투르크메니스탄, 카자흐스탄, 이란과 맞닿아 있는 세계 최대의 호수이다. 이곳에는 석유와 천연가스 등의 자원이 풍부한 지역으로 싸움은 계속되고 있다.

카스피해 분쟁은 러시아의 강력한 군사력과 미국 등의 서방 세력의 경제권 개입으로 무력 충돌을 막기 위해 각 국가는 해군을 배치하며 전투

태세를 갖추고 있다.

한편, 국가 존재 분쟁은 서로 상대 국가의 주권을 무시하는 유형의 영토 분쟁으로 팔레스타인이 그 예이다. 세계적인 폭발물을 지니고 있다는 군사적 갈등은 이스라엘과 아랍 국가인 중동 전쟁으로 충돌을 멈추지 않았다.

팔레스타인이 UN의 옵서버 국가로 인정되면서 팔레스타인 국가를 인정하고 있지만, 이스라엘과 팔레스타인은 아직 영토 패권을 놓고 싸우는 중이다.

전 세계 영토를 두고 전쟁도 마다하지 않는 영토 분쟁은 동아시아에서도 엄청난 대치 상태에 있다. 특히 우리나라를 포함한 동아시아에서의 영토 분쟁은 일본과 중국이 센카쿠 열도(중국명 댜오위다오)를 두고 지속적인 갈등을 빚고 있으며, 북쪽으로는 러시아와 남쿠릴 열도의 영유권을 두고 역시 분쟁 중이다.

중국은 중국 내부의 소수 민족과 자치 지구 등에서 발생하는 주권 주장 등을 제외하더라도, 남중국해 분쟁과 카슈미르 분쟁에 휘말려 있다.

특히 1982년 일국양제를 겨냥한 덩샤오핑은 마거릿 대처 영국 총리와의 홍콩 영토 주권 반환 회담에서 '일국양제(一國兩制)'를 제시했다. 이 당시 일국양제로 가는 국가는 없었으며, 중국은 하나의 통치 국가에서 두 개의 체제라는 의미로 중화인민공화국이라는 사회주의와 자본주의 두 체제를 공존시키겠다는 야욕을 드러냈다. 그 이후 일국양제를 이끌어 낸 중국은 홍콩, 마카오에 대한 중국의 통치를 원칙으로, 덩샤오핑은 동아시아의 도시를 중화인민공화국에 속한 특별 행정 구역으로 바꾸었다. 1842년 난징 조약으로 영국의 식민지가 되었으나 중국과 영국 간 공동 선언을 거쳐 일국양제 시행에 합의 후 1997년 중국에 특별 행정구로 편입되었다. 하지만 홍콩은 아시아는 물론 국제 금융의 중심지로서 뉴욕, 런던과 맞먹는 세계 3대 금융 허브로 중국과 다르게 독립적으로 굴러가고 있다.

독립 경제를 가지고 있는 홍콩은 중국 본토와 별개의 나라이기에 서로 왕래 비자와 비슷한 통행증 정도로 중국이 통제하고 있다.

즉 홍콩이라는 나라는 있지만 없는 나라로, 홍콩 여권과 영주권이 있으면 홍콩인으로 인정받는다.

홍콩은 동서양 문물이 공존하는 독특한 문화로 오랫동안 영국의 지배를 받아 동서양의 관문으로서 최고의 번영을 누리는 거점 도시로 전 세계인들이 모여들고 있다.

1982년 홍콩 주권 반환을 요청한 덩샤오핑은 마거릿 대처 수상에게 '일국양제'를 제시해 영토 패권을 거머쥐었다.

중국 체제의 변화가 본격화된 1989년, 베이징에서 발생한 천안문(天安門) 사태는 민주화 운동을 정부가 무력으로 진압하는 과정에서 수만 명의 사상자를 낸 정치적 참극이다. 이러한 개방 정책을 맞는 개혁의 후유증이 증폭되면서 민중을 중심으로 민주화 뿌리가 내리기 시작했고, 일본을 제치고 세계 제2의 경제 대국으로 올라섰다. 특히 중국은 영토 패권을 통해 지금까지 없었던 '통일적 다민족 국가론'으로 역사 왜곡을 하고 있다. 여기에 아시아와 유럽을 먹겠다는 계획과 역사를 왜곡한 하나가 동북공정이다.

중국은 동아시아의 역사 침탈로 소수 민족의 독립을 억제하고 통일된 중국을 유지하기 위해 영토 분쟁에 대비한 장기적인 역사 왜곡을 시도하며 다민족 통일 국가를 유지하려고 하는 것이다.

한편, 남한과 북한의 관계가 6.25 전쟁으로 냉각된 상황에서 북한을 지원하며 중국은 복잡한 역사적 이해관계를 만들고 있다. 중국은 동북공정으로 한국의 역사를 왜곡하고 있어, 통일 이후에는 영토 분쟁의 가능성도 높을 것으로 예측된다.

중국이 외치는 동북공정, 서북공정, 서남공정을 이야기하며 영토 패권을 고수하는 입장은 필연적으로 국제적으로 영토 분쟁을 일으킨다.

영토 분쟁으로 인한 크고 작은 무력 충돌은 정복과 점령을 위해 국가가 무력을 동원해 영토 패권을 잡으려 하고 있다. 이러한 패권 전쟁은 대규모의 희생자를 생산하면서까지 국가의 이익을 놓지 못하게 한다. 현대 외교 시장에서 영토 분쟁은 국제사법재판소의 판결이나 UN 등 국제기구의 중재가 큰 역할을 하기도 한다.

세계 곳곳에는 아직도 많은 영유권 분쟁이 벌어지고 있다. 분쟁에 휘말려 황폐해진 전쟁으로 인해 국민은 고통 속에서 분쟁이 사라지고 갈등이 해소되기를 바라지만, 분쟁을 해결하려 사용한 무력이 더 큰 비극을 낳는다.

폴란드도 동부 유럽의 최대 강국이었던 야기에우워 왕조(1386~1572년)가 통치하던 때, 침략이 잦던 18세기 러시아나 프로이센, 오스트리아의 세 명의 군주들은 폴란드 영토에다 마음대로 줄을 그었다. 이렇게 세 구역으로 나뉜 영토에서 러시아는 벨라루스 영토를, 프로이센은 북부를, 오스트리아는 서부의 땅을 차지했다. 이후 1793년, 러시아와 독일의 전신인 프로이센에 의해 갈라지고 결과적으로, 1795년 폴란드는 유럽 지도에서 완전히 사라지게 되었다. 이처럼 영토 싸움으로 빼앗기는 경우가 대부분이지만, 자국으로 영토를 사들여 확장하는 미국의 경우도 있다.

유럽인들은 17세기에 미국 동부 연안에 정착하면서 대서양 연안을 둘러싸고 있는 식민지 주가 있었고, 13개의 식민지 주는 독립 전쟁으로 하나의 지역으로 묶였다. 이러한 상황에서도 미국은 주변에 있는 프랑스 땅인 루이지애나를 매입하며, 영국이나 스페인, 멕시코, 알래스카 등으로 확장했다. 이렇게 영토 확장에 나선 미국은 북아메리카 대륙과 태평양 지역으로 넓혀나가면서 오늘에 이르렀다. 이렇게 영토 대립에 나선 미국, 중국, 러시아, 인도 등을 빼고는 세계지도를 그릴 수 없게 되었다.

4. 세계 정치 패권

세계의 정치 패권은 시대를 막론하고 인류가 정착하면서 시작되었다. 정치는 두 명 이상이 모여 의견 차이나 이해관계를 둘러싼 다툼을 해결하는 과정이며, 이는 곧 국가의 권력으로 행사된다. 이러한 권력 행사는 좋게 보면 함께 살기 위한 필요성에서 비롯된다. 인간은 생활에서 발생하는 생각의 차이나 다툼을 처음에는 물리적인 힘으로 해결했다. 약육강식의 원리에 따라 살아남는 자들이 늘어나면서 이성적인 문제 해결 방식이 확대된 것으로 볼 수 있다. 냉전 시절 소련과 미국의 힘겨루기는 약소국들을 지배하는 약육강식의 형태로 이해하기 쉽다. 사실 강대국이 힘으로 자신들의 영향력을 확장하려는 상황은 역사 속에서 항상 존재해 왔다.

미국은 제1차 세계대전 때 고립된 중립국에서 벗어나 독일을 무너뜨리고 자본주의의 선두 주자로 올라서게 되었다. 1776년 영국 식민지에서 독립을 선언한 아메리카 합중국은 프랑스와 에스파냐 등으로부터 영토를 획득하여 1848년 31개 주로 오늘날에 이르고 있다. 이때 제2차 세계대전이 발발하자 막대한 물자와 인력 소비로 경제 공황에서 벗어나게 되었고, 정부의 경제 개입 역시 정책적으로 자리를 잡게 되었다.

세계대전이 끝난 후 소련과 미국 사이에 이념 갈등으로 인한 냉전을 맞으며 각국의 권력은 확장되었다. 1991년 소련이 해체되면서 미국은 더 이상의 경쟁 국가 없는 세계 최강국의 자리를 굳히게 되었다. 당시 막강한 영국이나 프랑스, 독일, 일본 등을 넘어설 수 있었던 것은 전쟁 물자 소비로 인해 가장 심했던 실업 문제를 해소하고 경제 기반을 다졌기 때문이다. 이때 미국은 전쟁 준비가 되어 있지 않은 상태에서 예상치 못한 태평양 전쟁에 참여하게 된다. 태평양 전쟁의 주범인 일본은 이미 1937년부터 중일 전쟁을 벌이고 있었으며, 미국은 일본에 대한 석유와 고철 수출을 금지하고 있었다. 그에 따라 미국과 일본의 관계는 악화되었고, 일본과 미국 간의 전쟁은 불가피한 상황이었다.

일본이 미국, 영국에 대해 선전 포고를 한 직후 독일이나 이탈리아도 미국에 선전 포고하여 제2차 세계대전으로 확대되었다.

국제사회에는 강대한 국력을 지닌 국가들이 국력을 앞세워 주변 국가들에게 무분별한 간섭을 해 왔으며, 대표적인 경우가 제국주의 시기의 유럽 국가들이다.

19세기 말부터 전 세계적으로 제국주의 시대가 전개되었으며, 이때 제국주의 국가인 영국, 프랑스, 독일, 러시아, 미국, 일본은 약소국가들을 빼앗기 위해 경쟁적으로 침략했다. 이 당시 침략은 아프리카나 아시아, 태평양 등 영토를 빼앗기 위함이었다. 제국주의 시대에 아프리카의 대부분은 유럽 열강 제국주의 국가들의 식민지로 전락되었고, 우리나라 또한 일본의 식민지가 되었다. 이렇게 강대국들로 인해 움직이던 세계는 영국에서 가장 먼저 산업 혁명이 일어나고, 19세기 중엽 미국에 산업 혁명이 확산되었다. 이러한 식민지 경쟁으로 인한 영토 싸움은 19세기 후반에 이르러 본격적인 자본주의 중심으로 나타났다. 독점 자본주의, 금융 자본주의 시대에 선진국들은 국내에 축적된 자본의 투자를 위해 새로운 식민지가 필요했다. 또한, 이탈리아의 통일과 독일의 통일로 고조된 침략은 민족주의로 변질되었다. 이 같은 민족주의는 유럽 강대국들이 후진 지역을 침략하여 식민지로 만들면서 제국주의 시대가 열리게 된 배경이다.

아프리카에서 시작된 영국은 종단 정책을 실시하여 남쪽의 케이프 식민지와 북쪽의 이집트를 식민지로 삼으려 했다. 여기에 프랑스는 횡단 정책으로 알제리와 마다가스카르섬을 연결하여 식민지 확대를 위해 끊임없이 노력했다. 그 밖에 유럽의 독일이나 이탈리아, 벨기에 등 너나 할 것 없이 식민지화 경쟁에 뛰어들었고, 그 첫 번째 식민지화 대상이 아프리카 국가들이었다.

아프리카 경제는 유럽의 식민 지배자에게 절대적으로 필요한 1차 산업에서 큰 이득을 얻을 수 있었다. 세계 경제에서 큰 비중을 차지할 정도로 18개 아프리카 국가들은 15세기 무렵 유럽인에 의해 변화되기 시작했다. 하지만 유럽과는 비교될 수 없는 원시림의 광물이 산재해 있었고, 17세기부터 100년이 넘도록 유럽의 노예 무역의 악영향을 받았다.

영국은 인도와 그 주변 일대를 식민지로 지배하였고, 프랑스는 인도차이나반도를 빼앗았으며, 네덜란드는 인도네시아를, 미국은 필리핀을 식민지로 지배하기에 이르렀다. 모든 나라가 식민 지배로 국가를 노렸으며, 18세기까지 강했던 중국도 19세기 말에는 서양 열강과 일본의 침략으로 반식민지가 되고 말았다. 전 세계가 식민지 지배에 혈안이 되어 인간을 경제의 힘으로 제압하기 시작하면서 인간은 지배국으로부터 노예처럼 주권을 잃은 상태에서 벗어나지 못했다. 서아시아 일대에도 오스만 제국이 쇠약해지자 제국주의의 힘에 밀려 패권을 완전히 잃고 노예처럼 살아갔다.

강력한 힘으로부터 영토를 빼앗긴 20세기 초까지 미국이나, 태평양의 대다수 섬들은 미국이나, 영국, 프랑스, 독일에 의해 지배당했다.

제국주의 국가에서는 대부분 종교를 앞세워 패권을 노렸고, 15세기부터 본격적인 해외 침략을 시작한 에스파냐와 포르투갈이 대표적이다. 이 두 나라로 시작된 제국주의는 유럽의 선교사를 앞세워 종교 개혁을 꿈꾸고 있었다. 사실 종교 개혁은 마르틴 루터(1517년 10월)가 당시 교황을 중심으로 하는 서유럽 정치와 서방 교회의 면죄부 판매에 반대하면서 이루어졌다. 이러한 움직임은 죽은 자들에 대한 벌이 남아 있다는 교황권 주장으로부터 출발하여, 부패한 교황 제도 중심의 서방 교회와 그 제도를 개혁하고자 했던 서방 교회 내부의 개혁 운동이었다. 중세의 종말론을 내세워 인간을 다스리는 정치를 통해 종교 개혁을 이루고자 제국주의가 나타나기도 했다.

이렇듯 종교에서 경제로 넘어오면서 무력 침공은 갈수록 심해졌고, 전 인류를 제국주의로 만들겠다는 유럽 국가들의 흑심이 내포되었다.

대표적으로 영국과 프랑스가 제국주의로 영토 확장에 앞장섰다. 지금도 이들 국가에 의해 피해를 당한 당사국들은 대부분 세계 공공의 적으로 낙인찍히는 경우가 많다. 국수주의로 인한 잘못된 의식과 인종 차별적 노예 제도를 만들어 국가의 패권주의 성향은 짙다. 최악의 경우엔 말도 안 되는 주장을 내세워 침략하기도 했다. 하지만 현실적 한계가 발생하고 패권주의가 국가에 문제로 발생하면서 전 세계 질서는 민주주의라는 인권 국가로 통폐합되었다. 이로 인해 패권을 잡기 위한 침략은 오래가지 못했다. 패권을 일종의 권리로써 누리려고 하지만, 막상 패권을 실현하고 유지하기 시작하면 의무가 되면서 국제 사회의 눈총을 피할 수 없었다. 패권 영역이 넓으면 넓을수록 국력의 소모는 커지고 그 패권주의를 성립한 영역이 클수록 위협에서 벗어나기 힘들어진다. 국제 패권을 진두지휘하는 미국은 오늘날 군사력이 압도적인 국가이지만, 작금의 아프간에서 보듯이, 그 군사력으로도 해결하기 어려운 여러 문제에 봉착해 곤란을 겪고 있다.

패권주의를 지향하는 국가들이 민주주의의 뿌리가 깊게 자라지 않았고 권리만 누리려고 한다면 문제가 심각해진다. 일본 제국이라든가 나치 독일과 같은 집단들이 대표적으로, 패권국의 권리만 누리려 했을 뿐 패권 국가가 됨으로써 지켜야 할 당연한 의무와 책임으로 기본적인 인륜조차도 지키지 못했다. 결과적으로, 이는 UN 연합 헌장에 명시된 차별 규정에 해당한다.

19세기 유럽에서 유행병처럼 번지던 영토 침략으로 패권을 잡고 싶었겠지만 쉬운 일은 아니었다. 그만큼 희생이 따르는 전쟁으로 쌍방이 위험을 안고 있어야 한다.

로마 제국도 페르시아와 대립이 있었고, 영국과 프랑스도 식민지로 인해 항상 으르렁거렸다. 패권주의 국가는 공공의 적이 되기 쉽기에 일방적으로 몰아붙이는 것보다는 적절한 외교로 풀어나가야 한다. 그러므로 오직 국제적으로 영향력이 크다는 것만으로 이제 패권국이라든가 패권주의라고 할 수는 없다.

국가들이 힘의 균형을 유지하기 위해 공동체 체제인 국제기구가 있기에 쉽게 국가 간 힘의 균형이 이루어지며, 평화로운 상태라고 전제하고 있다. 세력 균형은 국가 간 힘의 균형 상태가 깨질 때 전쟁 발발 가능성이 높아지므로 어느 나라도 선뜻 나설 수 없다.

3

패권의 규칙

1. 룰의 본질

패권은 단순한 힘의 우위가 아니다. 그것은 '규칙을 설계할 수 있는 권리'의 독점이다. 진정한 패권은 전쟁에서 이기는 자가 아니라, 전쟁이 시작되기 전에 룰을 정하는 자다. 이 룰은 무기를 들지 않아도 상대를 무력화시키고, 겉으로는 공정함을 가장하면서도 실질적으로는 도전자를 배제하거나 포섭하는 가장 정교한 권력의 형태다.

패권국과 도전자 사이의 관계는 본질적으로 비대칭적이다. 패권국은 자신의 이익을 제도화한 규칙을 만들고, 이를 '보편적 질서'로 위장한다. 그 순간부터 세계는 두 갈래 길 앞에 선다. 하나는 이 룰에 저항하여 새로운 질서를 설계하는 고통스럽고 위험한 길이고, 다른 하나는 그 룰을 수용하거나 조정하며 적응하는 종속적 생존의 길이다. 전자는 고립과 충돌을, 후자는 자율성의 상실을 대가로 요구한다. 이 선택은 결코 자유롭지 않다. 왜냐하면 룰을 만든 자는 선택지를 줄 권력마저 가지고 있기 때문이다.

미국이 설계한 전후 국제질서는 이러한 비대칭의 정점에 있다. WTO, IMF, NATO, UN, G7[3]은 각기 다른 이름과 목적을 내세우지만, 모두 미국 중심의 전략적 이해를 제도화한 결과물이다. 미국이 이 기관에서 물러나더라도 시스템은 계속 작동한다. 왜냐하면 그 시스템은 자율적이 아니라 관성적이며, 이미 내면화된 규범으로 작동하기 때문이다. 다시 말해, 미국의 패권은 물리력보다 훨씬 더 교묘한 방식으로, '익숙함'이라는 감각 속에 뿌리를 내린다.

예컨대 WTO는 '자유무역'이라는 이상을 기치로 내세우지만, 실제로는 미국과 서구가 만든 무역 규칙에 신흥국이 종속되도록 설계된 틀이다. 무역분쟁 조정 시스템, 지적재산권 조항, 투자자-국가 소송(ISDS) 조항은 모두 약소국에게 불리하게 작동한다. 규칙은 공정해 보이지만, 실제로는 도전자가 규칙을 바꾸지 않는 한, 게임에서 이길 수 없도록 구성된 게임보드다.

3) WTO: World Trade Organization, 다자간 무역 규범을 제정·감독해 자유롭고 공정한 국제 무역을 촉진하는 기구이다. IMF: International Monetary Fund, 국제 금융 안정과 환율 안정을 지원하며 회원국에 자금 지원과 경제 정책 자문을 제공하는 기구이다. NATO: North Atlantic Treaty Organization, 집단 방위를 목적으로 한 북미·유럽 31개국의 군사 동맹이다. UN: United Nations, 국제 평화와 안전 유지, 인권 보호, 개발 협력을 목적으로 설립된 국제기구이다. G7: Group of Seven, 미국·영국·프랑스·독일·이탈리아·캐나다·일본 등 주요 선진 7개국의 협의체로, 경제·외교·안보 등 글로벌 현안을 논의한다.

최근의 CBAM(탄소국경조정제도)은 룰의 미래적 진화를 보여준다. 환경이라는 명분 아래 작동하지만, 실질적으로는 유럽과 미국의 제조산업을 보호하고, 개발도상국의 진입을 막는 장벽이다. 명분은 미래를 이야기하지만, 목적은 과거의 우위를 유지하는 데 있다. 이처럼 패권국은 언제나 새롭고 선해 보이는 얼굴로, 오래된 지배의 기제를 반복한다.

룰은 단지 경제에 머무르지 않는다. 나토는 공동 안보라는 명분을 내세우지만, 미국의 전략적 배치와 군수산업의 이해관계가 복합적으로 얽혀 있다. 동맹국들은 자율적 행위자가 아니라, 미국이 설계한 안보 구조 속의 조건부 참여자다. 이 시스템 안에서 도전자는 '동맹 밖에 서느냐, 안에 편입되느냐'는 이중의 압박에 놓인다. 밖에 서면 고립되고, 안에 들어가면 종속된다. 이것이 룰이 만들어내는 포획의 구조다.

더 무서운 것은 이 룰이 물리력이 아니라 '정당성'이라는 이름으로 작동한다는 점이다. 미국이 만든 국제질서의 규칙은, 미국이 없어도 돌아가고, 다른 국가들이 자발적으로 따르기도 한다. 그 이유는 단 하나, '그 규칙 안에 살아야 생존 가능하다는 감각'이 이미 세계에 내면화되었기 때문이다. 이 감각은 경제적 필요, 외교적 연대, 문화적 동조를 통해 반복적으로 강화된다.

도전자는 언제나 불리한 위치에서 시작한다. 새로운 룰을 만들기 위해서는 단순한 힘뿐 아니라, 제도적 정당성, 가치적 명분, 글로벌 동맹이 필요하다. 그러나 기존 룰은 그러한 시도를 원천적으로 봉쇄하거나, 매우 높은 진입 장벽을 설정해 둔다. 룰은 배제의 메커니즘이자, 포섭의 장치이며, 도전하지 않도록 만드는 심리적 구조이기도 하다.

이처럼 룰은 중립이 아니다. 그것은 세계의 형태를 지정하는 설계도다. 패권국은 그 설계도를 통해 자신이 유리한 방향으로 세계의 흐름을 인도하며, 도전자가 자생적 질서를 만들지 못하도록 막는다. 진정한 권력은 무기를 드는 것이 아니라, 상대가 무기를 들지 못하게 만드는 질서를 만드는 것이다. 패권은 그렇게 설계된다.

결국, 룰을 만든다는 것은 생존 조건을 만드는 것이다. 그리고 생존 조건을 만든 자는, 세계의 운명을 통제할 수 있다.

이 점에서 패권국은 강대국과 다르다. 강대국은 경쟁에 참여하는 자이지만, 패권국은 경기의 규칙과 심판의 기준을 동시에 설정하는 자다. 그 룰이 유지되는 한, 세계는 설계자의 손바닥 위에서 움직인다. 그러므로 진정한 도전은 룰을 따르는 것이 아니라, 룰을 다시 쓰는 것이다.그것이 패권을 넘어서는 유일한 길이다.

2. 제도를 설계하는 자, 세계를 지배한다

WTO, IMF, UN, G7, 나토, CBAM

패권은 오직 강력한 군사력이나 경제력의 우위를 뜻하지 않는다. 진정한 패권은 '룰을 설계하고 제도화하며, 타국이 그 룰에 종속되게 만드는 능력'에서 드러난다. 다시 말해, 패권은 '힘'이 아니라 '구조'로 작동하며, 그 구조의 핵심은 국제기구의 설계와 규범의 내재화다. 미국은 제2차 세계대전 이후 이러한 패권 구조의 정점을 형성해왔다. 다자주의와 협력을 표방한 국제기구들은, 사실상 미국의 전략적 이해와 세계 질서 재편 계획의 일환으로 기능해왔다. 다음의 사례들은 이를 뚜렷이 보여준다.

WTO — 규범화된 무역 패권

WTO는 '자유무역'이라는 이상을 내세우지만, 실상은 미국과 서구 선진국의 이익을 제도화한 틀이다. 특히 지적재산권 보호 강화(TRIPS), 투자자-국가 분쟁(ISDS) 조항, 무역 장벽 철폐는 신흥국과 개발도상국에게 일방적인 개방과 규범 수용을 강요하는 구조로 작동한다. 중요한 점은, 이 체계는 미국이 탈퇴한 이후에도 세계 경제가 해당 룰에 얽매여 움직이도록 설계되었다는 점이다. 룰은 '선택사항'이 아닌 '생존 조건'으로 작동하며, 이는 패권의 가장 정교한 형태다.

IMF — 금융 위기를 통한 질서의 재편

IMF는 국제 금융 안정을 위한 기구로 보이지만, 실제로는 위기 국가의 경제 주권을 조건부로 통제하는 패권 장치다. IMF의 구제금융은 필연적으로 긴축재정, 구조조정, 공공부문 축소 등을 수반하며, 이는 미국이 직접 개입하지 않아도 자국의 통치 원리를 이식하는 메커니즘이다. 1997년 아시아 금융위기에서 한국, 태국, 인도네시아는 고금리와 구조조정을 수용하며, 국가 내 경제적 결정권을 IMF-미국 축에 내맡기는 상황에 처했다. 금융 패권은 자금의 공급이 아니라, 질서의 재편을 동반하는 지배 구조다.

UN — 다자주의의 외피를 쓴 통제 구조

UN은 인류 공동의 평화와 인권을 지향하지만, 안보리 구조는 미국을 포함한 5개국이 거부권을 통해 사실상 국제사회의 방향을 좌지우지하는 구조다. 이는 평등한 협의체가 아닌, 패권국의 '합법적 지위 보장 장치'이며, 미국은 이를 활용해 자국 외교·군사 전략을 정당화해왔다. 인도, 브라질 등의 상임이사국 진입 요구가 번번이 좌절되는 것도, 패권 구조의 균열을 막기 위한 저지 장치가 작동하고 있기 때문이다.

G7과 G20 — 비공식적 세계 경제 설계실

G7은 미국을 포함한 서구 선진국 중심의 경제 회의체다. 비록 법적 구속력은 없지만, 세계은행, IMF, OECD 등을 통해 결정사항이 구조화되며, 신흥국은 그 정책을 수용할 수밖에 없는 상황에 처한다. G20은 명목상 포용적 회의체지만, 실제 논의의 방향과 의제 설계는 G7을 중심으로 움직이며, 이는 비공식적 패권 설계실의 기능을 한다. 형식은 다자주의이나, 내용은 배타적 패권 구조다.

CBAM — 규범의 이름으로 형성된 비관세 장벽

탄소국경조정제도(CBAM)는 기후위기 대응이라는 명분 아래 도입되었지만, 실제로는 선진국의 산업 기준과 규범을 강제로 수출하는 장치다. 유럽연합(EU)이 주도하는 CBAM은 환경 규범이라는 새로운 가치질서를 통해 후발국의 경쟁력을 제약하고, 무역의 조건을 유리하게 조정한다.이는 향후 패권이 물리적 군사력이나 자본력보다, 규범과 기준의 장악을 통해 이루어진다는 점을 예고한다.

나토 — 군사적 집단주의의 중심축

나토(NATO)는 집단안보를 내세우지만, 미국의 군사전략, 무기산업, 영향력 확장이라는 실질 목적을 수행하는 플랫폼이다. 동유럽 국가들의 나토 가입은 러시아와의 긴장을 고조시키며, 동시에 미국의 유럽 지배력을 강화한다. 나토는 군사적 '가치 동맹'으로 포장된 군사 패권 유지 장치이며, 회원국의 방위비 증가는 미국 무기산업의 수익으로 이어지는 구조다. 이처럼 패권은 '제도를 통해 구축된 세계 설계 권력'이다

국제기구는 오직 협력의 공간이 아니라, 룰의 창출, 가치의 정의, 생존 조건의 설계를 통해 패권을 영속화하는 구조물이다. WTO, IMF, UN, G7, 나토, CBAM은 각기 다른 분야에서 작동하지만, 그 공통점은 "패권국이 만든 룰을, 타국이 자율적으로 받아들이는 것처럼 보이게 만드는 통치 메커니즘"이라는 점이다.이것이 바로 '제도 위의 패권'이며, 21세기 세계 질서를 움직이는 가장 정교하고 은폐된 권력의 얼굴이다.

3. 패권 규칙의 내면화와 제도적 강제력

패권의 룰이 강력한 이유는 단순히 그것이 만들어졌기 때문이 아니라, 그 룰이 세계 속에서 '정상'으로 받아들여지기 때문이다. 패권국이 만든 규칙은 외형적 지배를 넘어서 규범으로 내면화되고, 제도적 관성으로 작동하며 각국의 정책, 사회 구조, 일상까지 깊숙이 스며든다. 이러한 내면화는 몇 가지 경로를 통해 은밀하게 작동한다.

우선, 규칙은 교육과 미디어, 국제기구의 담론을 통해 각국의 엘리트

들에게 국제사회에서의 '표준'으로 자리 잡는다. 자유무역은 더 이상 미국의 전략이 아니라 세계 각국의 경제학 교과서와 정책 보고서에서 하나의 전제처럼 기능한다. 이처럼 지식의 구조가 특정 국가의 이익에 유리하게 형성되면, 그에 대한 비판은 비정상으로 간주되며, 결과적으로 지배는 인식 속에서 완성된다. 이는 현대적 문화적 헤게모니의 전형이다.

다음으로, 규칙은 법적 장치를 통해 제도화된다. 여기에는 WTO 규정, IMF 구조조정 조건처럼 조약이나 협정은 형식상 자발적 선택처럼 보이지만, 실제로는 강한 제약을 수반한다. 여기에 따르지 않을 경우 무역 보복, 금융 차단, 투자 철회 등 현실적 불이익이 뒤따른다. 따라서 규칙은 오직 종이에 적힌 문장이 아니라, 국가의 자율성과 주권을 제한하는 실질적 도구가 된다.

이어지는 강제력은 글로벌 공급망과 시장 접근권을 통해 구현된다.

세계는 수출입 의존도가 높은 경제 구조를 갖고 있으며, 다국적 기업의 글로벌 체인에 긴밀하게 연결되어 있다. 서방이 특정 기술이나 환경 기준을 설정하면, 다른 국가들은 이에 따라 제품을 설계하고 생산해야 한다.

CBAM(탄소국경조정제도)은 이러한 구조적 강제의 전형으로 기후 대응이라는 명분 아래 개발도상국의 산업을 제한하고 새로운 경제 장벽을 형성한다.

이와 함께 작동하는 또 하나의 힘은 금융 시스템이다. 세계 경제는 여전히 달러 중심으로 운영되며, 미국의 금리 인상은 신흥국의 자본 유출, 환율 불안정, 외채 위기로 이어진다.

SWIFT 시스템 또한 미국의 제재를 가능케 하는 핵심 인프라로 기능하며, 이 금융적 구조는 무력이나 법보다 더 강한 통제 수단으로 작용한다.

더불어 국제기구와 다자주의 역시 중립적 포장을 통해 패권의 질서를 강화한다. 국제사법재판소, 세계은행, 유네스코 등은 명목상 중립성과 공공성을 표방하지만, 실제 자금 운용, 인사 구조, 의사결정 권한은 대부분 서구 중심의 질서에 기반을 두고 있다. 참여는 자발적이나, 규칙은 특정 가치와 이해관계에 봉사하도록 짜여 있다.

이처럼 패권의 규칙은 세계 정치의 공식 테이블을 넘어, 국가 예산, 기업 전략, 학교 교과서에까지 침투해 있다. 강제력은 눈에 띄지 않지만, 그 규칙이 너무 자연스러워서 오히려 '권력'으로 인식되지 않는 데 진짜 위력이 있다. 이것이 바로 패권의 비밀이다. 룰은 명령이 아닌 기준으로 작동하며, 이를 거부하는 자는 단순한 반대자가 아니라 '비정상'으로 낙인찍힌다. 패권은 이처럼 세계의 인식과 제도를 설계하고, 숨 쉬는 공기처럼 작동하는 룰로서 권력을 유지한다.

4. 규칙을 넘어서는 도전자들

"룰을 따르지 않는 자는 반역자인가, 아니면 미래를 여는 개척자인가?"

패권국이 설계한 국제 질서는 '보편적 룰'이라는 이름 아래 전 세계에 관철되어 왔다. 하지만 그 보편성은 결코 중립적이지 않다. 이 룰은 특정 국가의 이해와 전략을 바탕으로 설계되었고, 그에 따라 이를 따르지 않거나, 새로운 룰을 만들고자 하는 시도는 자연스럽게 '패권에 대한 도전'으로 간주된다.

21세기 들어 이러한 도전은 더욱 노골적이고 다층적인 방식으로 표출되고 있으며, 이는 기존 질서의 균열을 드러낸다. 이 장에서는 그 도전자들이 어떤 전략을 통해 기존의 규칙을 넘어서는지, 그리고 그 도전이 패권의 룰에 어떤 변화를 예고하는지 살펴본다.

중국 — 수혜자에서 '룰 메이커'로

중국은 오랫동안 미국 중심 질서의 수혜자였지만, 이제는 그 질서를 재설계하려는 대표적 도전자로 부상했다. 시진핑 주석이 내세운 '중국몽'은 단순한 국력 회복을 넘어, 중국식 질서를 세계화하려는 정치적 기획이다.

AIIB(아시아인프라투자은행)와 일대일로(BRI) 전략은 기존의 IMF·세계은행 체제를 보완하거나 대체하려는 시도로 평가되며, 디지털 위안화와 CIPS(중국판 SWIFT)는 달러 중심 금융질서에 균열을 시도하는 메커니즘이다.

또한 중국은 '남남협력'을 통해 아시아, 아프리카, 라틴아메리카 국가들과의 연대를 강화하며, 서구의 규범에 기반한 질서에 대항할 수 있는 정치경제적 토대를 넓히고 있다. 이 과정에서 중국은 기존 룰에 일부 편입되면서도 동시에 새로운 룰을 설계하는 이중적 전략을 취한다. 기술 패권 경쟁, 남중국해에서의 군사적 확장, 인권과 관련된 국제 규범에 대한 불복종 등은 이러한 전략의 일환으로, 중국은 오직 기존 룰을 따르지 않는 것이 아니라 '새로운 질서'의 창출을 향해 나아가고 있다.

러시아 — 파괴자에서 설계자로

러시아는 미국 중심 질서에 대해 보다 노골적인 방식으로 반기를 들고 있다. 2014년 크림반도 합병과 2022년 우크라이나 침공은 국제법의 근간을 흔드는 사건이었지만, 러시아는 이를 서방의 위선에 대한 응징이라 주장하며 정당성을 구성한다. 특히 나토의 동진에 대한 반격이라는 논리는, 패권 질서가 단순히 보편 규칙이 아니라 정치적 장치임을 역으로 드러낸다.

러시아는 군사력과 에너지 자원을 무기화하여 기존 질서를 정면으로 거부하고 있으며, 동시에 상하이협력기구(SCO)와 브릭스를 통해 대안 질서의 기초를 쌓고 있다. 특히 중국과의 전략적 연대를 통해 비서구 중심의 국제 구조를 모색하는 이중 전략은, 단순한 질서 파괴가 아니라 자기주도적 설계 행위로 볼 수 있다.

브릭스 — 대안 연대의 실험실

브라질, 러시아, 인도, 중국, 남아공으로 구성된 브릭스는 한때 '신흥국 협력체'로 출발했지만, 최근에는 국제 금융질서와 정치기구에 대한 대안을 고민하는 집단적 움직임으로 진화하고 있다.

2023년 브릭스 정상회의에서는 달러 의존 탈피, 대체 결제 시스템 구축, 공동개발은행의 확대 등이 논의되었으며, 이는 단순한 불만 표출이 아니라 새로운 시스템을 상상하는 실험이다.

브릭스는 아직 통일된 규칙이나 질서를 제시하지는 못하고 있지만, 기존 국제기구에 대한 비판적 인식을 공유하며 '비서구적 가치'의 정당성을 모색하고 있다. 특히 글로벌 사우스라는 개념이 국제 담론에서 부상하면서, 브릭스는 새로운 다자주의의 중심으로 떠오르고 있다.

이란과 북한 — 고립 속 생존의 룰

이란과 북한은 미국 중심의 규칙을 공개적으로 거부하며, 독자적 생존 전략을 고립 속에서 구현해온 대표적 국가들이다. 이란은 핵 개발을 통해 협상력을 확보하려 하며, 북한은 핵무기를 체제 생존의 '최후 방어선'으로 간주한다. 이들의 전략은 국제사회에서 극단적으로 분리되어 있지만, 동시에 패권 질서에 대한 실질적 이탈의 실험이기도 하다.

그렇다고 해서 이들의 도전이 새로운 질서의 중심이 되는 것은 아니다. 오히려 이들의 존재는 기존 룰이 '보편적 정의'라는 외피를 넘어 얼마나 배제하며 정치적인지를 되묻는 구조적 질문을 던진다.

비국가 행위자들 — 기술과 통화의 경계 너머

21세기의 도전은 더 이상 국가만의 몫이 아니다. 암호화폐는 기존 통화 시스템을 흔들고 있으며, 메타(구 페이스북), 애플, 알파벳 같은 빅테크 기업들은 전통적인 주권 개념을 압도하는 영향력을 갖고 있다. 특히 인공지능 기술의 급격한 발전은 법과 제도가 기술을 따라가지 못하는 '룰 공백'의 시대를 열고 있다.

미국의 금융 규제는 비트코인과 같은 탈중앙화 자산을 충분히 제어하지 못하고 있으며, 이는 통화 주권 자체에 대한 도전으로 이어진다. AI 역시 누가 먼저 기준과 플랫폼을 장악하느냐에 따라, 데이터 통제, 사회

감시, 정보 왜곡까지 초래할 수 있으며, 이는 디지털 패권의 새로운 지형을 형성하게 된다.

도전은 균열이지만, 아직 질서는 아니다

이처럼 도전자들은 룰을 무시하거나, 비틀거나, 새로운 룰을 실험하고 있다. 하지만 이들이 곧바로 새로운 패권이 되는 것은 아니다. 패권의 룰은 오직 군사력이나 경제력만이 아니라, 신뢰, 제도, 관성, 그리고 '정상성'이라는 상징 자본으로 구성되어 있다. 중국과 러시아는 여전히 미국 금융 시스템과 공급망에 깊이 얽혀 있고, 브릭스는 내부 이해관계의 조율이 쉽지 않으며, 비국가 행위자들은 아직 법적·제도적 정당성을 확보하지 못했다.

그렇다면 중요한 질문은 이것이다. 지금 벌어지고 있는 이 수많은 도전들이 단순한 충돌로 끝날 것인가. 아니면, 새로운 규칙이 태동하는 징조인가.도전은 명확하지만, 대안은 아직 미완성이다. 하지만 그 균열은 이미 시작되었고, 그것이야말로 패권 규칙의 진짜 위기이며, 다음 장으로 넘어가는 열쇠이다.

4

보편의 허상과 규범 재편

1. '보편'이라는 이름 아래 감춰진 정치적 설계

'보편성(universality)'이라는 개념은 표면적으로는 인류 전체를 아우르는 중립적이고 이상적인 가치 체계로 받아들여진다. 그러나 실제 세계에서의 보편성은 결코 가치중립적이거나 자연 발생적인 것이 아니다. 그것은 특정한 문명이나 권력, 역사, 이념이 응축되어 구성한 사유의 체계이며, 일정한 정치적 목적을 내포한 규범적 질서의 이름이다.

오늘날 국제사회에서 통용되는 '보편'은 오히려 서구적 특수성의 확장판에 가깝다. 계몽주의, 식민주의, 제국주의, 냉전 체제를 거치며 축적된 서구의 가치체계는 '보편'이라는 이름으로 제도화되었고, 이는 사실상 세계 질서를 설계하고 규율하기 위한 도구로 기능해왔다.

여기에 인권과 자유, 민주주의, 합리성, 법치, 시장경제 등은 각각 하나의 진리라기보다 특정한 문명의 경험이 일반화된 결과이다. 중요한 것은 이 가치들이 타 문화권을 바라보는 기준점으로 작동하며 지적 식민주의와 규범적 우월주의를 가능하게 했다는 점이다.

18세기 계몽주의 이후, 유럽은 인간 이성과 보편적 진리를 중심으로 세계를 해석하고 지배하려 했다. '보편적 인간'이나 '보편적 이성'은 철학적 명제를 넘어서 정치적 정당성의 수단으로 활용되었고, 이 개념들은 곧 식민지 확장과 국제기구 설계, 냉전 이데올로기의 토대가 되었다. 그러나 이 보편은 어디까지나 서구 내부의 합의에 기반한 것으로, 비서구권은 이에 의해 '타자'로 규정되며 주변화되었다.

식민주의는 무력만이 아니라 '문명화 사명(civilizing mission)'이라는 도덕적 우월감을 통해 정당화되었다. 유럽 제국은 자신들이 고안한 정치, 법, 종교, 사회 체계를 보편적 문명으로 포장하고, 아시아·아프리카·라틴아메리카의 고유한 질서들은 미개성과 비합리성으로 낙인찍었다. 이 과정에서 '보편'은 배타적 정체성을 은폐한 권력의 말투로 작동했다. 그것은 다름을 무효화하고, 타자를 규정하며, 복종을 강요하는 언어였다.

20세기 후반 탈식민주의 이론은 이러한 '보편의 폭력성'을 비판하며, '보편성'이라는 개념 자체가 권력에 의해 구성된 것임을 폭로했다.

이에 맞선 프란츠 파농, 에드워드 사이드, 호미 바바, 가야트리 스피박과 같은 사상가들은 서구의 규범이 어떻게 타자의 목소리를 삭제하고, 고유한 문화와 지식 체계를 침묵시켰는지 분석하며 '보편'의 해체를 촉구했다. 특히 사이드의 《오리엔탈리즘》은 서구의 시선이 어떻게 동양을 구성하고 지배해왔는지를 드러내며, 보편이라는 개념이 중립적이지 않다는 것을 분명히 했다.

21세기에 들어서면서, 세계는 점점 더 다극화되고 있다. 서구의 일극적 권위는 약화되었으며, 다양한 지역이 자신만의 정치적·철학적 체계를 주장하기 시작했다.

중국은 '중국식 사회주의'를, 인도는 힌두 민족주의를, 중동은 이슬람 중심의 정치이념을 전면에 내세우고 있으며, 아프리카 여러 국가는 서구의 정치제도를 해체하거나 현지화하는 움직임을 보이고 있다. 이들 국가가 주장하는 것은 단순한 자국 중심주의가 아니라, 서구의 보편이 결코 보편이 아니었음을 드러내는 실천적 저항이다.

오늘날 보편성을 둘러싼 갈등은 물리적 영역을 넘어 디지털 세계로까지 확장되었다. 이는 인공지능 윤리, 데이터 주권, 플랫폼 규제 등은 모두 새로운 시대의 '보편'을 누가 설정할 것인가를 둘러싼 권력투쟁의 장이다.

미국의 빅테크 기업들은 '표현의 자유'와 '기술 중립성'을 내세우지만, 실제로는 알고리즘 편향, 사용자 감시, 정보 독점 등을 통해 글로벌 디지털 권력을 행사하고 있다. 유럽연합은 GDPR을 통해 정보 보호를 강화하며 '디지털 인권'을 중심으로 보편적 규범을 재설계하려 한다.

중국은 인터넷 검열과 빅데이터 감시를 '사회 안정'의 수단으로 정당화하며 완전히 다른 보편성을 주장한다. 이처럼 '디지털 보편성'마저 국가와 문명에 따라 전혀 다른 해석과 실행을 낳고 있는 현실은 보편이라는 말이 얼마나 복잡하고 정치적인지를 보여준다.

'보편성'은 이제 더 이상 누구도 독점할 수 없는 공간이 되었다. 그것은 협상과 번역, 경합과 재구성의 대상이다. 따라서 우리는 '보편적 가치'라는 말이 등장할 때 그것이 어떤 문화적 문법, 정치적 목적, 역사적 정당성을 전제하고 있는지를 비판적으로 물어야 한다. 모든 보편은 특정한 권력지형 속에서 생성되며, 보편의 언어는 종종 지배의 언어였다는 사실을 직시해야 한다.

그렇다고 해서 우리는 모든 보편적 가치의 가능성을 폐기할 필요는 없다. 중요한 것은 그것이 강제와 표준화의 형태로가 아니라, 수평적 번역과 상호인정의 메커니즘으로 구성되어야 한다는 점이다. 진정한 보편성이란 일방적 계몽이 아니라, 다름을 인정하는 윤리적 계약이다. 그것은 '하나의 진리'가 아니라 '다양한 삶들이 함께 살아가기 위한 최소한의 합의'로서만 성립할 수 있다.

우리는 지금 '보편의 허상'을 넘어, 보편의 재구성을 위한 지적 전환의 시대에 진입하고 있다. 여기서 요구되는 것은 단지 과거의 질서를 비판하는 것이 아니라, 새로운 보편을 어떻게 다르게 구성할 것인가에 대한 책임 있는 상상력이다.

인권, 민주주의, 자유라는 단어들이 다시 논의되어 다시 말해지며, 다시 설계되어야 하는 이유는 거기에 있다.

진정한 보편은 통일성이 아니라 다양성의 조율 속에서 정답이 아니라 지속되는 대화 속에서, 중심이 아니라 경계의 교차 속에서 형성된다. 우리는 이제 보편이라는 말을 '신념'으로 대하는 것이 아니라, 그것이 지닌 권력의 문법을 분석하고, 윤리적 감수성으로 재구성하는 작업에 나서야 한다.

그것이야말로, 세계시민의 보편 윤리가 시작되는 지점이며, 보편성의 이름으로 자행된 권력의 비밀을 해독하는 첫 걸음이다.

2. 탈서사적 전환: 중심 없는 이야기의 등장

"세상은 이야기로 되어 있다."

이 단순한 명제가 더 이상 자명하지 않게 된 시대에 우리는 살고 있다. 한때 인간은 세상을 이해하기 위해 신화를 만들었고, 민족은 정체성을 유지하기 위해 역사서를 썼으며, 국가와 제국은 지배를 정당화하기 위해 위대한 서사를 창조해왔다. 이야기는 존재의 이유를 부여했고, 삶의 고통을 견디게 했으며, 죽음을 초월할 수 있는 상징을 제공했다. 하지만 지금, 우리는 그 모든 이야기들이 흔들리고 무너지는 낯선 시대로 이주해 버렸다. 한때 중심이었던 이야기들이 더 이상 우리를 이끌지 못하고, 도리어 불신과 반감, 불안을 낳고 있다.

'서사적 세계관'의 붕괴는 어느 날 갑자기 온 것이 아니다. 오히려 조용히, 그러나 거대한 균열처럼 우리 삶 깊숙이 스며들어 왔다. 진보와 발전의 담론이 신화처럼 믿어지던 시대, 과학이 모든 문제를 해결할 수 있다고 확신하던 시대, 인간은 이성적 존재이며 역사는 선형적으로 나아간다고 여겼던 시대는 끝났다. 이제 우리는 "왜 이 이야기를 믿어야 하지?"라는 질문을 품는다. 아니, "이야기 자체가 필요할까?"라는 질문 앞에 서 있다.

디지털 네트워크 사회의 등장은 이 전환의 가속 장치였다. 과거에는 이야기를 전유할 수 있는 자격이 특정한 엘리트에게만 주어졌다. 여기에는 작가, 학자, 정치가, 성직자. 그들은 문자를 소유하고, 출판권을 행사하며, 방송국이나 교단의 자리에 앉아 있었다. 그들의 말이 곧 '진실'이었다. 하지만 지금, 스마트폰 하나면 누구나 발화자가 될 수 있고, 이야기를 실시간으로 전파할 수 있다. 플랫폼은 무한하고, 목소리는 동시다발적이다. 이제 더 이상 '하나의 이야기'가 전체를 포섭할 수 없다. 세계는 수많은 이야기들의 격렬한 병치이자 충돌의 장이 되었다.

그러나 더 중요한 변화는, 단순히 이야기의 양이 많아졌다는 것이 아니다. 우리는 '중심이 없는 이야기'의 시대를 살고 있다. 어떤 서사도 더 이상 보편의 지위를 점할 수 없다. 한때 '절대선'으로 여겨졌던 민주주의조차, 그 작동 방식과 효능에 대한 회의와 반감이 높아지고 있다. 인권, 자유, 평등과 같은 단어들이 내뿜던 빛은 이중적 현실 속에서 흐려졌고, 자본주의의 성장 서사는 절벽처럼 무너지는 삶 앞에서 더 이상 우리를 설득하지 못한다. 심지어 '나'라는 존재조차도, 하나의 일관된 이야기로 정리할 수 없는 현실이 되었다.

당신은 아마도 느끼고 있을 것이다. 스스로를 소개하는 일이 점점 더 어렵고 낯설어졌다는 것을. 우리는 '나는 누구인가'라는 질문 앞에서 하나의 명확한 정체성 대신, 다중의 자아, 복수의 시간, 모순된 감정을 끌어안는다. 나의 정체성은 고정되지 않고, 계속해서 구성되고 해체된다. 이는 탈서사적 시대가 개인에게 요구하는 새로운 생존방식이다. 고정된 중심이 아니라, 흔들리는 경계에서 균형을 잡는 감각. 그 불안정 속에서 의미를 만드는 능력. 이제 '주체'란, 단단한 자아가 아니라 유동적인 접속지점이다. 나라는 존재는 무수한 이야기들의 교차점에서 잠시 형성되었다가, 또 다른 이야기로 흘러간다.

이러한 전환은 문학과 예술, 정치와 윤리, 학문과 일상에 걸쳐 전 방위적으로 나타나고 있다. 거대 서사는 해체되었고, 작은 이야기, 단편적인 기억, 비주류의 목소리가 주목받는다. 누군가는 이를 '파편화'라고 부르고, 또 다른 누군가는 '혼란'이라 말한다. 하지만 과연 그럴까? 과거의 중심 서사는 정말 모두를 위한 이야기였는가? 오히려 그것은 배제와 침묵의 정당화 장치였던 것은 아닐까?

서구 근대는 '진보'라는 이름으로 식민지를 정복했고, '문명'이라는 말로 타자를 야만화했으며, '보편'이라는 이름으로 자신들의 삶의 방식을 강요했다.

세계는 그렇게 하나의 이야기로 포획되었고, 수많은 이야기는 "역사의 주변부"로 밀려났다. 지금, 탈 서사적 전환은 그 억압된 이야기들이 스스로 말하기 시작한 시대다. 그리고 그것은 거대한 해방의 신호일 수 있다.

하지만 중심이 사라졌다고 해서 의미가 사라진 것은 아니다. 의미는 여전히 생성되고 있으며, 그 방식이 달라졌을 뿐이다. 이제 우리는 선형적이고 일관된 이야기 대신, 네트워크적이고 다층적인 의미 구조를 경험한다. '진실'은 하나가 아니라, 수많은 관계와 맥락 속에서 구성된다. 나의 고통은 너의 무관심을 통해 증명되며, 너의 이야기는 나의 상처 속에서 공명한다. 연결된 이야기들 사이에 흐르는 감정의 전류, 바로 거기에서 오늘의 윤리가 탄생한다.

그렇다면 우리는 어떻게 살아야 하는가? 정답은 없다. 단지 몇 가지 제안은 가능하다. 첫째, 하나의 이야기로 타인을 단정하지 말 것. 둘째, 중심 없는 이야기들 사이에서 나만의 위치를 찾을 것. 셋째, 나와 다른 이야기를 가진 타자와 충돌하면서도 그 관계를 끊지 않을 것. 이 새로운 생존의 윤리는 고립이 아닌 연결, 동일성이 아닌 차이, 정복이 아닌 협상을 전제로 한다.

정치 역시 변화해야 한다. 기존의 정치가 국민이라는 '하나의 이야기'를 상정하고 동원을 요구했다면, 새로운 정치란 수많은 이야기들의 공존과 협상을 전제로 한다. 다양성은 더 이상 '인정해야 할 가치'가 아니라, 현실의 구조 그 자체다. 그리고 그 안에서 새로운 정당성의 터전은 누가 더 큰 목소리를 내는가가 아니라, 서로 다른 이야기들이 어떻게 공명하고 연대하는가에 달려 있다.

이제 우리는 배워야 한다. 중심 없는 세계에서 중심 없는 주체로 살아가는 법을. 내 안의 혼란을 부정하지 않고, 오히려 그것을 새로운 감각의 토대로 삼는 법을. 기존의 이야기를 반복하지 않고, 나만의 단어와 호흡, 경험으로 세계를 다시 서술하는 법을. 이것이야말로 탈 서사적 전환이 우리에게 요구하는 삶의 태도이며 동시에 새로운 정치적·문화적 실천의 출발점이다.

우리는 아직 완전히 이 전환을 받아들이지 못했다. 과거의 이야기들은 여전히 우리를 잡아끈다. 익숙함은 안도감을 주고, 혼란은 두렵다. 하지만 새로운 시대는 이미 시작되었고, 낡은 이야기들은 더 이상 우리의 미래를 설명해주지 못한다. 그렇기에 우리는 지금, 이야기의 중심에서 멀어지는 법을 배워야 한다. 그리고 그 빈 공간에 새로운 가능성, 새로운 공존, 새로운 정당성을 심어야 한다.

3. 연대의 정치를 위하여: 상호성과 공존의 재구성

현대 사회에서 '연대'는 더 이상 선택의 문제가 아니다. 인간은 긴밀하게 얽혀 있는 세계 속에서 살아간다. 팬데믹, 기후 위기, 인권 침해, 디지털 감시, 인공지능과 노동의 재편, 이민과 난민 문제 등은 모두 국경이나 문화, 이념을 넘어서 인류 전체가 함께 마주한 과제들이다. 그러나 우리는 이러한 위기를 해결할 수 있는 능력이나 시스템을 갖추지 못한 채, 여전히 민족주의, 자국 우선주의, 시장 중심주의에 머무르고 있다. 이러한 구조 안에서 '연대'는 현실 정치의 언어에서 점점 사라지고 있다.

연대의 부재는 단순한 사회적 현상이 아니다. 그것은 패권적 세계관의 산물이자, '보편'이라는 이름으로 강제된 서사의 부산물이다.

'보편'이란 개념은 언뜻 중립적이고 포괄적으로 보이지만, 실제로는 특정한 권력 구조와 문명적 서사가 생산해낸 이념적 장치에 불과하다. 서구 문명은 인권, 민주주의, 자유시장과 같은 개념을 보편적 가치로 설정해왔지만, 그것은 자신들의 경험과 이익을 전제한, 특수한 관점을 일반화한 결과였다. 그 '보편' 아래에서 타자의 경험은 삭제되었고, 식민의 기억은 침묵 당했으며, 비서구 세계의 삶은 '개발의 대상'으로 전락하였다.

이러한 연대의 위기는 곧 서사의 위기이자, 의미 생산의 위기이다. 서구의 패권은 단순히 군사력이나 경제력에 기초한 것이 아니다. 그것은 '이야기를 선점하는 자'의 힘에서 비롯된다. 어떤 가치가 정의이고, 어떤 제도가 합리이며, 어떤 삶이 진보인지에 대한 해석권을 독점해온 것이 바로 서구 패권의 핵심이다. 따라서 연대의 재구성은 단순한 제도적 개혁이 아니라, 의미의 해방, 서사의 탈식민화, 그리고 새로운 정당성의 정치학을 요구한다.

새로운 연대는 이와 같은 '보편의 허위'를 넘어서야 한다. 우리는 상호성과 공존이라는 관점을 통해 연대를 재정의할 수 있다. 상호성은 나와 타인의 관계를 수직적 구도가 아니라, 상호 의존과 상호 생성의 관계로 이해하는 방식이다. 타인을 단지 ‘도움이 필요한 존재’로 대상화하지 않고, 그의 존재가 나의 존재에 필수적인 조건임을 자각하는 데서 상호성은 출발한다. 공존은 이러한 상호성을 구체화하는 삶의 방식이다. 단지 같은 공간에 존재하는 것이 아니라, 차이를 인정하고, 그 차이가 만들어내는 세계를 수용하는 태도이다.

이와 같은 연대의 정치학은 문화, 교육, 정치, 경제 등 사회 전 분야에 걸쳐 실천되어야 한다. 교육은 경쟁 중심에서 협력과 공감 중심으로 전환되어야 하며, 문화는 다름을 통합하는 창조의 장이 되어야 한다. 정치는 다수결의 폭력을 극복하고 숙의와 참여의 시스템을 확장해야 하며, 경제는 이윤 극대화가 아니라 지속 가능성과 공공성의 가치를 중심에 두어야 한다. 특히 기술과 인공지능의 발전 속에서 인간의 존엄성과 노동의 재구성이 필요한 이 시점에서, 연대는 그 어느 때보다도 절실한 생존의 조건이 되었다.

연대는 또한 윤리적 상상력의 문제이기도 하다. 타인의 고통을 자신의 일부로 받아들일 수 있는 감수성, 공감할 수 있는 능력, 제도 너머의 인간적 관계를 회복할 수 있는 상상력이 필요하다. 이는 감정의 문제인 동시에 구조적 상상력의 문제이며, 사회적 정의의 문제이기도 하다. 연대는 단지 ‘함께 하는 것’이 아니라, ‘함께 살아가기 위한 조건을 재구성하는 것’이다. 그것은 제도를 새로 짜는 일이자, 인식의 지도를 바꾸는 일이다.

결국, 연대는 이상적 구호가 아니라, 현실을 지속 가능하게 만드는 유일한 방법이다. 연대는 불완전한 인간들이 함께 살아갈 수 있는 최소한의 윤리이자, 차이를 수용하면서도 관계를 잇는 기술이다. 그것은 ‘보편’

을 강요하는 서사의 언어가 아니라, '차이'와 '불완전함'에 기반을 둔 관계의 문법이다. 연대의 정치학은 바로 이 문법 위에 세워져야 한다. 우리 모두가 중심이 아닌 가장자리에서 다시 만나는 일, 그것이 연대의 시작이다.

4. 규범의 재구성: 누구의 법, 누구의 정의인가

법과 정의는 오랫동안 '중립적인 기준' 혹은 '객관적인 질서'로 받아들여져 왔다. 그러나 이 개념들이 실상은 권력의 분포와 이익의 충돌 속에서 형성된 정치적 산물임을 직시할 필요가 있다. 법은 사회적 합의의 결과이지만, 그 합의는 결코 평등한 조건 위에서 이뤄지지 않는다. 특정 집단이 법을 만들고, 해석하고, 적용하는 권한을 독점하면서 규범은 종종 권력의 이해를 반영하는 기제로 작동해 왔다. 특히 국제질서나 글로벌 거버넌스의 영역에서는 이러한 왜곡이 더욱 뚜렷하다.

국제사회에서 통용되는 법과 정의의 기준은 서구의 역사적 경험, 정치적 이해, 문화적 가치관에 기반을 두고 있다.

국제법은 인간의 존엄, 인권, 자유, 시장경제와 같은 개념을 중심으로 구축되어 왔지만, 이들 개념은 언제나 '보편'이라는 이름 아래 특정한 문명의 경험을 일반화한 것이다. 유럽 중심의 계몽주의와 자유주의가 인류 전체의 기준으로 설정되면서, 아시아, 아프리카, 라틴아메리카의 법과 정의에 대한 전통적 이해는 주변부로 밀려났다. 결과적으로 국제규범은 보편적 정당성을 주장하지만, 실제로는 다수의 문명을 배제하거나 그 가치를 축소시키는 방식으로 작동한다.

문제는 이러한 규범이 단지 상징적 질서로 머물지 않는다는 데 있다. 규범은 정치적 제재, 경제적 불이익, 심지어 군사적 개입의 정당화 근거가 되기도 한다. 여기에는 인권 침해를 이유로 한 무력 개입, 민주주의 확산이라는 명분 아래의 정권 교체, 자유무역 원칙을 강요한 통상 압력 등은 모두 규범의 힘을 동원한 패권적 개입의 사례들이다. 이러한 규범은 정의를 가장하고 있지만, 실상은 권력의 불균형을 지속시키는 수단으로 기능하고 있다.

이제 우리는 다음과 같은 근본적 질문을 던져야 한다.

"지금 작동하고 있는 법은 누구를 위한 것인가?",
"이 정의는 누구의 고통을 외면하고 있는가?",
"규범은 누구의 언어로, 누구의 경험에 기초해 구성되었는가?"

이러한 질문은 규범에 대한 단순한 비판을 넘어, 규범 그 자체를 새롭게 발명하려는 시도와 맞닿아 있다. 우리가 필요로 하는 것은 기존 질서의 미세 조정이 아니라, 정의의 개념 자체에 대한 재해석이다.

정의는 단지 절차의 공정함이나 법적 일관성을 의미하지 않는다. 실질적 정의는 맥락을 고려한 형평성을 전제로 한다. 같은 처우가 항상 공정한 것은 아니다. 이처럼 식민의 역사로 인해 구조적 불평등에 처해 있는 국가나 집단에 대해 동일한 기준을 적용하는 것은 오히려 부정의로 이어질 수 있다. 따라서 정의는 보편적 원칙과 구체적 현실을 연결하는 지점에서 다양한 관점의 충돌을 조율할 수 있는 포용적 언어로 재정의 되어야 한다.

이러한 재정의의 핵심에는 '비주류의 시선'이 존재한다. 규범의 정당성은 중심이 아니라 주변에서 더욱 선명하게 드러난다. 억압받는 자, 침묵을 강요당한 자, 체계에서 배제된 자들의 목소리는 기존 규범의 결함을 드러내는 경고음이자, 새로운 질서를 향한 출발점이다. 따라서 규범을 재구성하는 과정은 단지 기존 규범에 비판을 가하는 것이 아니라, 새로운 관점과 서사를 끌어들이는 일이다. 이때 중요한 것은 단순한 피해자의 증언을 넘어서, 이들의 시선에서 세계를 다시 그리는 일이다.

규범의 재구성은 법제도나 선언문에서 시작되지만, 그 실천은 일상의 권력관계 속에서 진행되어야 한다. 여기에는 교육과 언론, 문화와 종교, 기업과 NGO의 활동 등 다양한 사회 영역에서 정의와 권리를 어떻게 해석하고 실행하는지가 결국 규범의 실질적 효과를 결정짓는다. 이 과정에서 다원성과 차이를 존중하는 태도가 필수적이며, 일방적인 기준 강요가 아닌 상호 협의와 협상이 중심이 되어야 한다.

더 나아가 규범은 고정된 것이 아니라 끊임없이 갱신되는 살아 있는 질서로 이해되어야 한다. 과거의 기준은 현재의 현실을 담보하지 못하며, 미래의 도전은 지금의 가치로는 설명되지 않는다. 기후 위기, 디지털 권리, 생명윤리, 알고리즘의 정의 등 신흥 영역에서 우리는 아직 규범을 제대로 정립하지 못했다. 이 새로운 영역에서는 '누구의 기준인가'라는 질문이 더욱 절실하게 요청된다.

기술과 생명이 만나는 지점, 인간과 비인간의 경계에서 발생하는 윤리적 물음들은 기존의 법과 정의가 대답하지 못하는 공백을 드러낸다.

결론적으로, 규범은 이제 '보편'을 재구성하는 장이어야 한다. 단일한 목소리로서의 보편이 아니라, 다중의 목소리가 교차하고 충돌하며 함께 공존할 수 있는 새로운 질서여야 한다. 이때 규범은 절대적인 것이 아니라, 협상 가능한 것, 고정된 것이 아니라, 변형 가능한 것이어야 한다. 규범은 더 이상 위로부터의 선언이 아니라, 아래로부터의 삶의 요구에서 출발하는 것이어야 한다. 그것이야말로 누구의 법이며, 누구의 정의인가에 대한 진정한 대답이 될 것이다.

5

자원 패권

1. 땅 위 싸움의 연장선

러시아와 우크라이나의 전쟁은 2014년 돈바스 전쟁에서 시작된 오랜 갈등의 연장선에 있으며, 우크라이나 정부군과 친 러시아 반군 간의 분쟁은 우크라이나 동부 영토인 돈바스를 둘러싼 주권 다툼으로부터 비롯되었고, 8년간의 교착 상태 속에서 러시아는 해당 지역 장악을 위한 계획을 지속적으로 준비해왔으며 그 징후는 2021년부터 본격적으로 포착되었다.

러시아는 2022년 벨라루스와 크림반도 방면, 우크라이나 북동·남부 국경 일대에서 '합동 군사훈련'이라는 명분으로 병력을 집결시키며 침공의 야욕을 은밀히 드러냈고, 결과적으로 국제질서를 무너뜨리는 전면적인 전쟁을 감행하면서도 세계 각국의 반발을 예상했음에도 불구하고 군사력의 95%를 투입하며 승리를 자신했다.

하지만 푸틴의 영토 패권 야망은 우크라이나 국민의 강력한 항전 의지에 직면했고, 군사 대국으로 자처하던 러시아의 위용은 점점 무너져 스스로 내부 붕괴를 자초하는 상황으로 몰리고 있다. 이에 자유민주주의 진영은 러시아의 침공 야욕을 분명히 인지하고, 각 우크라이나에 군사 물자를 지원하고 경제 제재를 포함한 다층적 압박에 나섰다. 이는 러시아 내부에서 소련 붕괴 당시와 유사한 불신과 도피 심리를 촉발시켜 부정부패의 역류와 국가 부도 위기의 가능성을 높이고 있다.

이처럼 러시아-우크라이나 전쟁은 단순한 국경 분쟁을 넘어선 국제적 책임의 문제로 확장되었으며, 장기화되는 전쟁 속에서 러시아는 결과적으로 중국에 군사 지원을 요청하는 처지로 전락했고, 제3차 세계대전과 같은 군사적 긴장이 고조되는 가운데 푸틴의 원전 공격 가능성까지 제기되며 전쟁은 이제 단순한 패권 경쟁을 넘어 생존을 건 총력전으로 전환되고 있다.

이 전쟁은 유럽 전역을 '신 냉전'이라는 시대적 감각으로 다시 몰아넣었다.

미중 패권 경쟁의 가열 속에서 러시아는 독자적인 긴장 요인이 되어 가며, 인류가 공동체로 향해 가던 21세기의 흐름은 다시 민족주의와 영토주의가 전면에 나선 20세기적 갈등 구조로 회귀하고 있다.

러시아의 침공은 오직 무력 충돌이 아닌 세계 경제를 뒤흔드는 파장으로 이어졌고, 자원과 에너지를 둘러싼 글로벌 공급망은 급격히 고립되고 있으며, 각국은 공동체적 연대를 포기한 채 자국 중심의 생존 논리를 앞세우고 있어, 지금 이 시기는 자유 교역의 시대에서 자원 민족주의가 되살아나는 시점이라 할 수 있다.

과거의 전쟁이나 내전과 달리 오늘날의 갈등은 경제에 미치는 파괴력이 압도적이며, 하나의 무력 충돌이 세계인의 삶과 연결된 다국적 생활 체계를 뒤흔들고 새로운 위기 서사를 써내려가고 있고, 이러한 상황 속에서 인류는 감추고 차단하며 고립을 강화하는 방향으로 향하고 있다.

자국의 자원을 자국민이 소비하지 못하는 상황은 곧바로 낭비이자 가난의 시작이며, 소통이 단절되고 교류가 막힌 시대는 결과적으로 생존의 질서를 무너뜨리는 퇴행으로 이어진다.

천연자원의 유출과 차단은 과학기술의 진보를 가로막는 결정적 요인이 되고 있으며, 지금의 국제 시장은 기존 자원 체계의 한계 속에서 새로운 대체 자원을 찾기 위한 치열한 경쟁으로 전환되었고, 그 대표적인 사례가 바로 이차전지 산업과 희소 광물 자원에 대한 집중 투자이다.

러시아는 세계 3대 천연가스 생산국이자 자원 부국으로 불리지만, 오늘날의 세계는 단일 자원에 의존하여 살아남을 수 없는 구조다. 러시아는 전쟁 이후 48개국을 비우호국으로 지정하고 자원 수출을 무기화했지만 이는 오히려 자국 경제를 고립시키는 역풍으로 작용하고 있다. 이에 각국은 자원 패권화가 가속화될 것에 대비해 내부적인 대응 전략을 본격적으로 강화하고 있다.

자원 패권 국가로의 부상 가능성이 높은 금, 구리, 철광석 등 주요 광물 자원은 가격 급등 속에서 대체 화폐 기능을 강화하고 있으나, 새로운 시장 균형이 형성되지 못한 채 자산 불균형만 심화시키는 결과를 낳고 있다.

지식정보 사회에서 단절된 소통은 이미 대량생산-대량소비 체계의 혈관을 막아버리고 있다. 이에 따른 산업화 사회는 에너지를 매개로 실물경제 전반에 깊이 영향을 주는 체계이기 그래서 자원의 통제권은 곧 생사(生死)를 결정짓는 패권의 근거로 작동하고 있으며, 이는 자원 민족주의의 형태로 더욱 뚜렷이 드러나고 있다.

앞으로 교역 자유화와 세계화가 지속될 경우 자원 민족주의는 탈이념의 흐름 속에서 어느 정도 종식될 수 있겠지만, 전쟁과 자원의 무기화가 반복된다면 새로운 형태의 패권주의가 더 정교하게 나타날 것이다.

러시아, 중동, 중남미 등 자원 기반 국가들이 자원 무기화를 시도하면서 세계 시장은 거대한 충격파를 경험하고 있다. 이 과정에서 시장은 불평등 교환이 아닌, 극소수 승자 독식 체제로 구조화되어가고 있으며, 이는 결과적으로 '천민자본주의'와 '신자유주의의 빈껍데기'를 더욱 부각시키고 있다.

21세기에 접어든 자원 패권주의의 파동은 이제 피할 수 없는 현실이 되었고, 특히 선진국일수록 천연자원의 공익적 기능 보장에 실패하고 있어, 단순한 수입 확보 차원을 넘어선 자립형 에너지 시스템 개발이 그 어느 때보다 시급한 과제로 떠오르고 있다.

자원 패권 시대에는 국내 투자 재원의 한계를 극복하기 위한 효율적 개발과 배분 전략이 필요하며, 자원 절약형 사회로의 전환과 에너지 체제 구조 혁신이 단순한 선택이 아닌 생존 전략의 핵심이 되어가고 있다.

2. 경제 패권의 순환과 위기

경제는 오직 화폐의 교환 행위가 아니라, 인간의 생존과 사회 구조, 그리고 세계 질서를 지배하는 핵심적 권력의 장이다. 감염병과 전쟁, 기술의 불균형과 자원의 고립화는 모두 경제 패권의 순환과 위기를 드러내는 징후이며, 그 본질은 더 이상 단순한 경기 변동이나 시장 논리로 설명되지 않는다. 오늘날 세계는 '경제'라는 이름의 패권 질서 속에서 생존의 조건을 재구성하고 있다.

최근 몇 년간 반복된 감염병의 확산은 인간의 이동을 제약하고, 생산과 소비의 흐름을 마비시켰다. 보이지 않는 바이러스 하나가 세계 경제를 좌지우지하며, 유통망을 붕괴시키고, 노동과 자원의 순환을 멈추게 했다.

팬데믹은 오직 건강의 위기가 아니라 경제 구조 자체를 흔든 첫 번째 충격이었다. 이 과정에서 경제는 일상의 기반이자 통제의 수단으로 다시 등장했고, 모든 활동은 통제되고 제한되는 조건에서 움직이기 시작했다.

이러한 현실에서 경제는 이제 국가의 힘, 다시 말해 패권의 또 다른 얼굴이 되었다. 오미크론 변이 이후 세계는 단일한 시장이 아니라, 고립된 경제 구역의 집합으로 재편되었고, 경제 협력 개발 기구(OECD)조차도 현실적인 제재나 조율 기능을 상실한 채 뒤처지고 있다. 여기에 에너지나 원자재, 식량과 같은 핵심 자원이 국가 간 무기처럼 사용되며, 그 통제권을 가진 국가들이 곧 세계의 운명을 좌우하는 힘의 축으로 올라섰다.

마틴 울프는 "인플레이션은 더 이상 일시적 현상이 아니며, 근본적인 구조적 불균형에서 비롯된 결과"라고 말한다. 실제로 고물가와 에너지 대란은 자원의 분배권과 공급망의 주도권을 둘러싼 국가 간 긴장을 심화시키고 있으며, 경제는 단순한 숫자의 변화가 아닌, 패권의 이동을 알리는 징후로 작용하고 있다. 이러한 변화는 결과적으로 '누가 생산하고 누가 유통하며, 누가 그 대가를 통제 하는가'라는 본질적인 질문으로 돌아간다.

찰스 킨들버거는 세계 경제 패권의 순환이 약 100년 주기로 이뤄진다고 보았다. 18세기의 영국, 20세기의 미국, 그리고 21세기에 접어들며 동아시아가 새로운 중심으로 부상하고 있는 이 흐름은 단순한 국력의 전환이 아니라, 인간의 소비와 생산에 대한 질서가 근본적으로 재편되는 과정이다.

아담 스미스가 『국부론』에서 제시했던 서구 중심의 경제 철학은 오늘날 분산되고 있고, 시장은 더 이상 하나의 중심으로 통합되지 않는다. 경제는 다극화되고 있으며, 권력은 소수의 강대국과 거대 기업들 사이에서 집중되고 있다.

경제는 결과적으로 인간의 욕망이 물질로 변환되는 과정이다. 더 많이 갖고, 더 많이 누리려는 본능은 정치적 권력보다 강력한 작동 원리로 인간 사회를 지배해왔다. 상품은 이제 교환의 대상이 아닌 권력의 상징이 되었고, 화폐는 오직 가치의 수단이 아니라 인간의 지위를 결정짓는 척도가 되었다.

카를 마르크스는 이를 '사용가치'와 '교환가치'의 모순으로 설명했지만, 오늘날의 경제는 그 모순 자체를 패권의 수단으로 삼는다. 다시 말해, 자본은 그 자체로 독립적인 권력이 되었고, 인간은 더 이상 주체가 아닌 그 권력의 구조 속에서 배치된 객체가 되어가고 있다.

경제 패권은 인간의 삶 전반에 걸쳐 보이지 않는 질서를 만든다. 인간은 자유로운 개인이기를 원하면서도, 동시에 자신이 속한 경제 질서에 종속되어 있다. 각국의 경제 구조는 '누가 얼마만큼 생산하고 소비하며, 그 잉여를 어디로 이동 시키는가'라는 질문에 따라 설계되었다. 그 결과 오늘날의 경제는 정치, 군사, 문화까지 규정하는 1차적 권력으로 작동하고 있다. 더 이상 경제는 경제만의 문제가 아니다. 이는 곧 권력이며, 패권이며, 질서 그 자체다.

지금 우리가 겪고 있는 경제적 위기는 오직 한 시대의 경기침체나 통화정책 실패로 설명되지 않는다. 이는 경제 패권이 누구의 손에 있는지, 앞으로 누가 이 질서를 다시 쓰게 될지를 결정짓는 싸움의 전조다. 인간은 생존을 위해 경제를 만들었고, 이제는 그 경제가 인간을 구획하고 통제하고 있다. 그리고 그 경제 위기 속에서, 패권은 새로운 방향으로 이동하고 있다.

3. 머물러 있지 않는 문화의 패권

문화는 언제나 보이지 않는 권력이었다. 그것은 국경을 넘는 여권도 없고, 법령이나 조약처럼 조율되지 않으며, 군대처럼 행진하지 않는다. 그러나 문화는 무형의 흐름 속에서 사람들의 감정과 사고방식을 점유하고, 삶의 구조와 언어, 정체성을 바꾸며, 결국 세계를 재편한다. 물리적 충돌 없이도 영토를 변화시키고, 제도 없이도 삶을 규율하는 힘. 그것이 바로 문화 패권이다.

이 권력은 고정되지 않는다. 문화는 본질적으로 유동적이다. 단일한 형상이나 경계에 갇히지 않고, 끊임없이 움직이고, 섞이고, 변형된다. 그리고 바로 이 '머물러 있지 않음'이 문화 패권을 가장 강력하게 만든다. 물리적 강제력과는 다른 방식으로 자발적 동조와 무의식적 내면화를 통해 문화는 사람들의 '삶의 방식'을 지배한다.

21세기의 문화는 더 이상 '예술'이나 '전통'에만 머무르지 않는다. 그것은 삶 그 자체의 형식이 되었으며, 소비의 리듬, 말투의 억양, 화면의 전환 속도, '좋아요' 의 속도에서 작동한다. 문화는 사람들의 감각을 조직하는 힘이 되었다. 누군가는 K-팝을 듣고, 누군가는 오타쿠 문화를 소비하며, 누군가는 OTT 플랫폼에서 특정 서사를 따라간다. 이 모든 경험은 단순한 취향이 아니라, 감각의 습관화이고, 지각의 구조화다.

문화 패권이란 이 감각을 선점하는 것이다. 단순히 '많이 팔리는' 것이 아니라, '자연스럽게 받아들여지는 것', '설명 없이도 이해되는 것', '말하지 않아도 행동을 유도하는 것'. 이는 곧 문화가 일상의 무의식 속에서 작동하고 있다는 뜻이다. 따라서 문화의 패권은 강요가 아니라 '기억처럼' 스며들며, 삶을 재구조화한다.

문화는 콘텐츠로 보이지만, 그 이면에는 정체성과 욕망이 있다. 우리는 왜 K-드라마를 좋아하는가? 단순히 화면이 예뻐서가 아니다. 그 안에는 우리가 되고 싶은 감정, 삶의 리듬, 관계의 방식이 담겨 있기 때문이다. 문화는 '되고 싶은 나'를 제안하고, '느끼고 싶은 감정'을 구조화하며, '살고 싶은 삶'을 상상하게 만든다. 그래서 문화는 정체성의 투쟁이자, 욕망의 전쟁터다.

문화 패권을 가진다는 것은 단지 콘텐츠를 유통시키는 것이 아니라, 타인의 욕망을 설계하는 권력을 가진다는 뜻이다. 서구의 헐리우드가 전 세계에 '영웅 서사'를 유통시켰듯, 중국이 '조화와 질서의 문명'을 강화하듯, 한국의 콘텐츠가 '치유와 감정, 공동체'를 전면에 내세우듯, 문화는 언제나 세계관의 전달자이자 감정의 전염체이다. 이 전염력은 총보다 강하고, 국경보다 넓으며, 시장보다 빠르다.

군사적 패권이 충돌을 낳는다면, 문화 패권은 '스며드는 전쟁'을 벌인다. 이 전쟁은 눈에 보이지 않고, 언제 시작되었는지도 알 수 없으며, 누구를 향한 것인지도 명확하지 않다. 그러나 어느 날 문득, 사람들의 언어가 바뀌고, 일상에 새로운 이미지가 등장하며, 세계를 해석하는 프레임이 낯설게 바뀌어 있는 것을 우리는 목격한다.

문화 패권은 그래서 가장 늦게 드러나지만, 가장 오래 남는다. 제국은 무너져도 언어는 남고, 제도는 폐지되어도 감정의 습관은 지속된다. 이처럼 문화는 지배의 '여운'이며, 권력의 '지속가능한 잔향'이다.

이제 우리는 새로운 국면에 서 있다. 서구 중심의 문화 질서가 균열을 보이고, 아시아 특히 한국을 중심으로 한 문화의 확산이 전례 없는 속도로 세계를 점령하고 있다. 그러나 이것이 단순한 '유행'이나 '콘텐츠 경쟁력' 때문이라면, 곧 소멸할 것이다.

진정한 문화 패권은 정체성의 이식이다.

K-컬처의 핵심은 '공감'과 '감정의 서사'에 있다. 이 감정의 서사가 세계인의 내면에서 작동할 때 우리는 비로소 패권의 전환을 말할 수 있다. 그것은 한국이라는 국가의 정치력보다, 삶의 결을 건드리는 감각의 이입에서 작동한다.

그러나 문화는 결코 '일 방향'이 아니다. 문화는 반드시 경계를 넘어 새로운 환경에서 재해석되고, 다시 고향으로 돌아와 '변형된 자아'로 재귀된다. 이것이 '문화의 유동성'이다. 그래서 진정한 문화 패권은 폐쇄적이지 않다. 오히려 스스로를 해체할 수 있을 때, 타자를 받아들일 수 있을 때, 그 문화는 스스로를 다시 창조하며 오래 살아남는다.

문화 패권은 정체된 것이 아니다. 그것은 움직임의 권력, 관계의 권력, 설득의 권력이다. 고정된 메시지를 반복하는 것이 아니라, 타자와의 대화를 통해 끊임없이 자신을 갱신하는 권력이다. 따라서 머물러 있지 않는 문화만이 진정한 패권을 구성할 수 있다.

4. 머물지 않는 문명의 이동과 진화

제2차 세계화로 현생 인류는 세계 각지로 이주해 정착 생활을 시작했다. 이 과정에서 농경 생활이 시작되었고, 메소포타미아·이집트·인더스·황하·양쯔강·메소아메리카 등 '6대 문명'이 일어났다.

제3차 세계화는 15세기 대항해 시대의 시작과 함께 나타났다. 유럽인들은 배를 타고 세계로 진출하며 막강한 힘과 부를 축적했다. 이로써 세계 문명의 중심축은 중국에서 유럽으로 이동했고, 그 흐름은 21세기까지 이어지고 있다.

이 가운데 황하 문명은 인류 최초로 '경제 성장'을 실현한 문명이라는 점에서 각별한 의미를 지닌다. 중국은 오랜 기간 세계 문명의 중심에 있었고, 그 경제 패권은 15세기까지 지속되었다.

저자는 세 가지 질문을 던진다.

- 중국 문명은 어떻게 세계사의 중심축이 되었는가?
- 그 경제 패권이 유럽으로 넘어간 이유는 무엇인가?
- 오늘날 다시 아시아로 돌아올 수 있을까?

첫 번째 질문에 대한 답은 통일성과 집중력이다. 황하 유역에서는 일찍이 통일 국가가 형성되었고, 춘추전국시대처럼 혼란한 시기에도 통일은 당연한 전제로 여겨졌다. 법가와 군현제를 기반으로 한 중앙집권체제는 유럽보다 2천 년 먼저 강력한 단일 시장을 만들었다.

하지만 15세기 말, 유럽은 대항해와 인쇄혁명을 통해 지식 독점을 무너뜨리고 시장 진입 장벽을 낮추며 경제 성장을 가속화했다. 이때 유럽은 대서양, 인도양, 동남아에 진출해 시장을 장악했고, 막대한 부를 축적했다. 반면 아시아는 협소한 세계관 속에 갇혀 있었다.

영국은 식민지 면화 산업을 통해 부강해졌지만 두 차례 세계대전으로 쇠퇴했고, 뒤를 이은 미국은 다국적 기업과 국제기구를 통해 경제 패권을 장악했다. 하지만 1970년대 이후 미국의 활력도 둔화되며, 세계사의 중심축은 다시 흔들리고 있다.

이제 세계사는 또 다른 전환점을 맞이하고 있다. 미·중 간의 힘겨루기는 단순한 경제전쟁을 넘어, 문명과 패권의 다음 주인을 가리는 경쟁이 되고 있다.

인간은 일상 속 자유와 안정이 사라질 때 비로소 불안을 인식한다. 누군가는 그 자유를 평생 찾아다닌다. 지난 우리의 역사에서 약 400만 명의 젊은 남성들이 전쟁터로 끌려갔다. 그들이 원한 건 오직 생존의 조건일 뿐이었다.

하지만 인간은 생존을 넘어서 패권을 추구한다. 의식주가 충족된 이후에도 인간은 더 나은 기술과 문명을 통해 타인을 지배하려 한다. 만족을 모르고, 끊임없이 경계를 넘어 문명의 패권을 추구한다.

무기가 개발되지 않았다면 인간의 싸움은 활에서 육탄전이나 말싸움에 그쳤을 것이다. 하지만 기술의 발전은 불행을 초래했고, 그 중심에는 문명과 패권이 있었다.

4차 산업혁명도 마찬가지다. 문명은 다시 전쟁의 도구가 되었고, 기술은 또 다른 경쟁을 촉발하고 있다.

19세기 페리 제독이 일본에 통상을 요구한 지 13년 만에 조선은 프랑스의 침입을 받았다. 그 시기 조선의 교육은 서당과 향교 중심이었고, 선조의 권력이 유학의 틀에서 유지되었지만 국제무대에 대한 인식은 부족했다.

문명의 패권은 철저히 이동한다. 자연, 경제, 종교, 민족의 균형 속에서 새로운 중심이 태어난다. 하지만 그 이면에는 인간의 욕망이 있다.

1990년대 초, 미국 정부는 예술가, 작가, 과학자들을 불러 방사성 폐기물 보관소를 "열지 말라"고 경고하는 프로젝트를 추진했다. 인류의 기술은 그만큼 위험하고, 미래 세대에게 재앙을 남길 수 있다. 그럼에도 인간은 땅을 파고, 감지하고, 개발하려 든다. 기술은 무기화되고, 문명은 그 책임을 묻지 않는다.

과학사학자 피터 갤리슨은 이 딜레마를 '기술 문명의 자기 파괴'로 지적한다. 재미와 호기심을 좇는 인간의 상상은 종종 문명의 붕괴로 이어진다.

미래는 예측할 수 없지만, 인간은 여전히 패권을 꿈꾼다. 문제는 그 패권이 과연 행복을 보장하는가 하는 점이다.

OECD 행복지수에서 대한민국은 37개국 중 35위다. 이유는 다양하겠지만, 빠른 산업화와 과도한 경쟁 속에서 우리는 스스로를 돌볼 여유를 잃었다.

많이 가졌다고 행복한 것도 아니다. 가졌음에도 더 가지려 하고, 죽음을 앞둔 순간까지도 놓지 못하는 인간의 본성은 의심해 볼 필요가 있다.

정치 패권을 둘러싼 추악한 욕망은 사회 전체를 병들게 한다. 인간으로서의 기본을 잊은 인격살인과 비방, 조롱이 반복된다. 이러한 현실에서, 진정한 패권은 무엇인가? 우리는 패권을 위해 싸우는 것이 아니라, 행복을 위해 살아야 한다.

행복은 형태도 무게도 없다. 오직 자신 안에 있는 긍정과 감사에서 시작된다. 희로애락을 나누는 문화가 유지된다면, 그것이 최고의 문명이다.

문화 사회를 해치는 것은 반문명적 행동이다. 인간은 어리석음을 반복한다. 역사를 배우고도 같은 실수를 되풀이한다. 문명은 인간을 발전시켜야 한다. 그렇기에 패권의 이동은 단순한 힘의 교체가 아니라, 인간다운 삶을 향한 진화여야 한다.

우리는 결과적으로 '전인적 인격'을 길러내야 한다. 그것이 신유학이 말하는 궁극의 배움이다. 시류에 휘둘리지 않고, 조삼모사식 권력에 휩쓸리지 않는 성찰이 필요하다.

문명의 패권은 이동한다. 하지만 그것을 쥐는 자가 반드시 행복한 것은 아니다.

진정한 문명은 인간을 자유롭게 하고 함께 사는 세상을 가능하게 한다. 이러한 문명을 향해 가는 것이 우리의 과제다.

5. 냉전 시대의 유산과 동북아의 미래

19세기 들어 세계사에서 서구 침략의 대상지였던 동북아 내부에서는 앞서가는 일본이 침략을 막을 수 없는 터전에서 살아왔다.

20세기 후반기에는 냉전 체제 하에서 중국의 영향 아래 있는 북한은 의붓어머니 치맛폭에 싸인 자식처럼, 한국은 미국을 의지하며 일본의 호령을 받아야 했다. 적대적 대립 형국을 이루었고, 소련과 미국에서 중국과 미국의 싸움으로 귀결되어 가는 과정에서 처참한 전쟁은 어설픈 종속적 관계를 이루고 있다. 그리고 지난 세기 동안 동북아를 짓누르던 냉전 체제는 찾을 수 없지만, 구태의연한 인간의 패권 싸움은 21세기에도 끝나지 않는다.

대한민국은 30여 년간의 성장을 저지당한 침략으로 인해 역사는 기록에서 벗어나지 못한다. 돌이킬 수 없는 변화에서 수구 세력은 국익보다는 주체적 패권의 기회를 노렸다. 주체 앞에는 독립이라는 거대한 희망을 안고 있지만, 내부적 갈등은 인간들의 싸움이었다. 시기가 어떻든 인간은 환경에 적응하면서 주체적 패권을 위해 기회주의자로 살아간다. 우리의 건국은 UN 결의로 독립국으로 오늘에 이르지만, 대통령이 탄핵되는 진통을 겪었다. 이러한 사태는 주체적 패권 싸움의 대표적인 현상이라 볼 수 있다.

1948년의 헌법을 기반으로 한 정부가 건국된 첫 직접 선거제로 대통령을 선택하면서 유신 헌법에 의해 대통령 간선제로 바뀌며 인간의 욕망을 드러냈다.

1987년 개헌에서 대통령 직선제 복귀는 민주 사회의 희생자들을 깔고 있다.

여기에 미국의 정치 노선을 크게 벗어나지 못하는 대한민국은 북한을 악의 축으로 규정하는 위안을 받으며 한반도를 대 살육이 움트고 있는 국가로 전쟁의 불씨를 계속 환기시키고 있다.

역사는 항상 기록되듯 주체적 패권 앞에 유한한 세월은 흘러간다. 위기가 곧 기회라고 하듯, 정해진 세월을 주둔하는 주체적 패권은 몇 차례 쇄신의 기회를 놓친 결과로 식민지 시대를 경험했고, 분단 시대를 공유하고 있다.

누구는 분단 시대의 공유를 받아들이지 못하고 있지만, 분단 70년을 지나는 동안 굽이굽이 휘몰아치는 격동은 주체적 패권 싸움이었다. 휩쓸렸던 한반도의 역사를 주체적으로 풀어가는 경험을 스스로 다스릴 수 있을 만큼 우리는 많이 성숙해졌다.

이러한 성숙 뒤에는 반세기 동안 한 맺힌 우리 역사가 완숙한 독립국에서 선진국의 포용 성장으로 불가피한 진통을 겪고 있다.

중국이 왜곡을 서슴지 않고 2022 동계 올림픽에서 우리 문화에 맞지 않는 의복을 입고 고결한 춤을 추고자 하는지 불쌍할 뿐이다. 대륙의 3분의 1을 차지하고 있는 위용을 졸렬한 문화 복제로 자국의 것으로 밀어붙이는 막무가내식의 정술은 국제 사회에서 별 이득을 볼 수 없다. 역사를 새로 만들어내려고 애쓰는 이유는 무엇일까?

그들은 거대한 국가의 정치적, 사회적 통일을 유지할 수 있는 정체성이 요구되는 상황에서 한반도의 영향을 받기 위함이다. 다시 말해, 사회주의 시장 경제의 일정한 성과 위에 현대적 패권주의로서 중화주의를 회복하려는 야욕이라 할 수 있다.

한반도의 공조 기운을 노리는 실증을 우리는 보았고, 일부의 현실과 동떨어진 주장과 달리 역사 전쟁으로 포장된 이기적인 국제 정치의 현실적 이해관계를 관철시키려는 현재, 위기를 맞고 있다.

동북공정은 대한민국 세력이 강해지자 동북방의 모든 역사를 중국의 역사로 규정하려는 역사 왜곡 시도다. 이러한 국가사업 계획은 만주는 중국 침략의 발판이 된 지난 세기에 북한 지역이 한국과 미국 일본 세력에 흡수되는 상황에 따른 정부의 반작용이라 본다. 여전히 세기 전 제국주의 시대의 국제 관계 인식에서 벗어나지 못하고 스스로 주체적 패권국으로 착각하고 있다.

21세기의 동북아의 희망을 주도적 갈망이라고 할 수 있다.

동북 지방은 만주를 포함한 내몽고 자치구 만주 지역의 영토와 북쪽 흑룡강과 우수리강을, 남쪽은 압록강과 두만강을 경계로 북한과 접해 있는 지역을 관할권으로 못 박기 위한 것은 주체적 패권에 불과하다.

한반도 전체를 중국 역사의 일부로 역사적 근거를 강변하기 위한 꼼수의 일환이다. 이러한 동북 정책으로 인하여 한반도에서 대 격동이 일어날 경우, 만주 지역에서 월경한 북한 주민과 합세하여 중국의 소수 민족으로 미리 쐐기를 박으려는 방어적 공세라고 할 수 있다.

여기에서 이들이 노리는 동북공정에서 이기적 패권주의는 주체적 발상일 뿐이다. 한반도가 미국으로 인하여 통일을 맞는다면 북한은 중국 영향권에 두겠다는 측면을 담고 있다. 실제로 북한을 중국의 자치구로 만들자는 밀회 노력은 한반도 침략 의도를 드러내는 것이다. 중국 정부의 의도는 그만큼 다목적인 대한민국을 자국의 역사로 끌어넣어 미국을 대치하겠다는 심산이다.

과거 중국 공산당은 1950년 티베트를 침략하여 자국 땅으로 편입한 전력이 있다. 그리고 명백히 전쟁을 의도한 중국의 마오쩌둥 정권은 "중국 대통일"을 완성하기 위해 중국의 티베트 통치를 정당화하고자 했다. 여기에 반발을 의식한 중국은 달라이 라마를 국가 지도자로 하는 신정

체제는 독립국이면서 중국의 음흉함에서 벗어나기 힘들었다.

한반도 전체가 경제 선진국의 영향력 아래 놓이게 되면서 중국의 의도적인 소수 민족 정책을 쓰기에는 너무 늦은 감이 있다. 이러한 상황으로 보아 중국은 그만큼 위기 의식을 크게 느끼고 있다고 볼 수 있다.

글로벌 정세 추이는 동북아의 대표적인 나라를 대한민국으로 기울고 있다.

우리나라가 경제개발 국이라는 선을 넘은 상황에서 중국으로서는 억지춘향인 무리수를 두고 있다. 남한과 같은 동족의 생각을 가진 북한은 중국의 고구려사 왜곡에 대하여 언급할 수 없는 것은 먹고 사는 이치와 같다. 남북 역사학계가 공조에 소극적이거나 조심스러운 자세는 속과 겉이 다른 처세를 감추고 있다고 본다.

또 동북공정 자체가 북한에 먹이를 줄 수 있는 위치로 북한의 언급은 불가하다. 그것이 주체적 패권을 가질 수 있는 중국의 착각이라도 북한은 수용해야 한다.

북한의 이러한 자세는 현실적 위기에서 벗어날 수 있는 유일한 출구로 의지할 수밖에 없는 버팀목이다. 중국은 북한의 국제 고립을 돕는 척하지만 주체적 패권 의도를 언제든 드러낼 수 있다는 확신으로 역사 왜곡을 서슴지 않고 있다. 하지만 모든 이치에서 벗어난 중국의 주체적 패권주의적 대외 정책은 일본과의 관계로 심화되어 가는 남북 관계의 새로운 돌파구를 만들어주는 계기로 전환될 수 있다.

정상적 관계를 벗어난 북한의 핵 문제나 국제 사회의 동조를 얻는 국민의 아사로 북한이 망한다고 해서 남북한 땅이 하나로 되기 어려울 것이다.

중국은 일찍이 동북공정을 발표했다. 2020년 3월 러시아와 우크라이나 전쟁으로 인하여 3차 대전으로 비화될 수 있다는 심각한 현실이다. 다시 말해, 가공할 만한 3차 대전은 주체적 패권으로 착각에 잡혀 있는 인간의 허점이다.

남북이 통일되기는 당면한 현실과 주체적 패권에서 벗어나야 가능하다. 주체적 패권에 싸여 있는 중국과 미국, 러시아, 한국-북한, 티베트, 홍콩 등 참으로 가당치 않은 정쟁 놀이다. 한반도를 둘러싼 국제 환경에서 각국의 착각은 국민을 죽음으로 끌어넣는 꼴로 이기적 패권은 결과적으로 부와 명예를 대변하지 못한다. 단 어리석고 자연에 불응하는 행동으로 패권으로 인한 인간의 조악한 생각일 뿐이다. 이렇듯 한-미-일과 북-중-러라는 제국주의 시대에서 패권을 놓고 여전히 이를 적대적 선택 또는 양자택일적 선택 범주에서 남북 관계를 종속시키고 있다.

우크라이나 전쟁으로 인해 더 이상 21세기 한반도와 동북아의 평화를 추구하는 길은 멀어져 가고 제국주의 패권은 교훈만 남길 뿐 허상이다. 이미 현실은 러시아와 우크라이나 전쟁으로 인하여 한반도의 평화와 남북의 공존과 공영을 받아들일 수 없는 방향으로 나아가고 있다.

최근 동북아 환경은 남과 북이 적대적 대치에서 평화적 공존공영 관계를 두고 엎치락뒤치락하는 정도는 현실 도피적 관심 쏠리기로 나아가는 정도에 불과하다.

이에 대한 지나간 제국주의 시대에서 벗어난 듯하지만, 인간의 주체적 패권 아래는 무지만 있을 뿐이다. 하지만 시각을 조금이라도 바꾸면 남과 북은 평화적 분위기 조성과 제국주의 망상은 동북아 관계를 지양하고 제어할 수 있다.

주체적 패권을 갖는 착각에 유일한 정답은 없고 다양한 방식이 있을 뿐이다. 단 그 주체적 패권에서 벗어나는 지도자는 인류사에 남는 사람으로 영원히 살아 있다.

모두가 주체적 패권을 잡기 위해 정경 유착을 원하고 낡은 관행에서 벗어나고자 하지만 정작 자신은 벗어나지 못하며, 시대를 원망한다.

민주주의와 투명성을 요구하는 민중의 소리를 거부하지 않지만 자신은 주체적 패권에 갇혀 있다. 정경 유착의 전형으로 몰아붙이는 오늘날 선진국은 선진국대로 인간에 복종하고, 분단국은 분단국대로 주체적 패권을 노린다.

반세기 이상 적대적 관계 속에서 유지해온 남과 북은 시간이 흐를수록 오해와 불협화음이 클 수밖에 없다. 그 이유는 가장 근본적인 의식주 해결에서 반기를 들 수밖에 없다. 의식주가 해결되지 못하면 어떠한 방법을 동원해서라도 불씨를 만들고, 스스로 자폭하지 않는다. 이런 상황에서 남북 교류의 과제는 한-미-일 사이와 북-중-러 사이에서 완만한 정책이 나와야 한다. 그렇지 않을 경우 적대적 관계는 이해와 관용으로 하나 될 수 없다. 이는 지난 세기를 반추할 때 당연히 추론되는 해답으로 중국이 대국 주의적 패권주의 화할 기회를 줄일 수 있는 방식이다. 일차적으로 그 출발점은 미국 대 중국이 풀 수밖에 없다.

중국과 미국의 자본이 유입되어야 경제적으로 각국의 이해관계를 지지하게 된다. 이는 군사적 충돌을 줄여갈 수 있는 한반도는 전쟁을 일으킬 가능성을 낮추고 평화 체제는 인류인의 활동 무대로 확대된다. 교류협력 관계가 넓어지면서 서로에게 행복한 영향을 주는 변화의 길을 선택할 문제이다. 이렇듯 현대 자본주의가 안고 있는 최악의 비인간적 모순은 버릴 수 없는 주체적 패권에 있다. 냉전 체제 하에 끊임없이 전쟁을 키우면서 집단적 이념을 주장하는 미국과 중국을 필두로 서구 사회를 지배하고 있다는 사실이다.

2022년에 들어 미-중 관계로 인해 군수 자본과 금융·산업 자본의 이해관계로 대립되면서 패권을 중심에 두고 극단적으로 근본주의적 경제 침략을 노리고 있다.

6. 산업 혁명 기술과 미래 경제의 주도권

산업 혁명은 오직 기술의 도약만을 의미하는 것이 아니라, 인류 문명이 권력을 재편하는 방식이 바뀌는 분기점이자 패권의 주인이 교체되는 결정적인 기점이었다.

18세기 후반 영국에서 시작된 1차 산업혁명이 증기기관과 기계화로 인간의 노동력을 대체하며 생산성의 극적인 향상을 이루었고, 이로 인해 유럽의 구질서가 무너지고 영국이 세계 경제의 중심으로 떠오르면서 기술이 곧 국력이고, 국력이 곧 패권이 된다는 공식이 생겨났다. 2차 산업혁명에서는 전기와 석유, 내연기관과 대량 생산이 결합되면서 미국과 독일이 새로운 주자로 부상하였고, 20세기 중반까지 전쟁과 경제 모두를 좌우하는 주체로 자리잡게 되었으며, 이후 정보통신기술이 이끄는 3차 산업혁명은 생산보다 유통, 자원보다 데이터가 더 큰 자산이 되는 흐름을 만들어냈다. 이처럼 기술은 늘 경제와 권력의 구조를 바꾸는 도구로 작용해왔으며, 이는 곧 패권의 교체로 이어지는 필연적 결과였다.

이제 우리는 4차 산업혁명의 한복판에서 새로운 패권의 전환이 예고된 시대에 살고 있으며, 인공지능, 빅데이터, 로봇공학, 바이오기술이 전통 산업의 질서를 허물고 있다. 이러한 기술의 융합은 오직 한 분야의 변화가 아니라, 인간의 노동 개념과 소비 방식, 기업과 시장의 구조 자체를 바꾸는 혁명이며, 예전에는 자원을 가진 국가가 패권을 쥐었지만 이제는 데이터를 모으고 분석하는 알고리즘과 네트워크 기술을 가진 주체가 세계를 지배할 수 있게 되었다. 여기에 구글이나 테슬라, 엔비디아 같은 기업은 더 이상 전통적 국경 안에 머무르지 않으며, 이들이 가진 기술은 물리적 무기보다 훨씬 더 강력한 경제적 무기인 기능으로 기술이 경제를 지배하고, 경제가 정치와 문화를 지배하는 다층적 지배 구조를 만들어내고 있다.

문제는 이러한 기술 주도의 패권 경쟁이 매우 빠르게 진화하고 있으며, 기존 국가 체계나 법제도는 이를 따라가지 못하고 있다는 점이다. 특히 동북아는 미국과 중국이라는 기술 패권국 사이에서 생존 전략을 끊임없이 갱신해야 하며, 이는 단순한 무역이나 공급망 문제를 넘어, 미래 성장동력을 어느 쪽 기술 체계에 맞출 것인지, 어떤 가치 기준을 기준으로 삼을 것인지까지 결정하는 본질적 문제로 번지고 있다.

한국은 반도체, 배터리, AI 등 일부 분야에서 기술적 우위를 확보하고 있지만, 이러한 기술이 패권으로 전환되기 위해선 오직 기술 자체만으로는 부족하며, 이를 뒷받침할 경제 전략과 국제 협력, 독자적 시장 창출 역량까지 갖추어야 한다. 그렇지 않으면 기술은 그저 글로벌 플랫폼 기업들의 부속품이 되어버릴 뿐이며, 주체적 기술력은 타인의 패권을 보조하는 도구로 전락할 위험이 있다.

따라서 산업 혁명 기술이 만들어내는 미래 경제의 주도권은 오직 누가 더 앞선 기술을 갖고 있는가가 아니라, 누가 그 기술을 가지고 질서와 규칙을 만들고, 자원을 재분배하며, 문화와 이념을 포섭할 수 있는가의 문제이며, 패권이란 결과적으로 기술과 인간, 제도와 서사가 만나 만들어내는 복합 구조의 산물이다.

산업 기술은 독립적인 힘이 아니라, 국가와 자본, 사회와 인간이 얽혀 있는 힘의 구조 속에서만 의미를 갖게 되며, 우리는 이 거대한 변곡점에서 기술을 어떻게 바라보고, 어떤 방식으로 사용할 것인가를 스스로 결정하지 않는 한, 미래는 결코 우리 것이 될 수 없다.

6 유전자의 패권

1. 기술 혁명에 따른 패권

기술은 인간의 도구가 아니라 인간을 다시 설계하는 질서가 되었다. 제4차 산업혁명이라는 이름으로 묶인 일련의 기술적 진보는 이제 하나의 방향성을 가진 체계이며, 그 체계는 인간의 노동 방식, 감각의 구조, 사회의 위계를 모두 다시 배열하고 있다. 클라우스 슈밥이 언급한 이 기술 혁명은 단순히 산업구조를 전환하는 사건이 아니라 세계 권력의 중심이 재편되는 중대한 변곡점이다.

이 혁명은 인간의 삶 깊숙한 곳에 침투하고 있다. 인공지능, 빅데이터, 로봇공학, 3D 프린팅, 나노 기술, 생명공학, 클라우드 기술, 양자 컴퓨팅 등은 개별적으로 존재하지 않는다. 이들은 결합되고 상호 작용하며 인간 사회 전체를 재구성한다. 특히 6G 통신 기술은 물리적 거리와 시간의 제약을 실질적으로 제거하는 전 지구적 연결성을 예고하고 있다. 자율주행, 스마트시티, 메타버스, 우주 인터넷과 같은 개념은 이제 비전이 아니라 진행 중인 현실이며, 이는 다시 인간의 인식과 판단 방식을 바꾸고 있다.

기술은 국가의 힘을 넘어선다. 기술을 먼저 확보한 기업은 하나의 도시, 하나의 정부보다 강력한 통제권을 가진다. 하지만 기술을 선점한 국가가 만든 규범과 표준은 그 이상으로 압도적인 영향력을 가진다. 기술의 주도권을 가진 국가와 그렇지 못한 국가는 같은 세계에 살지만 전혀 다른 생존 조건을 부여받는다. 기술은 생산 수단일 뿐 아니라 통제 수단이며, 그 통제는 법보다 앞서 인간의 삶을 조건을 짓는다.

이러한 맥락에서 기술을 둘러싼 국제 질서는 새로운 패권 전쟁의 장이 된다. 반도체 산업은 그 전장의 핵심이며, 이는 단순한 제조업이 아닌 글로벌 전략산업으로 부상했다. 반도체는 전자기기의 두뇌이며, 인공지능과 데이터 운용의 핵심이다.

미국은 반도체 공급망을 재편하고 중국의 성장 가능성을 구조적으로 차단하기 위해 수출 규제와 제재를 강화하고 있다. 반면 중국은 자국 중심의 반도체 생태계를 키우기 위해 정부 주도 아래 대규모 투자를 이어가고 있다. 이 과정에서 한국, 대만, 일본은 전략적 협력국인 동시에 갈등의 완충지대로 기능한다.

인재 전쟁은 기술 패권의 또 다른 축이다. 반도체, 인공지능, 통신 등 핵심 산업 분야에서는 단순한 기술 확보를 넘어 해당 분야를 설계하고 운용할 수 있는 고급 인재를 선점하는 것이 국가 전략으로 자리 잡았다. 한국의 주요 기업들은 계약학과와 산학협력 프로그램을 통해 대학 단계에서부터 인재를 확보하고 있다.

여기에 삼성전자 LG디스플레이, SK하이닉스 등이 주요 대학과 협약을 맺고 등록금 지원, 졸업 후 채용을 조건으로 한 연계 교육을 시행하고 있는 것은 기술을 향한 국가적 의지이자 전략적 조치이다.

기술 혁명의 진정한 힘은 산업적 성과를 넘어 인간의 생활방식과 사유구조를 변화시키는 데 있다. 메타버스, 자율주행, 가상화폐, 원격의료 같은 기술들은 인간의 신체와 뇌의 사용 방식까지 새롭게 구성하고 있다. 이는 생물학적 인간에서 기술적 인간으로의 이행이며, 이 이행을 주도하는 국가가 곧 권력의 중심에 선다. 이제 기술은 새로운 국경이고, 인프라이며, 생존 조건이다. 기술을 갖는다는 것은 단지 성장을 의미하지 않는다. 그것은 타인을 지배할 수 있다는 뜻이다. 기술의 패권은 물리적 무력보다 정교하고, 금융보다 강력하며, 외교보다 치명적인 무기다.

그러나 모든 국가는 기술 혁명을 동일하게 받아들이지 않는다. 개념의 차이, 전략의 차이, 실행력의 차이는 기술 격차로 이어지고 기술 격차는 곧 권력의 격차를 만든다. 기술은 평등하지 않다. 선점한 자는 질서를 설계하고, 뒤처진 자는 따라가며 제약을 수용해야 한다.

대한민국은 4차 산업혁명위원회를 설치하고 인공지능, 빅데이터, 클라우드 기술 등에서 선도적 위치를 확보하기 위한 노력을 지속하고 있지만 여전히 글로벌 기술 표준을 선도하기에는 제도적 유연성과 철학적 깊이가 부족하다.

기술 패권은 이제 하나의 국면이 아니다. 그것은 경제 패권, 통화 패권, 군사 패권, 외교 패권을 통합하는 전면적인 권력의 구조다. 기술은 자신이 만든 질서 속에서만 작동하지 않는다. 기술은 기존 질서를 무력화하고 새로운 질서를 강제하며 결국에는 인간을 재구성하는 방식으로 작동한다. 기술 혁명의 시대에서 패권은 더 이상 눈에 보이는 영토나 무기에서 나오지 않는다. 그것은 코드로 쓰이고 알고리즘으로 실행되며, 플랫폼과 시스템을 통해 실행되는 비가시적 권력이다. 이 권력을 선점하는 자가 다음 시대의 제국이 된다.

2. 데이터 주권과 디지털 인류의 길들여짐

2013년 6월, 홍콩의 한 호텔방에서 전 세계를 충격에 빠뜨린 폭로가 나왔다. 전직 CIA 요원이자 NSA 계약직 분석가였던 에드워드 스노든은, 미국이 동맹국 정상의 통화까지 도청하고, 수십억 명의 시민 데이터를 무차별적으로 수집해왔다는 사실을 공개했다. 그가 제공한 자료는 단순한 스파이 행위를 넘어서, 정보 제국이 어떻게 인간의 일상을 통제하는지를 보여주는 청사진이었다. 이 사건은 세계인에게 단 하나의 질문을 던졌다. 우리는 진짜 자유로운가?

기술이 세계 질서를 재편하는 시대에 들어선 지금, 데이터는 더 이상 중립적 자원이 아니다. 과거의 권력이 물리적 공간과 자원을 소유하는 방식으로 작동했다면, 오늘날의 권력은 정보를 축적하고 활용하는 능력에서 비롯된다. 데이터는 단순한 기록이 아니라, 인간의 행동을 구조화하고 미래를 예측하는 설계도가 되었다. 우리는 끊임없이 정보를 생산하고, 그 정보는 곧 우리 자신을 설명하고 통제하는 기준으로 사용된다.

사람은 자신의 선택이 자유롭다고 믿는다. 그러나 그 자유는 허상일 수 있다. 현대 사회의 인간은 알고리즘이 미리 설계한 정보의 순서에 따라 판단하고 행동한다. 무엇을 먼저 보게 되는가, 어떤 뉴스를 읽는가, 어떤 영상을 좋아하는가. 모든 것은 선택된 우연이고, 그 우연은 철저히 기획된 질서다. 억압은 없다. 강제도 없다. 인간은 그 질서에 자발적으로 동의한다. 왜냐하면 그것은 '편리함'이라는 이름으로 포장되어 있기 때문이다.

데이터 주권은 이제 모든 국가가 직면한 전략적 과제다. 만약 한 국가가 자국민이 생성한 데이터를 외국 플랫폼에 넘기고, 다시 그 데이터를 분석한 결과에 따라 자국의 정책을 설계한다면, 그것은 더 이상 '자국'이 아니다. 국경은 존재하되, 정보의 영토는 점령당한 상태다. 판단과 예측, 정책과 감정이 외부 알고리즘에 의해 형성되는 현실에서, 주권은 조용히 침식된다.

미국은 자국 기업을 중심으로 전 세계의 데이터를 빨아들이고 있다. 구글은 당신의 검색을 기억하고, 메타는 당신의 감정을 구조화하며, 아마존은 당신의 욕망을 예측한다. 이 기업들은 더 이상 단순한 시장 참여자가 아니다. 이들은 미국의 전략 자산이며, 정보 패권의 핵심이다. NSA는 실시간으로 데이터를 가공하고, 미 국무부는 이를 국제정책으로 확장한다. 당신의 일상은 이미 국가 전략에 편입된 것이다.

중국은 전혀 다른 방식으로 움직인다. 정부 주도의 데이터 통제 체계는 전체주의적 감시를 정당화한다. '사회신용시스템'이라는 이름으로, 시민의 말과 행동, 표정까지 점수화된다. 이는 단순한 빅브라더가 아니다. 국가가 인간의 감정을 구조화하는 방식이다. AI는 감시 카메라를 통해 얼굴을 인식하고, 행동을 예측하며, 통제는 '규율'이라는 이름으로 일상에 스며든다.

유럽은 GDPR을 통해 규범적 저항을 시도한다. 그러나 기술력과 시장 지배력이 부족한 현실에서, 법은 선언에 머무른다. 데이터 권리는 말하지만, 플랫폼 권력은 타국에 있다. 프랑스와 독일은 디지털 자립을 외치지만, 현실은 여전히 구글 지메일과 유튜브, 메타의 서버 위에 있다.

한국은 세계적인 인터넷 인프라를 가지고 있지만, 데이터 전략에서는 종속적 위치에 머물러 있다. 자국민의 데이터는 미국과 중국의 서버에 저장되고, 다시 그 분석 결과로 소비 흐름과 정치 여론이 움직인다. 한국은 기술을 만들지만, 질서를 만들지 않는다. 정보를 제공하지만, 서사를 통제하지 않는다.

문제는 기술이 아니다. 문제는 인간이다. 사람은 정보를 선별하지 않는다. 스스로 사고하지 않는다. 그저 알고리즘이 주는 정보에 반응할 뿐이다. 인간은 데이터 안에서 생각하는 것이 아니라, 데이터에 의해 존재하게 된다.

이제 데이터는 인간을 묘사하지 않는다. 데이터는 인간을 재설계한다. 감정은 코드화되고, 행동은 예측되며, 사고는 추천에 의해 결정된다. 그 결과 인간은 더 이상 자유로운 주체가 아니라, 예측 가능한 객체가 된다. 그리고 이 객체는 저항하지 않는다. 억압당한다고 느끼지 않기 때문이다. 풍부한 정보 속에 있다고 착각하기 때문이다.

패권은 이제 무기를 들지 않는다. 패권은 설계된 감각으로 존재한다. 기술과 데이터, 그리고 그 위에 설계된 알고리즘이 우리의 시선과 욕망, 사고와 기억을 움직인다. 그것은 전통적인 지배보다 훨씬 세련되고, 강력하며, 조용하다.

우리는 질문해야 한다.

3. 민주 사회의 패권

민주사회주의는 정치 체제적 민주주의를 표방하는 정의와 진보의 대립으로 독재 정치를 부정하는 정치 사회의 이념이다.

사회주의가 생산 수단의 공유로 절대 복종 질서 체계로 SOC 사회 자본을 공공사업으로 통제하는 비능률적인 산업의 합리화와 사적 독과점을 막는 수단이다. 이러한 대립 관계에 있는 자본주의 민주화 체제와 사회주의 공산화 체제가 국제 질서 안에서는 민주적 사회 패권을 누리고자 한다. 사회주의적 계획은 전 생산 수단의 공유화를 예상하지 않으며 중요한 부문의 사적 소유와 양립한다라고 말한 공유화를 사회 개조의 유일 방법으로 보지 않는다.

민주사회주의에서는 최고 형태는 자발적이며 민주주의적인 본질을 중심으로 무장 봉기나 프롤레타리아 독재인 혁명적 사회주의의 폭력성을 배격하는 경제 생산적 기회의 평등사상이다.

전 지구적 차원에서 민주주의 사회는 인권 중심의 가치를 사회가 보장하는 것으로 완전한 민주 사회의 패권이다. 하지만 아직도 민주 사회의 패권이 잘 이루어지지 못하는 사회적 편견으로 인해 패권의 질서를 회복하지 못하는 민주주의 사회 국가도 많다. 민주주의가 하나의 제도나 체계로만 볼 것이 아니라 사회적 질서 체계이지만 사회적 약자에게는 민주주의에 배척받는 경우도 있다. 편견이나 차별 없는 상호 작용이 어두운 곳까지 미치는 세계적, 국가적 질서로 주체들로 인한 유익성이 민주 사회다. 이러한 사회가 진정한 민주 사회의 패권국으로, 살기 좋은 나라, 살고 싶은 나라로 각광받고 있다.

민주사회주의란 말은 1951년 독일의 프랑크푸르트암마인에서 시작된 프랑크푸르트 선언, 다시 말해 민주사회주의 선언이다. 하지만 이는 민주 체계는 20세기 영국 노동당의 영향을 받은 민주사회주의는 목적과 임무라는 강령과 오슬로 선언을 연이어 발표에 따라 국제 사회 전체로 확장되었으며 이로부터 공산주의와 민주사회주의의 패권은 갈라졌다. 이 같은 패권의 갈림길에서 인간 중심 생활의 정치와 경제, 사회 등 국제적 모든 영역에 구체화시키므로, 민주주의 사회를 개조할 수 있는 여론 중심으로 정착해 나갔다. 찬반에 따른 확대와 축소로 이루어지는 방법이 극대화된 민주화다.

이는 민주주의 정신과 부합하는 진보적 행동으로 국민과 국가의 정치적 통합에 상응하는 정체성이다. 근대 자본주의적 민주 사회에서 국민경제를 규율하는 공적, 사회적 기제가 만들어지면서 세계 체제는 경제적 위계질서 논리에서 아직도 불평등한 패권 중심으로 흐르고 있다. 이를 극복하기 위해 개인 간, 국적 간의 한계를 넘어 파행적 패권에 몰두하는 경향이 나타나고 있다.

민주 사회의 패권은 시민권 확장으로 민족적인 인종적 차원을 넘어서 문화적 차이까지 하나로 묶어가고 있다. 이는 사회적 불평등을 해소하는 공적, 사회적으로 규제가 필요 없는 질서를 추구하고 있다.

민주 사회를 벗어난 반테러 국가인 러시아와 우크라이나 전쟁은 유럽연합 40여 개국 동참으로 전쟁 피해를 민주적으로 재건하기로 했다. 여기에는 수백 조(약 972조)에 이르는 재건 비용이 투입되지만 결과적으로 인류가 부담해야 할 민주 사회 비용이다.

민주 사회 비용은 아직까지 기본 생계를 해결하지 못하는 나라에 사용되는 것이 합법적이며 유용한 사회의 패권이다. 물론 상당 금액은 전쟁 범죄 국을 통해 충당하지만, 연합국들의 지원이 절실한 상태에서 아직 민주 사회가 정립되지 않는 국제기구는 제 역할을 다하지 못하고 있다.

전쟁으로 인해 패권이 뒤집힐 시점에서 민주 사회 여론은 동맹과 비동맹으로 나뉘고 있다. 국제 사회의 민주 패권을 두고 이질적 행동을 보이는 나라는 아직 집단주의가 팽배한 사회주의 국가가 차지하고 있다. 개별 국가의 힘보다는 민주 사회의 패권 몰이가 우위로 갈 조짐을 알아차린 러시아는 중국의 도움을 청하고 힘을 모으기로 합의했다. 참가국들은 우크라이나 복원을 전 세계가 참여하는 민주 사회적인 과정에 동의하지만, 반민주주의 사회를 외치며 패권 놀이를 일삼는 전범 국가도 있다. 참가국들은 복원 과정을 민주 사회의 법치주의 시스템적으로 강화하고 지구 한편에서는 준 법치주의 패권 가능성을 열어놓고 있다.

데니스 슈미갈 우크라이나 총리는 "전쟁이 계속되는 와중에도 우크라이나 재건은 이미 진행되고 있고, 전쟁이 끝나자마자 우리나라를 빠르고 지속 가능하게 복구할 것"이라고 패권의 승부수를 던졌다. 하지만, 반체제인 침략자들은 자국이 발발한 비용이나 책임을 회피하고 있다.

지구적 차원에서 민주주의 원칙 실현은 민주주의 당위성과 그 구현 방향을 규명하려는 시도는 고정된 제도 체계가 아니라 사회적으로 기존의 국민과 국가적 민주주의가 직면하고 있음을 지적했다. 현재 지구화로 인해 수많은 사회적·정치적·경제적 상호 작용이 일어나기 그래서 국가적 질서 주체는 민주주의로 정리된다.

4. 인간과 환경, 그리고 미래의 갈림길

19세기, 일명 '돌에 구멍을 내는 사람'으로 알려진 존 헨리는 철도 노동자로 착암기가 없을 당시 돌에 구멍을 뚫어 폭발물을 삽입하는 일을 했다. 존 헨리는 그 시대에 그 일을 가장 잘하는 사람이었다. 그런데 어느 날 갑자기 증기 드릴이 발명되어 일자리를 빼앗겼다. 이를 용납할 수 없었던 존 헨리는 상사에게 "남자는 남자답게 행동해야죠. 증기 드릴로 인해 내 일을 못 하게 됐으니 손에 망치를 들고 죽겠습니다." 이렇게 해서 그는 드릴과 자신의 손으로 일을 겨루게 되었다. 기계와 사람의 대결이었지만 결과적으로 존 헨리가 승리했다. 하지만 온 힘을 다 사용한 대결이 끝나자 그 자리에서 망치를 쥔 채 죽음을 맞았다. 대결하기 전 존 헨리가 말한 것처럼 그는 아쉽게도 남자답게 죽었다.

자원 중에 가장 큰 자원은 인간이다. 아무리 자원이 많아도 인간 자원이 없으면 활용할 수 없다. 좁은 의미의 자원인 석유나 석탄 등과 같이 자연에서 얻는 소비성 자원은 인간만이 필요한 가치를 지니고 있다.

과거에는 좁은 의미의 자원으로, 자연에 의지해 살았다. 하지만 문명과 기술의 발달로 자연 자원을 가공 활용하는 기술이 개발되고, 고부가 가치의 자원을 인간이 만들어 내므로 점차 그 의미와 활용도가 넓어지고 있다.

오늘날에는 인간의 기술이나 노동력, 문화까지도 자원으로 확대되면서 사람의 기술은 인적 자원으로 넓은 의미에 포함된다. 이러한 자원 확대를 위해 전쟁을 벌이고, 그 패권을 잡고자 전쟁 범죄를 저지른다. 인간의 생존을 위해 절대적 패권에 눌릴 수밖에 없다면, 20세기에 들어와서는 인적 자원 중심으로 자원 패권 싸움은 심화되고 있다. 특히, 문화 자원에 따른 희귀성과 독특성에 가치를 둔 주요 천연자원은 어느 한 지역의 특성에 따라 생성된 관광 자원이 각광받고 있다. 어디에서도 흉내 낼 수 없는 지역 환경 자원이 가치를 지니고 있어, 이 또한 인간이 생존하는 필수 요인으로 자리 잡고 있다. 하지만 인간의 필수 에너지 자원은 세계 매장량의 60%가 서남아시아의 페르시아만 연안에 집중되어 있고, 인간이 가장 살기 좋은 요충지로 기독교나 이슬람교, 불교, 힌두교 등 세계 4대 종교가 탄생한 문화의 기원지이다. 여기에 메소포타미아 문명과 인더스 문명의 발생지로서 인간의 활동이 가장 활발했으며, 인류 최초로 제국을 건설해 오랫동안 세계 문화의 중심지로 남았다.

인류의 연료인 광물 자원은 사우디아라비아, 러시아, 미국, 이란 등을 두고 자원 패권 싸움은 깊어져 간다. 여기에 따르지 못하는 자원은 기술 혁신을 통한 단위 가격 인상이 불가피해지므로, 자원 민족주의 발현의 기반이 되기도 한다. 세계는 경제의 탈 이념화에 따른 자원을 쫓아다니는 민족주의는 종식되었다.

최근 자원 시장 변화는 이러한 추세를 반전 반응을 보이는 러시아나 중동, 중남미 국가들에서 자원 패권주의 형태로 혼란을 주도하고 있다. 이는 자연 자원으로 인한 불평등으로 인한 경제 질서를 놓고 승자 독식형 신자유주의적 패권을 쥐고 상대적 빈곤 탈피 노력을 하고 있다. 천연자원은 있으나 기술이나 인적 자원 부재인 후진국은 선진국으로 올라서지 못한다는 경제 종속국으로 천연자원 패권에 의지하고 있다.

21세기에 들어와 자원 패권주의가 지속될 것이라는 예측 아래 국제 물가는 요동치고 있다. 다시 말해 물가 파동을 겪는 데에는 천연자원을 벗어날 대체 에너지 기술 문제를 안고 있다. 이러한 환경적 요인을 안고 있는 천연자원 접근은 에너지 소비 효율과 대체 소비 구조 확대로 볼 수 있다. 자원 패권의 한계를 드러내고 있는 오일 쇼크로 인해 전 세계는 향후 원유 부족이 아니라 에너지 시스템의 불균형 해소로 다가올 것이다. 자연 자원 수요 조절은 국제 경제와 맞물려 있어 안정적인 공급이 시급하다. 제한된 공급 확대로 인한 소비 효율 향상되는 천연가스 수급 불안은 발전용 수요에 따른 증대와 원자력 발전이라는 에너지 대체 수단 활용이 늦어지고 있다.

경제 패권 시대의 자원 경쟁력 확보는 항상 불명확한 기술 혁신에 의한 자원 빈국으로서 대응 전략에 민첩성이 요구된다. 자원 기술 패권 싸움에서 어떠한 기술이 대체 에너지로 미래를 방어할지 앞날은 불안하다.

인간의 한계를 알 수 없는 기술의 변화로 인해 패권 시대 핵심 기술 선점이 어느 때보다 중요하다. 특히, 반도체와 인공지능(AI)이 일상에 들어오면서 첨단 산업의 핵심 기술 선점을 위한 패권 정치가 논란을 겪고 있다. 이러한 경쟁에서 살아남기 위한 기술 분야의 패권 다툼은 전쟁으로 이어진다. 어느 분야든 핵심 기술은 있지만, 오늘날 산업 혁명을 이끄는 경제 프레임은 반도체와 바이오일 것이다. 이를 놓고 보이지 않는 싸움이 영원히 휴전하지 못하고 있다는 증거로 세계 최강국 미국 대통령이 유래 없는 삼성전자를 방문한 기록을 빼놓을 수 없을 것이다. 그렇다면 4차 산업 혁명을 외치는 21세기 대한민국의 기술 수준은 어느 정도인지, 바이든 대통령이 직접 영업 현장을 뛰는 모습은 이례적이다. 코로나 위기로 전 세계의 경제가 흔들리면서 인간의 소비재 공급망에 비상이 걸렸다. 그중 하나가 반도체로 모든 기계, 전자 장치에 제동이 걸렸다.

그만큼 기술의 가치는 국가의 패권을 좌우할 경쟁력으로 기술과 경제는 동향을 이루고 있다. 자원과 기술로 우크라이나가 겪고 있는 기술과 경제는 세계 외교에서 에너지로 응축된다.

첨단 산업의 기반이 된 자원의 발전은 정보와 빅 데이터를 활용한 기술로 대기업이나 국제 기업의 활동이 본격화되었다.

자원으로 인한 경제 존립은 국민의 생사로 이어지고 그 패권이 어느 나라에 있느냐에 따라 국가 경제 순위는 달라진다. 국가의 패권이 달린 자원 기술이 발달하면서 유출을 막는 기밀이 강화되고, 자원 무기화에 공포를 느끼는 전쟁 사태를 우리는 보고 있다.

우크라이나 사태로 자연 자원이 파괴되고 이로 인한 원자재 값 폭등은 국제 에너지 가격 상승으로 글로벌 식량 위기까지 몰고 오고 있다. 핵심 자원만 무기화되는 시대는 끝나고, 모든 원자재가 인간의 위기로 다가오고 있다. 일찌감치 희토류 무기화에 나선 중국이나, 최대 자원 부국인 인도네시아로 패권이 몰려가고 있다. 하지만 자원 부국이 가져야 할 기술이 양립하지 못하면 그 가치는 낮아진다.

7

기술과 생명, 미래 패권의 최전선

1. 기술 진보와 유전자 패권의 형성

인류의 역사에서 패권의 중심은 끊임없이 이동해왔다. 패권은 늘 지리적 중심지를 옮겨왔지만, 그 본질은 언제나 지배 구조의 이동이었다. 바다를 누가 장악하는가, 자본의 흐름을 누가 통제하는가, 생산을 조직하는 기술을 누가 먼저 갖는가에 따라 세계의 주도권은 달라졌다. 해양과 금융, 산업과 군사력은 각각의 시대마다 패권의 핵심 요소로 작동해왔다. 하지만 오늘날의 권력은 더 이상 물리적 공간이나 자원의 점유만으로 정의되지 않는다. 인간의 신체와 감정, 유전적 정보 자체가 기술의 대상이 되는 시대가 도래한 것이다.

21세기 초, 인간 유전체 해독은 과학의 상징이자 인류의 도전으로 여겨졌지만, 이제는 산업화된 구조 속에서 상업적 도구이자 전략 자산으로 자리 잡았다.

차세대 염기서열 분석 기술은 인간의 전체 유전정보를 몇 시간 만에 해독할 수 있는 수준에 도달했고, 과거 수억 원이 들던 비용은 이제 수십만 원대로 떨어졌다. 이 기술은 더 이상 실험실에 머무르지 않으며 병원과 보험사, 군사 기관과 교육 시스템 전반에까지 확장되어 있다. 국가는 유전체 정보를 미래 산업의 핵심 자원으로 간주하고 있으며, 기업은 이를 개인 맞춤형 상품이라는 이름 아래 소비 시장에 결합시키고 있다.

생명은 점점 더 분석 가능하고 예측 가능하며 설계 가능한 대상으로 전환되고 있으며, 이는 기술이 인간을 이해하는 수단을 넘어 인간을 정의하고 분류하는 권력으로 이동하고 있음을 의미한다. 유전자는 이제 단순히 건강의 문제가 아니다. 그것은 한 개인의 질병 위험과 성격 성향, 인지적 특성과 행동 경향까지 포함하는 포괄적 데이터로 간주되며, 이미 정자은행은 특정 유전자 조합에 따라 등급을 나누고 있으며 일부 교육 플랫폼은 학습 능력을 예측하는 유전적 모델을 기반으로 프로그램을 설계하고 있다. 보험사는 유전자 리스크에 따라 보험료를 차등화하고, 병원은 특정 유전병 보유자에게 체외수정을 통한 건강한 수정란 선택을 권유한다. 이 모든 현상은 기술이 인간에게 더 많은 선택지를 제공하는 것처럼 보이지만 실상은 선택이 아닌 분류의 체계를 구축하고 있다. 기술은 점점 더 정밀하게 인간을 분류하고 있으며, 특정 유전자를 가진 이들은 건강한 존재로 간주되는 반면 다른 유전자는 위험 요소로 낙인찍힌다. 이러한 구조는 단지 의료 영역에 그치지 않고 교육 기회와 고용 가능성, 보험 접근성과 결혼 시장, 재산 상속에까지 영향을 미치며, 유전자 편집 기술의 발전은 특정 질병을 사전에 제거할 수 있을 뿐 아니라 신체 능력과 인지 능력을 선택할 수 있는 가능성까지 열어 놓는다. 이는 우생학의 과거적 그림자를 기술적 정교함이라는 이름으로 재현하는 것으로서 생명을 계급화하고 시장화 하는 새로운 형태의 지배 기제로 작동한다. 이 지점에서 과학기술은 다시 정치의 핵심 영역으로 되돌아온다. 과거의 국가는 인구를 통제하고 영토를 지배했지만, 오늘날의 국가는 인간 개개인의 유전적 운명에까지 개입하려는 새로운 권력을 형성하고 있다.

미국은 민간 기업과 협력해 대규모 유전체 프로젝트를 추진하며 이를 국가 안보와 경제 전략의 핵심 기술로 편입하고 있고, 중국은 수천만 명의 유전체 정보를 국가가 직접 관리하며 이를 기반으로 인구 정책, 질병 통제, 인재 분류 체계를 설계하고 있다. 각국은 유전자 정보를 과학기술의 산물이 아닌 국가 전략의 일환으로 다루기 시작했고, 데이터 주권이라는 개념은 이제 생명 정보에까지 확대되고 있다. 이 흐름 속에서 유전자는 더 이상 생물학의 내부에 머물지 않으며 금융 자산처럼 거래되고 군사 전략처럼 보호되며 정치 질서처럼 위계를 생성하는 핵심 요소가 되고 있다.

유전자 정보 분석 기술과 그 결과를 제도화하는 능력은 특정 계층과 국가가 건강하게 태어날 권리와 미래의 설계 가능성을 독점하는 구조를 형성하며, 이는 생존을 넘어서 존재 자체의 정의에 개입하는 지배력으로 기능한다. 특히 유전자 정보는 그 특성상 한 번 노출되면 되돌릴 수 없으며, 지문처럼 바꿀 수 있는 정보가 아니다. 생명 설계도를 기반으로 한 사회적 구획은 장기적으로 작동하며, 이는 새로운 형태의 신계급 체제를 형성하게 된다. 이 계급은 자본이나 노동력의 보유 여부로 결정되지 않으며, 의료 접근성, 유전자 기반 교육 및 보험, 그리고 데이터에 대한 통제력에 의해 결정된다.

인간은 점점 더 자신의 유전자를 증명해야 하는 사회에 진입하고 있으며, 이 증명이 직업군과 다양한 분야로 심지어 시민권과도 연결되기 시작했다. 이러한 세계는 더 이상 평등한 가능성을 전제로 하지 않으며, 기술적 설계와 생물학적 차등이 사회적 불평등을 제도화하는 새로운 패러다임을 구성한다. 결과적으로 유전자 패권은 단지 기술력의 문제가 아니다. 그것은 인간 가능성과 생명 정의 자체를 둘러싼 정치적 투쟁의 중심이며, 국가가 이 기술을 보유하는 것은 과거 무기를 보유하는 것보다 훨씬 더 근본적인 지배권을 의미한다. 기업이 이 기술을 독점하는 것은 단순한 시장 점유율의 문제가 아니라 존재 자체의 통제를 의미한다. 이는 과학 이전에 철학이며, 정책 이전에 윤리이며, 기술 이전에 권력이다. 생명은 더 이상 자연에서 비롯된 것이 아니라 기술적 코드와 제도적 설계에 의해 정의되는 것이며, 이 기술의 제도화와 독점이 이루어지는 그 자리에서 오늘날 가장 정교하고 가장 조용한 지배의 형태인 유전자 패권이 형성되고 있다. 결국 질문은 단 하나로 수렴된다.

누가 인간의 설계를 독점할 것인가. 이 질문은 단지 과학기술의 문제가 아니라, 패권의 최전선을 규정하는 본질적 질문이며, 기술은 더 이상 생산 수단이 아니라 존재의 분류 체계를 설계하는 절대 권력이 되었다.

2. 기술 주도권과 신패권 질서

21세기 패권의 향방은 기술의 주도권에 달려 있다. 군사력, 경제력, 문화력 등 기존 패권의 구성 요소들이 여전히 유효하지만, 그 모든 힘의 기반은 점점 기술로 수렴되고 있다. 기술은 단순한 도구가 아니라, 권력의 핵심이다. 이는 새로운 질서를 설계하는 도구이며, 기존 질서를 무력화하는 힘이다.

오늘날의 패권 경쟁은 단순한 경제 총량이나 군사력 비교가 아니라, 누가 더 먼저 미래 기술을 장악하고, 이를 글로벌 표준으로 만들 수 있느냐에 집중된다. 인공지능, 양자컴퓨팅, 반도체, 바이오기술, 디지털 통화 등 미래 산업의 핵심 기술은 이제 패권의 결정적 변수다. 이러한 기술들은 단순히 산업 경쟁력의 문제가 아니라, 정보통제, 사이버 안보, 금융 지배력 등 국가 전반의 지배구조에 직결된다.

미국은 여전히 핵심 기술에서 세계를 선도하고 있으며, 특히 반도체·AI·클라우드 등 전략 기술 분야에서 글로벌 공급망의 최 정점에 있다. 하지만 중국은 '중국제조 2025', '디지털 실크로드', '위안화 국제화' 등으로 맞불을 놓으며 기술 자립과 국제 영향력 확대에 사활을 걸고 있다. 이는 기술을 둘러싼 신 냉전 구도를 형성하고 있으며, 패권 질서의 재편은 이제 기술전쟁이라는 새로운 전장을 중심으로 진행된다.

기술 패권의 특징은 '표준'에 있다. 누가 기술을 발명했느냐보다, 누가 그것을 세계 표준으로 만들어내느냐가 더 중요하다. 그것은 수많은 제도와 기술, 규범과 이미지의 결합 속에서 우리가 '자연스럽다'고 여긴 세계의 구조이며, 그 구조를 의심하지 않게 만드는 믿음의 체계다. 강한 군사력이나 압도적인 경제력도 중요하지만, 진정한 패권은 그것들을 정당화할 수 있는 해석의 독점을 통해 완성된다. 다시 말해, 패권은 무엇을 '상식'으로 만들고, 어떤 현실을 '운명'으로 받아들이게 하느냐의 싸움이다.

가장 오래된 패권은 물리적 힘이었고, 다음은 생산과 유통의 기술이었으며, 그다음은 금융과 데이터가 차지했다. 그러나 지금의 패권은 점점 더 '무형'으로 이동하고 있다. 플랫폼이 데이터를 수집하는 방식, 알고리즘이 사람을 분류하는 방식, 뉴스가 사건을 설명하는 방식, 교육이 미래를 가르치는 방식은 모두 하나의 프레임 속에서 작동한다. 그 프레임은 중립적인 것처럼 보이지만, 사실상 '세계가 어떻게 작동해야 하는가'를 결정하는 보이지 않는 전제다. 그리고 그것이 바로 오늘날 패권의 핵심이다.

현대 세계는 구조적 불평등, 기후 위기, 기술의 폭주, 제도적 마비 등 다양한 위기를 겪고 있지만, 그 위기를 어떻게 해석하고 대응해야 하는가는 결국 기존 패권이 제공한 언어와 서사에 의해 좌우된다.

패권국은 위기를 '기회'로 정의하고, 자신이 설계한 규칙을 확장하며, 자신이 구축한 제도를 대안 없는 '기본값'으로 만든다. 그 결과 세계는 스스로 선택했다고 믿지만, 실제로는 이미 제한된 선택지 안에서 움직이게 된다.

이렇게 인공지능의 위험이 거론될 때 우리는 그 기술의 금지나 탈 중심화를 상상하지 않는다. 오히려 그것을 규제하고 표준화하는 새로운 기관, 즉 또 다른 형태의 권력을 요구하게 된다. 이는 곧 패권이 단순한 지배가 아니라, '우리가 무엇을 상상할 수 없는가'에 대한 권력임을 보여준다. 진정한 패권은 우리가 어떤 가능성을 '생각조차 하지 못하도록' 만드는 것이다.

이러한 의미에서 보면, 오늘날의 패권은 '무엇을 믿게 만들었는가.'라는 차원에서 더 정확하게 측정될 수 있다. 민주주의가 유일한 정치 체제라고 믿는가, 자유 시장이 유일한 경제 질서라고 여기는가, 데이터는 신뢰할 수 있는 자원이며 기술은 중립적인 도구라는 인식을 의심하지 않는가. 이 믿음의 체계야말로 패권이 작동하는 가장 깊은 층위이며, 그것은 강제에 의한 복종보다 훨씬 더 안정적이고 지속 가능한 권력이다.

과거의 패권은 전쟁으로 시작되었고, 현재의 패권은 설계로 이어졌으며, 미래의 패권은 인식으로 완성될 것이다. 인식은 힘의 그림자를 감춘다. 사람들은 자신의 결정이라고 생각하며 선택하지만, 이미 집약되어가는 문화, 제도와 규범 속에 내면화된 프레임 안에서만 행동한다. 여기서 패권은 총과 돈이 아니라 해석의 방향을 독점하는 능력이다.

결국 패권은 보이지 않는 프레임이다. 그것은 하나의 언어이고, 하나의 세계관이며, 하나의 리듬이다. 그리고 그것은 오늘도 학교에서, 검색창에서, 뉴스에서, 정책 보고서에서, 알고리즘의 추천에서 반복되고 있다. 우리는 그것을 현실이라고 믿지만, 실은 설계된 믿음 속에서 살아가고 있다.

진정한 패권은 현실을 구성하는 '믿음의 프레임'을 먼저 장악하는 것이다. 우리는 이제 단순한 기술이나 제도, 무력의 문제가 아닌, 해석의 주도권을 둘러싼 가장 은밀하고도 강력한 싸움의 시대에 들어섰다. 이 싸움은 전면전이 아니라, 일상의 언어와 개념, 미래에 대한 상상력 속에서 벌어진다. 그러므로 패권의 비밀은 세계를 지배하는 힘이 아니라, 세계를 설명하는 방식에 있다. 그리고 그 방식이 '보편'이 되었을 때, 패권은 저항조차 없이 지속된다.

3. 시간의 패권

패권의 가장 정교한 형태는 '시간'을 지배하는 능력이다. 시간은 인간이 가진 가장 보편적이며 동시에 가장 제한된 자원이다. 그리고 오늘날의 세계 질서는 이 시간의 흐름, 속도, 사용 방식까지 관리하며 작동한다. 기술, 경제, 노동, 심지어 교육과 전쟁까지, 모든 시스템은 시간의 배분을 전제로 이루어지고, 그 배분을 설계하는 권력이 곧 패권이다.

산업혁명은 인간의 시간을 기계의 리듬에 맞추는 것으로 시작됐다. 시계와 공장, 학교와 병원, 군대와 회사는 모두 '정해진 시간에 정해진 장소에서 정해진 일을 하는' 구조를 만들었다. 이는 생산성을 위한 효율이 아니라, 시간을 제도화하고 통제하는 방식이었다. 인간의 일상은 더 이상 자연의 시간에 의존하지 않았다. 시간은 자원이 되었고, 노동은 그 자원을 판매하는 방식으로 변모했다. 이 지점에서 이미 시간은 지배의 도구가 되었던 것이다.

21세기 들어 시간의 패권은 새로운 방식으로 재구성되었다. 금융은 마이크로초 단위의 초고속 거래 시스템을 구축하며 실물 경제보다 빠르게 움직이고, 인공지능은 인간의 의사결정 시간을 앞질러 행동을 예측하고 조작하며, 플랫폼은 사용자의 주의력과 시간을 설계된 방식으로 분할하여 수익화한다. 인간은 더 이상 자신의 시간을 선택하지 않는다. 어떤 콘텐츠를 볼지, 어떤 경로로 이동할지, 무엇을 배달받을지조차 알고리즘이 설계한 시간 속에서 이뤄진다.

더 나아가, 교육은 미래에 대한 시간을 설계한다. 어떤 커리큘럼을 언제 배울지, 몇 년 안에 어떤 시험을 통과해야 하는지가 이미 정해져 있다. 이 설계는 단순한 교육 계획이 아니다. 그것은 한 인간이 미래를 어떻게 상상하고, 어느 정도의 속도로 자신을 성장시켜야 하는지까지 결정하는 시간의 구조이다. 여기서 시간은 잠재력을 형성하는 도구이며,

그 도구를 설계한 존재가 미래를 지배한다.

군사 전략도 시간의 전쟁이다. 선제 타격, 실시간 정보, 위성 감시, 사이버 공격은 모두 적보다 빠른 '행동의 시간'을 확보하기 위한 경쟁이다. 상대의 시간이 멈추거나 왜곡되는 순간, 그 전쟁은 이미 끝난다. 정보전의 본질은 무기의 충돌이 아니라, 시간의 지배다. 상대가 아직 결정하지 못한 사이, 이미 실행을 마친 자가 승리한다. 이 전쟁에서 인간은 점점 느려지고, 시스템은 점점 빨라진다.

결국 시간의 지배란, 생명과 죽음, 결정과 주저, 가능성과 소멸 사이의 균열을 먼저 점유하는 것이다. 과거를 어떻게 기억하게 할지, 현재를 얼마나 분절할지, 미래를 어떤 이미지로 설계할지를 누가 결정하느냐는 단순한 문화적 영향력이 아니라 실질적인 지배 질서다. 역사 교과서에서 어떤 사건이 강조되는지, 뉴스에서 어떤 시점이 반복되는지, 기술 기업이 어떤 미래를 상상하게 하는지 모두 시간의 프레임을 장악하려는 경쟁이다.

이러한 시간의 패권은 보이지 않는다. 사람들은 그것이 자연스러운 것이라 믿는다. 그러나 정해진 속도, 정해진 목표, 정해진 단계, 정해진 미래는 누군가의 이해관계와 전략 속에서 만들어진 설계물이다. 시간은 절대적이지 않다. 그것은 언제나 정치적이다.

따라서 가장 근본적인 패권은 시간의 설계자다. 더 빠르게 움직이는 자가 아니라, 남들이 어떻게 움직이게 할지를 결정하는 자, 그것이 오늘날의 지배자다.

패권은 군사도, 자본도, 기술도 아닌 시간 그 자체가 될 수 있다. 시간은 모든 제도의 바탕이고, 인간의 감각과 사고, 선택과 욕망을 조직하는 틀이기 때문이다. 그렇다면 질문은 바뀌어야 한다. 누가 더 많은 무기를 가졌는가가 아니라, 누가 시간을 설계하고 있는가. 이처럼 설계된 시간과 위선의 언어는 하나의 패권 구조를 완성시키는 두 개의 얼굴이며, 우리는 그 구조 안에서 살아가고 있다.미국은 이러한 구조의 중심에 있다. 인권과 자유를 말하면서도, 그 이면에서는 자국의 이익을 위한 설계를 지속해왔다.

'패권의 비밀'이란 결국 이것이다. 힘은 눈에 보이지만, 시간은 보이지 않는다. 그러나 세계를 지배하는 것은 언제나 가장 보이지 않는 방식으로 온다. 그리고 지금, 우리는 설계된 시간 속에서 살고 있다.

"미국은 인권을 말하지만, 이라크를 폭격했다." 이 문장은 패권의 본질을 꿰뚫는 통찰을 담고 있다. 표면적으로는 도덕과 정의, 자유와 인권을 외치는 패권 국가들이 실제로는 정반대의 행보를 취하는 사례는 역사 속에 수없이 존재한다. 이 모순은 단순한 이중 기준(double standard)의 문제가 아니라, 패권 구조 자체에 내재된 기능적 위선(functional hypocrisy)이다. 위선은 단점이 아니라 전략이며, 패권이 작동하는 핵심 장치다.

패권국은 반드시 도덕적 정당성을 필요로 한다. 명분 없는 지배는 장기적으로 지속될 수 없기 때문이다. 하지만 국제사회에서의 현실은 언제나 명분과 이익, 도덕과 힘 사이의 충돌로 가득 차 있다. 이 간극을 메우는 것이 바로 위선이다. 다시 말해, 명분은 외부 세계와 내부 국민에게 '정당한 패권'이라는 환상을 제공하고, 실제 행동은 철저히 이익에 기반하여 수행된다.

미국이 제시하는 인권, 민주주의, 자유무역이라는 가치들은 그 자체로 보편적일 수 있지만, 언제 어떻게 적용되고 무시되는지는 패권국의 이해관계에 따라 달라진다.

여기에 사우디아라비아와 같은 중동의 권위주의 국가들에 대해서는 인권 문제를 거의 언급하지 않지만, 이란이나 시리아 같은 적대국에 대해서는 철저하게 도덕적 잣대를 들이민다. 이는 단순한 선택적 관심이 아니라 전략적 위선이다. '우리 편'에게는 유연한 기준을 적용하고, '적대국'에게는 고강도의 비판을 퍼붓는 이중적 접근은 패권이 자신이 구축한 질서에서 도덕적 심판자 역할까지 자임하게 만든다.

이 위선은 전쟁과 무력 개입에서도 명확히 드러난다. 베트남 전쟁, 그레나다 침공, 이라크 전쟁, 아프가니스탄 점령 등은 모두 미국이 자국의 안보와 영향력 확대를 위해 감행한 군사 행동이었다. 하지만 그 명분은 언제나 '자유의 수호'였다.

미국은 이라크에서 대량살상무기를 제거하기 위해 전쟁을 벌였다고 했지만, 전쟁 후에도 그런 무기는 발견되지 않았다. 하지만 이미 전쟁은 벌어졌고 수십만 명이 목숨을 잃었다. 이처럼 패권국은 잘못된 정보나 허위 명분에도 불구하고 스스로의 행동에 대한 책임을 묻지 않는다. 오히려 그들은 자신의 위선을 '의도하지 않은 실수', '혹은 '역사적 판단의 오류'로 둔갑시킨다.

위선은 오직 행동과 말이 다른 것이 아니라, 그것이 반복적이고 제도화된다는 점에서 더욱 위험하다. 패권국은 자신의 언행 불일치를 비판하는 외부의 시선을 무시하거나 언론을 통해 서사를 재구성함으로써 정당성을 회복한다. 또 CNN, 뉴욕타임즈, BBC와 같은 주류 언론은 패권국의 입장을 널리 퍼뜨리고, 때로는 명백한 사실조차도 정치적 관점에 따라 조정한다. 이러한 미디어 구조는 위선을 폭로하는 대신, 위선을 생산하고 확산시키는 또 다른 시스템이 된다.

국제기구 역시 패권 위선의 연장선상에 있다. 유엔 안전보장이사회는 평화와 정의를 위한 기구이지만, 그 안에서 거부권을 가진 미국은 이스라엘의 팔레스타인 점령을 규탄하는 결의안 대부분을 무력화시켜 왔다. 반면, 북한이나 이란 같은 국가에 대해서는 가차 없는 제재 결정을 밀어붙였다. 이처럼 규칙은 같아 보이지만, 적용 방식은 전혀 다르다. 패권국은 도덕적 원칙을 절대화하면서도, 자국의 이익에 반하면 언제든지 그 원칙을 유보한다.

이러한 위선은 도덕적 분노를 유발하는 동시에 패권의 생존 전략이라는 점에서 냉철하게 분석할 필요가 있다. 패권국은 세계를 설득하기 위해 반드시 정의로운 얼굴을 가져야 하고, 설득을 통해 동맹과 질서를 유지한다. 하지만 그 얼굴은 가면이다. 그 가면 뒤에는 냉정한 이익의 계산기와 정밀한 권력의 설계도가 숨겨져 있다. 이 가면은 무너지지 않는다. 왜냐하면 이는 진실이 아니기 때문이다. 위선은 곧 전략이며, 전략은 곧 생존이기 때문이다.

그리고 중요한 점은 이 위선이 폭로되더라도 패권은 흔들리지 않는다는 것이다.

위키리크스나 스노든 사건을 통해 미국의 감시 체계와 이중성이 드러났을 때 세계는 잠시 충격을 받았지만, 패권 구조는 그대로 유지되었다. 심지어 더 정교하게 강화되었다. 이는 패권의 힘이 오직 도덕성에 기댄 것이 아니라, 구조적 종속과 문화적 정상성에 기반하고 있다는 것을 보여준다. 사람들은 위선을 알면서도, 그것을 문제삼을 수 없게 되는 구조 안에 놓여 있다. 그 구조 속에서 위선은 더 이상 비판의 대상이 아니라, 세계를 움직이는 엔진이 된다.

결과적으로, 패권의 위선은 그 자체로 문제라기보다는 그 위선을 가능하게 만드는 구조다. 다시 말해 국제 제도, 미디어, 교육, 경제 시스템의 총합이 문제의 본질이다. 이 구조가 해체되지 않는 한, 패권의 위선은 지속될 것이며, 우리는 그 위선 속에서 정의가 아닌 설계된 현실만을 마주하게 될 것이다. 이 장은 그 현실을 직시하고, 왜 패권은 언제나 '좋은 얼굴' 뒤에 숨으려 하는지를 독자들에게 분명하게 드러내려는 시도다.

4. 명분의 무기화: 도덕을 전략으로 바꾸는 기술

정당성은 언제부터 전쟁의 명분이 되었을까. 2003년 미국은 전 세계 앞에서 선언했다. 이라크가 대량살상무기를 보유하고 있다고. 그들은 '인류의 안전'을 위해 나섰고, 전쟁은 시작되었다. 그러나 전쟁이 끝난 뒤에도 아무런 무기는 발견되지 않았다. 미국이 틀린 것인가. 아니다. 미국은 이겼고, 사담 후세인은 제거되었으며, 이라크는 새로운 정치 질서에 편입되었다. 이 전쟁은 '명분이 사실이 아닐 수도 있지만, 패권은 진실이 아닌 서사로 작동한다'는 사실을 전 세계에 보여준 결정적 사건이다.

명분은 거짓일 수 있다. 그러나 반복되면 사실처럼 기능한다. 이라크 전쟁 당시, 미국의 입장을 주요 언론들이 하루에도 수백 번씩 반복 보도했고, 영국과 일본 등 주요 동맹국은 침묵하거나 동조했다.

언론과 동맹, 국제기구, 심지어 대중 감정까지도 그 '허위 명분'을 진실처럼 떠받들었다. 그리고 전쟁이 벌어졌다. '대량살상무기'는 끝내 발견되지 않았지만, 이미 수십만 명이 죽은 뒤였다. 이것이 바로 정당성의 무기화다. 무기가 아니라, 명분이 먼저 발사된다.

이와 비슷한 방식으로 작동한 또 다른 사례가 있다. 1999년, 나토(NATO)는 유엔의 승인 없이 유고슬라비아를 공습했다. 표면적인 이유는 인종청소를 막기 위한 '인도적 개입'이었다. 그러나 그 공습으로 인한 민간인 사망자와 인프라 파괴는 오히려 새로운 인도주의 위기를 불러왔다. 당시 중국 대사관도 폭격을 맞았고, 미국은 이를 '지도 착오'라고 설명했다. 국제법적 근거 없이 진행된 전쟁이었지만, 나토는 여전히 '정의의 연합'으로 기억된다. 왜냐하면 개입의 명분이 '도덕적 진실'로 정착되었기 때문이다. 비난은 있었지만, 구조는 유지되었다. 정당성이 위반되었음에도 그 위반이 질서를 흔들지는 않았다.

'정당성'은 도덕이 아니라 설계다. 설계된 정당성은 국제기구 안에서도 드러난다. 이럴때 IMF는 '경제 안정'을 내세우며 개발도상국에 긴축 정책을 요구했다.

남미와 동남아시아의 수많은 국가는 이로 인해 공공서비스를 민영화하고, 복지를 축소하며, 부의 격차를 심화시켰다. 명분은 '개혁'이었지만, 실제 효과는 불평등의 확대였다. 이때 IMF는 자신들이 한 일이 아니라 '그 나라의 부패와 비효율 때문'이라 말한다. 그러나 제도의 설계자와 수혜자가 누구인지는 분명하다. IMF의 구조는 미국이 최대 지분을 갖고 있으며, 주요 결정은 서구 국가들이 독점한다. 정당성은 이렇게 세계 경제라는 시스템 안에서도 명분의 언어로 포장되어 반복된다.

문화 영역에서도 정당성은 조용히, 그러나 강하게 작동한다. 여기에 국제적인 기업 넷플릭스나 디즈니가 전 세계 청소년들에게 보여주는 서사는 무엇인가. '영웅은 대체로 백인이며, 악당은 동양 혹은 중동의 전형을 따른다.' 비판은 있지만, 소비는 계속된다. 스파이더맨, 어벤져스, 킹스맨 이들이 말하는 정의와 질서, 자유와 희생은 모두 미국적 가치의 재포장이다. 헐리우드 영화 속 질서는 언제나 미국 중심이다. 설령 주인공이 세계를 구한다 해도 그 배경은 뉴욕이며, 마지막 장면은 늘 성조기 아래에서 끝난다. 대중은 그것을 '스토리'로 소비하지만, 사실은 '정당성의 학습'이다.

정당성은 결국 감정의 정치다. 진실보다 빠르고, 힘보다 오래간다. 그리고 결정적인 순간, 그것은 행동의 정당화로 이어진다. 이처럼 세계 질서는 정당성이라는 말의 외피를 쓰고, 구조적으로 설계된 힘을 행사한다. 무섭도록 정교하게, 그리고 놀랄 만큼 반복적으로. '권력'으로 인식하지 못하고 '질서'나 '정상'으로 받아들이게 된다.

패권은 무너지지 않는다. 단 '설계된 구조'를 이해한 자만이 그것을 넘어서는 새로운 세계를 상상할 수 있다.

5. 위선의 논리: 서사의 가면을 쓴 권력의 얼굴

패권의 작동 원리 중 가장 교묘하고도 효과적인 수단은 '위선'이다. 일반적으로 위선은 부정적 감정을 일으키는 단어다. 말과 행동이 다르고, 겉으로는 도덕을 외치면서도 실제로는 이익만 추구하는 태도는 비난받아 마땅한 행위처럼 여겨진다. 하지만 패권의 세계에서는 이 위선이 단순한 모순이나 오류가 아니라, 철저히 계산된 전략이며, 구조화된 생존 기제다. 다시 말해, 위선은 패권의 도덕적 기반을 조작하는 정치적 장치이며, 그 자체가 기능하는 정치다.

패권국은 언제나 '좋은 얼굴'을 필요로 한다. 이유는 간단하다. 힘으로만 지배하는 패권은 단기적으로는 유효할 수 있지만, 장기적인 정당성과 지속 가능성은 확보하지 못한다. 따라서 패권은 자신을 정의와 자유, 인권과 평화의 대변자로 포장한다. 이러한 외피는 단순한 이미지 조작이 아니라, 국제 질서 내에서 패권국이 스스로를 '질서의 수호자'로 자리매김하게 만든다.

미국이 스스로를 '세계 경찰'로 자처하며 각국의 민주주의를 논평하는 것은 단순한 관심이 아니라, 질서를 설계한 자로서의 권위를 공고히 하기 위한 전략이다. 하지만 실상은 어떠한가?

미국은 수십 차례에 걸쳐 무력 개입을 감행했고, 그 명분은 언제나 '자유의 수호' 혹은 '국제적 정의의 실현'이었다. 하지만 결과는 이라크의 파괴, 아프가니스탄의 장기 점령, 시리아의 혼란 같은 참혹한 상황이었다. 이처럼 외부에는 정의를 말하면서도, 실제로는 패권의 이익을 위한 '힘의 행사'를 숨기지 않는다. 바로 이 지점에서 '기능적 위선(functional hypocrisy)'이 작동한다. 위선은 말과 행동의 간극이 아니라, '정당성의 외피'를 유지하기 위해 의도적으로 설계된 체계다. 이러한 위선은 단발적인 행위가 아니라 반복되고 제도화된다. 미디어는 그 중심에 있다.

뉴욕타임즈, CNN, BBC 같은 글로벌 언론은 사실을 전달하는 것처럼 보이지만, 이들은 패권국의 내러티브를 세계에 유포하는 기제로 기능한다. 이처럼 대량살상무기를 이유로 시작된 이라크 전쟁은 전쟁 후에야 허위 정보였다는 것이 드러났지만, 그 당시 미국 주류 언론은 정부 발표를 거의 그대로 받아쓰며 전쟁의 정당성을 부여했다. 사후에 정정 보도가 나왔음에도 이미 전쟁은 끝났고, 그 피해는 되돌릴 수 없었다. 언론은 위선을 폭로하는 감시자가 아니라, 위선을 유통하는 유기체가 된 셈이다.

국제기구도 다르지 않다. 유엔, 국제형사재판소, 세계무역기구(WTO) 등 국제 질서를 상징하는 기관들 역시 패권국의 위선적 전략의 연장선상에 있다. 미국은 유엔 안전보장이사회에서 거부권을 행사해 자국에 불리한 결의안을 막아내고, 동시에 적국에는 강력한 제재를 부과하는 데 앞장선다. 이처럼 '보편적 정의'라는 이름 아래 적용되는 이중적 기준은 결과적으로 국제 제도가 패권국의 이익을 정당화하는 수단으로 작동하게 만든다. 이렇듯 흥미로운 점은 이러한 위선이 드러나도 패권이 무너지지 않는다는 사실이다.

위키리크스가 미국 외교 문서를 폭로하고, 스노든이 NSA의 감시 프로그램을 고발했지만, 미국의 국제적 위상에는 큰 변화가 없었다. 오히려 그 이후 미국은 더욱 정교하게 통제 시스템을 고도화했으며, 대중은 일시적인 분노 후에 다시 정상화된 일상을 받아들였다. 이것은 위선이 오직 가면이 아니라, 우리의 현실을 지배하는 체계라는 사실을 반증한다. 더 나아가, 교육과 문화 시스템은 이러한 위선을 내면화시킨다.

헐리우드 영화는 미국을 '정의의 나라'로 그리며, 교과서는 미국의 민주주의를 이상적인 모델로 가르친다. 사람들은 자연스럽게 '자유와 인권 = 미국'이라는 공식에 익숙해지고, 그 공식이 작동하는 한 위선은 위선이 아닌 상식이 된다. 이처럼 위선은 도덕적 실패가 아니라, 설계된 지배 전략이다. 이는 인간 심리를 교묘히 파고들고, 정의와 감동의 이름으로 정복과 통제를 수행한다. 결과적으로, 패권의 위선은 도덕의 타락이 아니라 전략의 진화다. 우리는 이 위선을 분노하거나 조롱하는 데서 그치지 말아야 한다. 위선이 어떻게 구조화되고, 왜 반복되는지를 인식하고 분석해야 한다. 그래야만 패권의 진짜 얼굴, 그 숨겨진 설계도를 읽어낼 수 있다. 그리고 그때 비로소 우리는 이 구조를 넘어서기 위한 첫걸음을 내딛을 수 있을 것이다. 패권의 위선은 단순한 도덕적 결함이 아니다. 이는 시스템 안에서 반복되고 정당화되며 오히려 패권 유지에 필수적인 전략 장치로 기능한다. 패권국은 위선을 통해 질서를 만들고, 그 질서를 통해 정의를 독점하며, 정의를 통해 힘을 유지한다. 그리고 그 모든 위에는 설계된 국제 질서가 자리 잡고 있다.

패권국은 세상의 룰을 만들고 그 룰을 '선'으로 포장한다. 하지만 실제로 그 룰은 자국의 이익에 부합되도록 설계되어 있다. 미국 중심의 세계화, 자유무역, 인권, 민주주의는 표면적으로 보편 가치처럼 보이지만, 적용과 예외의 기준은 미국의 전략적 판단에 달려 있다. 여기에 미국은 자국 내에서는 표현의 자유를 강조하지만, 국제무대에서는 자국에 위협이 된다고 판단하는 정보는 철저히 차단하거나 왜곡한다.

'국제질서 수호'를 명분으로 한 군사 개입은, 사실상 자국의 안보와 자원, 영향력 유지라는 명확한 이익 계산 위에서 이뤄진다. 이런 위선은 단순한 거짓말이 아니라, 지배를 위한 설계된 행위다. 패권국은 오직 총과 돈만 가진 국가가 아니다. 서사를 만들고 윤리를 정의하며, 언어를 설계하는 권력이다.

유엔, IMF, WTO, 월드뱅크 같은 국제기구는 형식상 중립과 협력을 내세우지만, 운영과 규칙 설계의 본질은 특정 국가의 이익이 관철되도록 되어 있다. 특히 미국은 유엔 안보리의 거부권을 무기로 자신에게 불리한 결정을 원천적으로 차단한다. 국제사회의 '평화적' 외양은 곧 미국의 전략적 무관심 혹은 전략적 관심의 변형일 뿐이다.

미국의 군사 개입은 언제나 '민주주의 확산'이라는 이름으로 감싸지고, 전 세계적 감시 체계는 '테러 예방'이라는 명분 아래 정당화된다. 이처럼 언론과 문화는 패권의 위선을 덮는 방패가 된다. 힘의 행사는 늘 정의의 얼굴을 하고 나타나고, 대중은 그 얼굴이 낯설지 않다는 이유만으로 의심을 거둔다. 진정한 패권은 힘센 존재가 되는 것이 아니다. 룰을 설계하고, 누가 힘센 존재인지를 정하는 자리에 앉는 것이다.

중국이 경제적으로 미국을 위협하는 시대라 해도, 세계의 질서는 여전히 달러, 영어, 헐리우드, 유엔, SWIFT, 인터넷 주소 체계라는 미국이 설계한 장치로 돌아간다. 이것이 구조이며, 구조를 만든 자가 패권국이다. 그 구조가 작동하는 한, 위선은 폭로되어도 무너지지 않는다. 왜냐하면 위선은 그 구조의 일부이자, 지속을 위한 기능이기 때문이다.

위키리크스, 스노든, 페가수스 프로젝트 등 모두 패권의 이중성을 폭로했지만 세계는 흔들리지 않았다. 그때마다 분노는 잠시였고, 구조는 견고했다. 이는 패권이 군사력이나 부로만 유지되는 것이 아니라, '정상'이라는 감각을 설계하기 때문이다. 사람들은 그 위선을 알고 있어도, 그것이 제도의 일부임을 체감하지 못한 채, 다시 일상으로 돌아간다. 패권은 그런 식으로 익숙해지고, 제도화되고, 심지어 심리화된다.

위선은 강자에겐 전략이지만, 약자에겐 죄가 된다. 강자는 위선을 윤리로 포장하고, 약자는 그 윤리에 종속된다. 그렇기에 위선을 무력화하는 유일한 방법은 그 구조가 설계된 현실임을 인식시키는 것이다. 폭로가 아니라 감각의 전환, 기억의 회복이 필요하다. 그렇지 않으면 위선은 더 정교해지고, 더 공고해진다.

패권의 본질은 힘이 아니다. 그것은 인간의 욕망을 정당화하는 구조다. 도덕을 말하고 정의를 외치지만, 그 안에는 지배를 위한 계산이 숨어 있다. 패권은 우연히 주어지는 것이 아니라, 철저히 설계된다. 자원을 통제하고, 규칙을 만들며, 정당성을 선점하고, 위선을 제도화하는 그 구조 안에 인간의 본능이 있다. 불안을 통제하고, 타인을 지배하고, 우위를 유지하려는 심리 그것이 제도와 문명, 기술과 교육을 통해 구조로 고정된다.

겉으로는 '보편'을 말하지만, 실상은 이익만을 추구하는 이중 구조. 그 위선이 작동할 수 있는 이유는 단 하나, 사람들이 기억하지 않기 때문이다. 잊혀지기 때문에 패권은 반복되고, 반복되기 때문에 체제가 된다.

패권은 인간의 가장 오래된 욕망이 체계화된 얼굴이다. 우리가 직면해야 할 것은 총칼이 아니라, 인간이 욕망을 감추는 이야기다. 그 이야기를 설계한 자는 보편을 주장하지만, 실상은 자신의 이익을 세계의 질서로 포장한다. 무력은 그것을 유지하는 장치이고, 자본은 그 서사를 윤활하며, 문화는 그 거짓말을 달콤하게 만든다.

하지만 지금, 그 서사는 균열을 맞고 있다.

미국의 독점적 중심성은 흔들리고, 중국은 서구의 언어를 빌려 새로운 세계를 말하려 한다.

러시아, 중동, 글로벌 사우스는 잊힌 이야기를 다시 꺼내려 하고, 유럽은 더 이상 윤리의 기준이 아니다. 서사의 다극화는 권력의 다극화를 예고하고 있다. 이제 새로운 세계에는 새로운 이야기 구조가 필요하다.

한국은 이 경계에 서 있다. 과거에는 지정학의 피해자였지만, 이제는 서사의 통로가 될 수 있다. 외부의 질서에 종속될 것인가, 아니면 새로운 서사의 축을 만들 것인가. 선택은 여전히 우리에게 있다. 그러나 이 전환은 단순한 권력 교체로는 가능하지 않다. 진정한 변화는 '인간이 누구인가'라는 질문에서 시작된다. 주체는 고립된 존재가 아니라, 관계 속에서만 의미를 가진다. 이는 새로운 윤리이자 정치의 출발점이다.

서사는 권력이다. 우리는 더 이상 남이 쓴 이야기에서 조연으로 머물 수 없다.

'보편'이라는 이름의 위선에서 벗어나, 상호성과 다양성을 중심에 둔 새로운 이야기틀이 필요하다. 그 중심에는 제국이 아닌 '관계'가 있어야 하며, 이제 우리는 그 이야기를 새로 써야 한다. 왜냐하면, 우리는 더 이상 대상이 아니라 이야기의 주어이기 때문이다.

6. 패권의 비밀: 기억하지 않는 세계, 반복되는 구조

패권은 언제나 힘으로 세상을 지배한다고 믿게 만든다. 그러나 그것은 반쪽의 진실에 불과하다. 패권의 진짜 비밀은 힘의 과시가 아닌, 기억의 삭제에 있다. 위선은 드러날 수 있지만, 그 위선을 체계로 만든 자는 무너지지 않는다. 패권은 총을 들고 명령하는 자가 아니라, '이것이 옳다'는 내러티브를 설계하고 '이렇게 살아야 한다'는 감각을 이식하는 자다. 그 감각은 '정상'으로 받아들여지고, '상식'이 되어 반복된다.

우리는 위선을 폭로하면 세상이 바뀔 거라 믿는다. 그러나 세상은 그렇게 바뀌지 않는다. 왜냐하면 패권은 '기억하지 않는 구조'를 설계하기 때문이다. 분노는 일시적이고 뉴스는 잊힌다. 시스템은 살아남는다. 그

틈에서 패권은 얼굴과 언어, 동기를 바꾸어 돌아온다. 기억하지 않기 때문에 우리는 또다시 정의라는 이름의 전쟁에 동원되고, 평화를 위한다며 무기를 든다. 그것이 패권이 우리를 지배하는 방식이다.

패권의 본질은 '이중 구조'다. 겉으로는 보편과 정의를 말하지만, 실제로는 특정한 이익을 정당화하고 지배를 지속하기 위한 설계를 감춘다. 위선은 도덕적 결함이 아니라, 구조의 핵심 기능이다.

제국은 늘 "자신이 곧 세계다"라고 말한다. 왜냐하면 그 세계의 룰과 언어를 먼저 쓴 자이기 때문이다.

무력으로 얻은 힘은 도전받지만, 서사로 얻은 힘은 오래 지속된다. 제국은 폭력을 미화하기 위해 늘 이야기를 만든다. 할리우드는 그 서사의 공장이며, 언론은 배급망이고, 교육은 주입 장치다. 세계는 그 이야기 위에서 살아간다. 문제는, 우리가 그것이 '이야기'라는 사실조차 모른다는 점이다.

패권은 인간의 불안을 회피하고 우위를 확보하려는 욕망을 정당화하는 방식으로 작동하며, 그 욕망은 위선과 구조의 이름으로 제도화되었다. 우리가 싸워야 할 대상은 단순한 '강자'가 아니라, 우리 무의식에 자리 잡은 위선의 논리와 그 위선을 가능케 한 서사적 구조다.

이제 우리는 새로운 질문을 던져야 한다.

- 누가 세계를 정의하는가?
- 누가 정의를 정의하는가?
- 누가 기억하고, 누가 잊는가?

패권은 힘이 아니라 기억을 설계하는 능력이다. 진실이 아니라 이야기를 믿게 하는 구조다. 그 비밀은 반복 속에 숨어 있었고, 우리는 그 이야기 안에서 살아왔다.

진정한 패권은 힘의 과시가 아니라 상식의 설계다. 무엇이 정의인지, 어떤 언어로 말해야 하는지, 어떤 감정을 품고 살아야 하는지를 우리 안에 심어놓는 것. 그리고 그것은 문화로 포장되어 언론으로 유통되고, 교육으로 복제된다. 우리는 그 세계를 살아왔다. 아니, 살아내도록 길들여졌다.

기억을 삭제하고, 이야기를 장악하며, 감각을 재편하는 자는 더 이상 군주가 아니다. 그는 '보편'을 말하고 '정의'를 말하며, 세계를 서사로 다스린다. 할리우드가 스크립트를 쓰고, 유엔이 규칙을 낭독하며, 알고리즘이 뉴스의 순서를 정하는 동안 우리는 '설계된 감정' 속에 갇혀 살아간다.

그러므로 다시 물어야 한다. 우리는 누구의 이야기를 살고 있는가. 우리는 어떤 세계를 기억하고 있는가. 그리고, 그 기억은 진짜 우리의 것인가.

이제 더 이상 강자의 이름을 반복할 필요는 없다. 더 이상 제국의 문장을 받아쓰지 않아도 된다.

패권의 비밀은, '기억을 지배하는 자가 세계를 지배한다'는 사실이다. 그리고 지금, 그 기억은 당신이 다시 써야 한다.

8

일상의 패권 싸움: 보이지 않는 권력의 설계이다

1. 국가의 기계장치

"회의실 문이 닫히자마자 박 과장은 휴대폰을 꺼내더니 '내년도 R&D 예산, 너희 업계 3개 과제는 내가 다 밀어줄게'라는 메시지를 보냈다."

현대국가에서 정책 수립과 예산 배분, 입법·사법·행정의 복합 연계, 그리고 관료 조직의 네트워크화는 곧바로 '보이지 않는 권력의 기계장치'로 작동한다. 매년 정부가 R&D 예산 배분 비율을 단 한 번만이라도 조정하면, 연구소의 최첨단 장비 도입과 우수 인력 확보가 즉각적으로 뒤바뀐다. 이렇게 2024년 반도체 분야에 책정된 26조 원은 전년 대비 15% 증가된 금액으로, 삼성전자의 신규 파운드리 공장 증설과 팹리스 스타트업 육성에 정밀 투입되었으며, 바이오 헬스 분야 4조 원은 SK바이오사이언스의 mRNA[4] 백신 임상 인프라 확장에 사용되어 희귀질환 환자들의 '생명권'을 직접 지탱했다. 인공지능 예산 2조 5천억 원은

ETRI[5] 의 핵심 알고리즘 연구와 공공 클라우드 센터 구축을 가능케 해 지방 중소도시의 스마트 시티 프로젝트를 본격 가동시켰다. 이처럼 예산 숫자 한 줄이 곧 시장 판도의 골격을 바꾸는 동안, 국민은 이 거대한 설계도를 거의 감지하지 못한다.

'패권의 비밀'은 결코 최근에 갑자기 생겨난 것이 아니다. 국회 의원실 뒷문을 지키며 선거를 후원해 온 재계 거물들은 수십 년에 걸쳐 자신들이 심어 놓은 보좌진과 정책연구원을 통해 법안 초안이 작성되는 순간부터 핵심 조항을 '맞춤형 조문'으로 재단해 왔다. 이들은 학술 보고서라는 허울 아래 실제 제도 시행 후 벌어질 경제적 이익과 정치적 득표를 계산해, 기업에 유리한 조항을 주문 제작한다. 1990년대 중반부터 금융지주 설립을 추진한 대형 금융사는 관료 출신 고문을 은밀히 포섭해 금산분리 완화 조항을 사전 설계했고, 이 조항은 2003년 금융감독법 개정 당시 공식 토론도 거치지 않은 채 국회 본회의를 통과했다.

이 모든 행위의 중심에는 '백룸 협상'이 있다. 국회 인근 대형 로펌 회의실, 정치인 자택의 응접실, 고급 호텔 펜트하우스 라운지에서 진행되는 비밀 회의에는 "이 조문을 바꿔주면 차기 예산 심의에서 귀하 지역

---

4) mRNA는 DNA의 유전정보를 세포의 리보솜으로 전달해 단백질 합성을 지휘하는 전령이다. DNA에서 전사되어 만들어진 mRNA는 단백질 형성 후 짧은 시간 안에 분해된다. 이 특성은 mRNA 백신 기술에 활용되어 세포가 스스로 항원 단백질을 만들게 한다.

5) ETRI는 Electronics and Telecommunications Research Institute의 약자로, 한국전자통신연구원을 뜻한다. 1976년 설립되어 정보통신, 전자, AI, 반도체 등 첨단기술 연구개발을 수행하는 국가 전략기술 확보와 산업 경쟁력 강화를 위한 핵심 연구기관이다.

사업을 지원하겠다", "관보 발표 직후 감사 면제를 보장하겠다"는 구두 약속이 오간다. 그 대가로 기업은 선거자금 명목의 정치후원금을 쏟아붓거나, 주요 연동형 기부 채널을 통해 막대한 자금을 흘려보낸다. 이러한 거래가 쌓일수록 특정 기업은 경쟁사보다 수백억 원의 세제 감면과 보조금을 챙기고, 신규 규제 사각지대에서 독점적 지위를 굳히게 된다.

더 충격적인 사실은, 이 과정에서 우리 정치인이 국민의 대표가 아닌 기업의 변호인이 된다는 점이다. 매년 지방선거를 앞둔 시기마다 특정 산업 이해집단은 자신들에게 우호적인 후보에게 막대한 후원금을 투입하고, 당선 후 상임위원장 추천권을 요구한다. 추천된 위원장은 자신이 이익을 대변한 기업을 위해 규제 완화 법안을 제출하고, 국가 예산 배분에서도 해당 산업에 유리한 예비비를 신속히 집행한다.

2010년대 초 한 대형 건설사는 국토교통위원장 출신 의원에게 수천만 원의 자문료를 지급했으며, 해당 의원은 곧바로 지방자치단체의 대규모 개발사업을 일사천리로 통과시켜 5년 치 예산을 순식간에 확보했다. 이뿐만이 아니다. 이렇게 입법·규제 로비가 형성한 법적·제도적 틀은 국제 협상 무대에서도 막강하게 작동한다.

정부 차원의 '국가 대표 자문단'에는 과학기술정보통신부·산업통상자원부 관료 출신과 대형 로펌 변호사, 대기업 연구소장이 한데 어우러져 표준화 회의에 참석하고, 이들은 자신들이 국내에서 설계한 규격을 그대로 국제 표준으로 밀어붙인다. 이 과정에서 국내 기업은 글로벌 시장 진입에 필수적인 핵심 라이선스를 독점적으로 쥐게 되고, 경쟁국 기업은 천문학적 규모의 로열티를 지불하거나 사실상 시장 접근 자체가 차단되는 운명에 놓인다.

결국 이 모든 메커니즘은 '국민보다 기업, 공익보다 이익집단'을 먼저 설계하는 권력 구조 위에 서 있다. 눈에 보이지 않는 백룸[6] 거래는 법조문과 세제, 보조금 배분을 교묘히 조종하며, 우리의 삶과 국가의 미래 경쟁력을 몰래 재단해 왔다. 이 장을 지나면 독자는 당연하게 여겼던 정책 결정 과정이 얼마나 오랫동안 은밀한 권력 기술에 의해 움직여 왔는지를 뼈저리게 깨닫게 될 것이다.

2. 국내 제조 산업의 글로벌 전진 기지

"K칩스 창업자들이 장비 계약서에 사인하던 날, 중소기업융자공단 담당자는 눈시울을 붉히[7]며 '이제 한국 팹리스도 세계무대에 설 수 있겠다'고 말했다." 국내에서 설계된 '보이지 않는 권력'은 곧바로 국제무대로 확장된다.

정부는 2024년 발표한 세제·보조금 패키지를 통해 법인세율을 22%에서 12%로 인하하고, R&D 투자에 대한 세액공제율을 최대 50%로 확대했으며, 최첨단 장비 도입 시 최대 40%까지 보조금을 지원했다. 이

6) 백룸(Backrooms)은 인터넷에서 시작된 크리피파스타(Creepypasta) 형식의 도시 전설로 현실에서 갑자기 벗어나 황색 형광등 아래의 낡고 끝없는 사무실 같은 미로 공간에 갇히는 이야기를 말한다. 불길한 분위기와 끝없는 복도, 이상한 존재들이 등장하는 설정이 특징이다.

7) 팹리스(fabless)는 반도체 설계만 하고 제조는 외부에 맡기는 기업 형태를 뜻한다. 여기서 fab은 반도체 생산공장(fabrication plant), less는 '없다'는 의미다. 대표적으로 퀄컴, 엔비디아 같은 회사들이 설계만 하고 생산은 파운드리(제조 전문 업체)에 의뢰한다.

'보이지 않는 파이프라인' 덕분에 삼성전자는 300㎜ 웨이퍼당 제조 단가를 1,200달러에서 850달러로 29% 낮추는 데 성공했다. 구체적으로 대량 생산 라인의 가동 시간을 2교대에서 2.5교대로 확대해 설비 활용도를 20% 끌어올렸고, 미세공정 수율을 75%에서 85%로 개선해 불량 웨이퍼 비율을 대폭 줄였다. 여기에 정부 보조금 40%를 활용해 EUV 노광장비 등 핵심 장비의 초기 투자비를 60% 수준으로 부담하고, 성능 보증 연계 리스 계약으로 유지보수 비용을 연 15% 절감했으며, 국내 부품 국산화율을 30%에서 50%로 높여 부품 조달 단가를 평균 12% 낮춤으로써 최종적으로 350달러의 원가 절감을 이루어냈다.

팹리스 스타트업 K칩스는 중소기업융자공단과 지자체의 매칭 예산을 통해 다섯 개 팹리스사가 장비를 공동 구매·공동 사용하는 컨소시엄 모델을 도입해 단독 투자 대비 장비 구매비용을 60% 절감했다. 초기에는 핵심 프로세스 장비만 모듈식으로 도입하고, 수요에 따라 추가 모듈을 단계적으로 구매하는 전략을 구사해 첫해 투자 부담을 40% 낮췄으며, 금융사와 협상해 기준금리+0.5%의 초저금리 리스 이자율과 수익 공유 구조를 확보함으로써 감가상각 기간을 7년에서 3년으로 단축했다. 그 결과 K칩스는 설립 첫해에만 장비 도입 비용을 800억 원에서 350억 원으로 56% 절감했고, 투자 회수 기간을 4년에서 2년으로 단축하며 글로벌 팹리스 고객 3곳과 잇따라 공급 계약을 체결했다.

SK바이오사이언스는 mRNA 백신 생산 단가를 리터당 1,500달러에서 1,020달러로 32% 절감하기 위해 공정 전반을 재설계했다. 교차 오염 위험을 제거하기 위해 200l 싱글유즈 바이오리액터를 도입하고, 세포배양 수율을 1g/L에서 1.4g/L로 높여 원료비를 30% 절감했으며, 지질

나노입자(LNP) 원재료는 대량 구매계약으로 톤당 단가를 20% 낮추었다. 정부의 백신 긴급 지원 펀드를 활용해 자동화 충전·멸균 라인의 구축비용 40%를 보조받고, 정제·분리 공정을 72시간에서 48시간으로 단축해 운전비와 인력비를 25% 절감했으며, 대용량 동결건조 설비 도입을 통해 바이알당 비용을 추가로 15% 낮추었다. 이 같은 혁신 공정 덕분에 SK바이오사이언스는 UNICEF·PAHO·GAVI 3[8]대 글로벌 입찰에서 경쟁사 대비 최소 15% 저렴한 가격으로 낙찰을 받아 전 세계에 1,000만 도스 규모의 물량을 공급하며, 수출액을 전년 대비 두 배로 끌어올렸다.

AI 반도체 개발사 엔비딕스는 중소벤처기업부의 '데이터센터 스마트화 지원 사업' 보조금 45%를 받아 서버를 물리 서버 100대에서 30대 클러스터로 통합하고, 고도화된 GPU 워크로드 스케줄링을 적용해 전력 사용량을 30% 절감했다. 자연풍·증발식 냉각 기술로 냉각 전력비를 40% 절감하고, 초기 투자비 120억 원 중 54억 원을 정부 보조금으로 충당해 감가상각 비용을 연 20억 원으로 낮춤으로써 전체 서버 운영비를 연간 50억 원에서 20억 원으로 60% 절감했다. 이를 바탕으로 엔비딕스는 미국 '클라우드넷'과 엣지 AI 플랫폼 공동 개발, 유럽 '데이터파이'와 자율모빌리티 관제 시스템 구축, 북미·유럽 합작 CSP와 하이퍼스케일

8) UNICEF는 United Nations International Children's Emergency Fund로, 전 세계 아동의 생존·보호·발달을 지원하는 유엔 기구다. PAHO는 Pan American Health Organization으로, 미주 지역의 보건 향상과 질병 예방을 담당하는 국제 보건기구다. GAVI는 Global Alliance for Vaccines and Immunization으로, 개발도상국의 백신 보급과 면역 프로그램 확대를 지원하는 국제 연합체다.

AI 트레이닝 클러스터 도입 등 300억 원 규모의 프로젝트 계약 3건을 연이어 성사시켰다.

이처럼 정부의 세제 감면과 보조금 정책은 원가를 2030% 절감시키고 투자 회수 기간을 평균 6개월 단축하여 한국 기업을 '가격·속도·품질'을 모두 갖춘 최적의 글로벌 입찰 공급자로 만들었다. 경쟁국 기업들은 동등한 기술력을 보유했음에도 한국 기업 대비 최소 1015% 높은 비용을 견디지 못해 입찰에서 배제되기 일쑤다. 나아가 이 원가 우위는 글로벌 가치 사슬에서 중추적 역할을 확보하게 한다. 한국 기업들은 저비용 구조를 바탕으로 해외 현지 합작법인 투자를 확대하고, 신흥국 스마트시티·의료클러스터·데이터센터 프로젝트에 한국식 모델을 수출하는 '패턴 오프'를 통해 기술 이전 계약, 인력 교육, 유지보수 패키지 등 부가가치 서비스를 함께 묶어 솔루션으로 제공한다. 결과적으로 한국 제조업체는 단순 제품 공급자를 넘어 '솔루션 제공자'로 자리잡으며, 글로벌 시장에서 전방위 전진 기지로 거듭났다. 이 강력한 원가 경쟁력과 생태계 통합 전략은 국제 패권 싸움에서 한국 제조업이 반드시 손에 쥐어야 할, 가장 은밀하고도 결정적인 비밀 무기이다.

이제 실제 사례로 들어간다.

3. 순환 구조와 확장된 패권

"국회 과방위 비공식 라운지에서 '이 과제만 통과되면 차기 예산 심사 때 보답하겠다'는 약속이 오간 뒤, 해당 과제는 모든 심의 단계를 순식간에 통과했다."

입법 로비▷규제 완화▷산업 집중 육성▷국제 규칙 장악이라는 순환 구조는 국가 차원의 '보이지 않는 권력'을 영구화한다. 여기에는 내부 결탁의 무기화이다 한 번 형성된 관료·기업·로비스트 네트워크는 새로운 법안과 예산 편성 과정에 반복적으로 재활용되어, 권력 집단 간 유대가 더욱 공고해진다. 예컨대 국회 과방위 보좌진으로 포진한 대기업 출신 인사들은 매년 표준화 예산 심의가 다가올 때마다 정부 부처 담당 과장과 비공식 라운지에서 만나 '내년도 핵심 과제 리스트'를 공유하고, 해당 과제 예산을 반드시 포함하도록 예산안에 조항을 삽입토록 한다. 이들은 과기정통부 내 'R&D 심의 TF'에 전직 관료를 배치해 예산 배분 심사위원 자격을 갖추고, 심의장 밖에서 기업별 투자 계획과 개발 로드맵을 기밀로 주고받는다. 이 과정에서 기업은 정책 설계 단계부터 자신들의 미래 사업계획을 당국에 제안하고, 성공적 결과물을 내놓으면 그 공로가 예산 증액의 명분으로 돌려진다. 결과적으로 '한 번 로비 네트워크에 참여한 관료는 이후 모든 주요 입법·예산·표준 협상 무대에 재등장'하며, 기업과 관료·로비스트의 관계는 단순 계약을 넘어 상호 배타적 이익 공동체로 발전한다.

이 네트워크는 1997년 외환위기 이후 금융시장 구조조정 과정에서도 발현되었는데, 당시에도 금융사 고문 출신 관료들이 신속한 법인세 감면 조항을 설계해 자신이 재직했던 회사에 특혜를 주었으며, 그 관료들이 민간 금융사 고위직으로 이동하면서 동일한 문구가 매년 재등장했다. 이러한 내부 결탁의 무기화가 반복될수록 국회와 정부 예산안 심의, 국제 협상 테이블에서 새로운 규칙을 설계하는 세력은 소수로 고착되고, 그들만의 폐쇄적 권력 기계장치가 한껏 강화된다. 결과적으로 한국의 입법·예산·산업·국제 규칙 장악은 단발성 사건이 아니라 서로 순환하며 자기 복제되는 시스템으로 작동하며, '보이지 않는 권력'은 결코 해체되지 않는 영구 기관으로 진화한다.

경쟁 우위의 고착화이다. 일관된 정책 지원은 후발 주자의 시장 진입을 물리적으로 차단하여 선점 기업이 독점적 지위를 유지하도록 돕는다. 여기에 정부는 스마트 팩토리 보급 사업에서 특정 대기업 제조사 제품에만 '인증 마크'를 부여하고, 지방자치단체의 공공조달 물량을 해당 기업에 우선 배정했다. 이로 인해 중소 장비업체들은 품질과 가격 경쟁력을 갖추었음에도 정식 인증을 받지 못해 공공 프로젝트에 단 한 건도 참여하지 못했다. 에너지 저장장치 분야에서도 비슷한 패턴이 반복됐다. 초기 기술을 선점한 A사는 '공공 R&D 과제'에 꾸준히 선정되어 연구자금을 독점 지원받았고, 개발된 핵심 모듈은 이후 전력공급 개편 사업의 필수장비로 지정됐다. 결과적으로 새로 시장에 진입하려는 스타트업은 동일한 모듈을 사용하려면 A사의 라이선스를 구입해야 하는 구조가 되었다. 이 라이선스 비용과 별도의 인증 절차가 최소 6개월 이상 소요되는 점은 사실상 후발 주자에게 허들 역할을 한다. 또한, '국가 핵심 전략 산업'으로 지정된 분야는 해외 기업도 직접 참여가 제한되며, 국내 기업 간 물량 협상과 공급망 계약이 비공개로 체결되어 투명한 입찰 절차 자체가 무의미해진다. 이런 제도적 장벽은 단순한 보호무역을 넘어, 시장 진입부터 설비 도입, 인허가, 국제 협상까지 전 단계에서 선점 기업을 우대하며 후발 주자의 도전을 좌절시킨다. 결국 한 번 권력을 쥔 기업은 정책·예산·규제·조달까지 네 방면에서 입체적인 차단망을 구축하여 독점적 지위를 공고히 유지하고, 국가 차원의 '보이지 않는 권력 기계장치' 속에서 결코 내려올 수 없는 왕좌에 앉게 된다.

글로벌 패권 연계이다. 국내에서 설계된 입법·예산·표준화·무역 협상 메커니즘은 그 조각 하나하나가 국제 질서로 곧바로 확장된다. ISO·3GPP[9] 표준으로 굳혀진 한국형 기술 사양은 FTA·WTO 협상에서 '공공조달 시 자국 표준 장비 우선 구매'와 '데이터·특허 보호 강화' 조항으로 이어지며, 한국 기업에게만 허용된 방식으로 글로벌 공급망 문턱을 높인다. 예컨대, 5G NR 국제 규격에 반영된 '유니버설 스케줄러'는 곧바로 한·미·EU 간 FTA 디지털 무역 조항에 인용되어, 미국과 유럽이 네트워크 장비 구매 시 한국 사양을 반드시 수용하도록 법·제도로 강제되었다. 이로 인해 해외 통신사업자는 한국 기업의 칩셋·장비를 대체할 수 없게 되었고, 경쟁국 제조사는 호환성 확보를 위해 추가 설비 투자를 강요받으며 사실상 시장 접근이 차단된다.

이 장은 우리 일상과 산업 곳곳에 숨어 있는 '보이지 않는 권력'의 설계도를 드러낸다. 독자는 이를 통해 국가·기업·개인이 어떻게 상호 작용하며 권력 균형을 재편하는지를 명확히 이해하게 된다.

관료 조직의 연대는 일종의 '숨은 혈맹'이다. 중앙부처의 과장급 공무원이 일정 기간 지방자치단체나 공공기관으로 파견된 뒤 다시 본부로 돌아오는 '순환 보직' 시스템은, 서로 다른 행정 영역을 가로지르는 개인

9) ISO: International Organization for Standardization, 산업·기술·안전 등 다양한 분야의 국제 표준을 제정·보급하는 비정부 기구이다. 3GPP: 3rd Generation Partnership Project, 전 세계 이동통신 표준(3G, 4G LTE, 5G 등)을 개발·관리하는 통신 표준화 협력 프로젝트이다.

간 유대망을 형성한다. 이렇게 산업통상자원부 출신 과장이 경남도청 산업지원과장으로 근무하는 동안 특정 조선·자동차 기업과 밀착 관계를 구축하면, 이후 과기정통부로 복귀해 동일 기업의 차세대 배터리 연구 과제를 예산 심의 테이블에 올릴 때 그 인맥이 발휘된다. 비슷한 상황은 환경부·국토부·중소벤처기업부·지역 혁신기관을 오가는 관료층 전반에서 반복된다. 이 과정에서 기업은 각 부처에 '내 편' 인사를 하나둘씩 심어 두는 셈이 되고, 관료는 특정 기업이 성공하면 자신의 커리어에도 긍정적 평가가 따른다는 상호 이득 구조가 만들어진다. 결과적으로 어느 기업이든, 혹은 어느 지역이든 한 번 이 연대망에 편입되면 전 행정 단계인 입법·예산·규제·인허가 심사에서 우선 권한을 행사할 기회를 얻게 되고, 신규 진입자나 다른 지역은 그 네트워크를 쉽게 뚫을 수 없게 된다. 이러한 관료 조직의 연대가 강화될수록 특정 기업과 지역은 '정부 맞춤형 지원'을 지속적으로 받으며 과점적 지위를 고착화하고, 대한민국의 행정·정책 결정은 소수의 혈맹이 설계한 '보이지 않는 권력의 청사진' 위에서 움직이게 된다.

감시와 데이터 권력은 '개인정보 보호'라는 겉모습 뒤에서 국민의 일거수일투족을 꿰뚫는 초강력 도구로 진화하고 있다. 공공기관은 운전면허·건강보험·SNS 로그 등 다양한 개인정보를 중앙서버에 집적·연계하여 시민들의 이동 경로와 의료 이력, 온라인 활동을 종합 분석하고, 민간 플랫폼은 결제 내역·검색 기록·소셜 리액션 데이터를 치밀히 수집해 소비 성향과 심리 기제를 모델링한다. 이 데이터를 바탕으로 정부는 특정 지역의 교통·의료·복지 예산을 맞춤 배분하고, 기업은 맞춤형 광고·가격 차별화·신용 평가를 통해 소비자 행동을 미세 조정하며, 금융당국은 이상 거래 탐지·신용 리스크 예측에 활용한다. 이는, A시 주민의 출퇴근 패턴이 마이데이터 분석 결과 해당 시간대 대중교통 혼잡을 유발하면, 다음 회계연도 예산 편성에서 대중교통 투자 비중이 자동으로 상향 조정되고 그와 동시에 교통카드 사용 데이터를 활용한 맞춤형 통근 할인 상품이 탄생하는 식이다. 개인정보 보호라는 명목 하에 구축된 이 거대한 데이터 인프라는 결국 국민의 선택지와 일상을 '예측 가능한 변수'로 전락시켜, 우리가 인지하지 못하는 사이에 정부의 정책 결정, 사업 허가 심사, 예산 배분, 그리고 시장 전략 전반을 통제하는 결정적 기계장치가 되었다.

국가의 기계장치는 결코 눈에 보이지 않지만, 국회의 문 하나가 바뀌는 순간부터 예산 편성·사업자 선정·인허가 절차에 이르기까지 우리 삶 전반을 뒤흔드는 숨은 동력이자, 현대 패권의 중추이다.

9

글로벌 패권 사례 분석

이전 1~7장에서는 패권의 본질이 네 축으로 정리되어 있다.

첫째, 문명과 제도를 관통하는 규칙·규범이 권력의 외형을 구축하고 있다.

둘째, 자원 분배와 유전·생물학적 요인이 권력 구조를 심화시키고 있다.

셋째, 기술 혁신이 새로운 패권 지형을 창출하고 있다.

넷째, 생명 과학의 통제가 미래 권력 경쟁의 핵심 무대로 부상하고 있다.

1. 글로벌 기업의 '그린 패권' 내부 전략

글로벌 에너지 시장이 하루가 다르게 재생에너지 중심으로 전환될 때 극소수의 초대형 다국적 기업들이 '그린 패권'이라는 강력한 권력 무기를 장악했다. 이들은 단순히 친환경 이미지를 내세우는 데 그치지 않고, 전면에 내세운 '환경 보호'라는 명분 이면에서 기술과 표준, 금융과 정책을 유기적으로 결합한 치밀한 전략을 구사하며 전 세계 공급망과 국가 정책 전반을 지배한다. 이러한 숨은 권력 구조를 파악하지 못한다면, 오늘날 국제 질서의 판도를 올바르게 읽어내는 일은 불가능하다.

2018년, A그룹·B그룹·E에너지 등, 선도 기업들은 대대적인 조직 개편을 단행했다. 이들은 기존 화석연료 사업부를 완전 분리해 별도 법인으로 전환하고, 그 대신 재생에너지 부문에만 전체 연구개발(R&D) 예산의 40퍼센트를 일괄 배정했다. A그룹은 2019년 '그린 테크 펀드'로 1조 원을 조성한 뒤, 프랑스 그르노블에 풍력 시험 센터를, 네덜란드 로테르담 인근에 태양광 필드 실험장을, 미국 '테슬라밸리'라 불리는 지역에 차세대 배터리 연구소를 차례로 설립했다.

전직 연구책임자는 "그르노블 센터에서 축적된 블레이드 내풍 데이터가 곧바로 국제인증 기관 보고서에 인용돼, 후발 주자들은 별도의 필드 테스트 없이 인증 절차 자체를 마칠 수 없게 되었다"고 강도 높게 증언했다.

B그룹은 2020년 페로브스카이트 태양광 모듈을 개발해 불과 18개월 만에 23.1퍼센트 효율을 달성하며 업계 신기록을 경신했다. 그러나 이 기술을 가능케 한 '나노코팅 처리법'은 특허로 엄격히 보호되었고, 후발 업체들은 동일한 효율 구현을 위해 해마다 수백억 원에 이르는 특허 사용료를 지불하지 않으면 안 되었다. 이처럼 막대한 예산과 집중적인 기술 투자는 단순한 생산력 우위를 넘어, "출발선조차 다른 경주"를 강제하는 구조적 장벽을 구축했다. 후발 기업이 예산 차이를 좁히려면 신규 공장 건설은 물론, 해당 기술에 대한 인증 비용과 로열티, 연구 인력 확

보까지 일거에 떠안아야 했기 때문이다.

기술 확보가 완성되면 다음 단계는 '표준 장악'이다. A·B·E그룹 등은 ISO, IEC[10] 같은 국제표준화기구 회의에서 자신들이 산출한 실험 결과를 근거로 '업계 최고 기준'을 제안한다. 2022년 ISO 태양광 패널 효율 회의에서 B그룹 로비팀은 전직 정부 고위 관료와 학계 권위자를 포함한 비공식 협의단을 파견했다. 공식 세션이 끝난 뒤 열린 비밀 만찬에서는 "인증 기준을 단 0.2퍼센트 상향 조정하지 않으면, 후발 주자는 최소 12개월의 추가 개발이 필요하다"는 내부 시뮬레이션 보고서를 제시하며 핵심 문구 삭제를 압박했다. 결국 B그룹이 제출한 23.1퍼센트 효율만이 인증 표준으로 굳어졌고, 후발 주자들은 이중·삼중의 인증·특허 절차를 다시 밟아야 하는 '다중 장애물 코스'에 내몰리게 되었다. 전직 산업부 관료는 "표준화 논의의 절반은 비공식 워킹그룹과 사적 모임에서 결정되며, 공식 회의록에는 절대로 남지 않는다"고 귀띔했다. 이처럼 표준 로비는 기술 패권을 법제도 장치로 공고히 다지는 비밀 무기다.

세 번째 축은 '탄소 배출권 금융화'다. C그룹은 2021년 전략 문건에 "계열사 간 배출권 매매로 회계 이익 극대화"를 명시하고 실질 배출량과

10) ISO는 International Organization for Standardization으로, 국제 표준을 제정·보급하는 비정부 기구다. 1947년 설립되어 산업, 기술, 안전 등 다양한 분야의 국제 규격을 만든다. 국제 무역 촉진과 품질·안전 향상이 주된 목표다. IEC는 International Electrotechnical Commission으로, 전기·전자·관련 기술 분야의 국제 표준을 제정하는 기구다. 1906년 설립되어 전력, 전자기기, 신재생에너지 등 기술 규격을 마련한다. 세계 각국의 호환성과 안전성을 높이는 역할을 한다.

관계없이 수십만 톤 단위의 배출권을 대량 거래했다. 이 거래로 인해 그룹 전체의 ESG(환경·사회·지배구조) 점수는 평균 12포인트 상승했으며, 외부 투자자들은 이를 '진정성 있는 탈탄소 노력'으로 오인해 주식을 대량 매입하며 주가를 15퍼센트 넘게 끌어올렸다. 그러나 내부 감사 보고서에는 "배출량 실적보다 거래 차익이 더 중요하다"는 문구가 고스란히 남아 있어 '회계적 그린워싱'이라는 비판이 일었다. 이후 주요 투자은행들은 C그룹의 탄소 채권을 AAA 등급으로 평가해 500억 달러 규모의 펀드를 조성했고, 연기금과 자산운용사들이 앞다투어 이를 매수하면서 탄소 배출권은 금융 시장의 새로운 블루칩으로 자리 잡았다.

마지막 네 번째 축은 '정치 네트워크 개입'이다. 이들 기업은 전직 고위 관료, 국제기구 실무자, 정책 싱크탱크 연구원을 자문위원으로 영입해 '그림자 룰'을 만든다. 이때 공식 회의록에는 논의 절반만 기록되고, 나머지는 암호화된 메신저와 비공개 워킹그룹 회의에서만 공유된다.

전직 EU 의원은 "CBAM[11] 입법 전야, D기업이 브뤼셀 기후 정상회담 리셉션룸에서 담당 의원에게 비공식 기술 보고서를 건넨 뒤 법안 조항이 거의 그대로 반영됐다"고 회고했다. 이러한 비공식 합의는 '미래 성장 동력 육성'이라는 명분으로 공식 문서에 스며들어, 정부 기관을 기업 로드맵의 실행 파트너로 전락시킨다.

11) CBAM은 Carbon Border Adjustment Mechanism의 약자로, 탄소국경조정제도를 뜻한다. 탄소배출이 많은 국가에서 생산된 상품에 국경에서 추가 비용(탄소세)을 부과하는 제도다. EU가 2023년부터 단계적으로 도입해 자국 산업 보호와 기후변화를 동시에 대응하고 있다.

결국 이 네 가지 전략기술 집중 투자, 표준화 로비, 탄소 채권 금융화, 정치 네트워크 개입이 맞물려 작동할 때, 초대형 다국적 기업들은 단순한 친환경 선도자를 넘어 글로벌 공급 망과 국가 정책 전반을 지배하는 '진정한 그린 패권자'로 군림하게 된다. 언론과 공공 보고서가 조명하는 친환경 성과는 빙산의 일각에 불과하다. 이면에서 은밀히 작동하는 권력 메커니즘을 꿰뚫어볼 때 비로소 "Green is the new gold"라는 현실을 마주하게 된다. Green is the new gold, 그리고 이 금맥을 움켜쥔 자들이 바로 그린 패권자다.

2. 주요 국가의 비밀 무역·제재 회피 기법

강대국의 제재가 고강도로 가해질수록, 공식 무역로는 단단히 잠기지만 그 이면에는 훨씬 더 교묘한 우회 구조가 숨겨져 있다. 제재 대상 국가는 단순히 제재를 '피하는' 수준을 넘어, 전 세계 자원과 자금을 통제·운용하는 독자적 생태계를 구축했다. 이들은 다단계 페이퍼컴퍼니와 암호화폐 결제는 물론, 해상 환적과 에너지 외교, 그리고 더 충격적인 기법들을 결합해 '보이지 않는 전쟁'을 승리로 이끈다.

먼저, 다단계 페이퍼컴퍼니는 제재 회피의 기본이자 가장 강력한 수단이다. Z국 국영 정유회사는 모나코·두바이·홍콩·아루바·모리셔스 등 다섯 개국에 설립된 셸 컴퍼니를 차례로 경유해 매달 5천만 달러의 원유를 거래했다. 이들 셸은 실체를 알 수 없는 가상 주소만 남긴 채 실제 운영은 해킹된 이메일 계정으로 관리되어, 국제 금융당국의 추적망을 완전히 우회했다.

암호화폐·스테이블코인 활용도 빠질 수 없다. X국은 전통적 SWIFT[12] 연결이 차단되자 멀티시그(Multi-Sig) 지갑과 믹싱 서비스(Tumbler)를 결합해 스테이블코인으로 석유·광물 대금을 결제한다. 거래소는 익명 지갑에 대금을 분산 송금한 뒤, 수령 국가의 현지 통화로 교환해 실물 경제로 흘려보낸다. 전직 금융정보분석관은 "온 체인(on-chain) 데이터만으로는 누가, 어떤 물량을 받았는지 전혀 알 수 없다"고 지적했다.

CBDC(중앙은행 디지털화폐) 우회 결제는 제재 회피의 최신형 무기다. Y국은 디지털 위안 결제망에 '오프체인 P2P 송금' 기능을 숨겨 두었으며, 이 방식을 통해 지난 2년간 200억 달러 어치의 에너지 대금을 공식 기록에서 완전히 지웠다. IMF 내부 문건은 이 기법을 "제재 당국의 기록 복구를 원천 차단하는 은밀한 데이터 삭제 메커니즘"이라고 경고했다.

해상 환적(transshipment)과 유령선단은 물리적 물동량 추적을 불가능하게 만든다. A 해운사는 GPS 신호를 순간 차단한 뒤 제3국 해상에서 컨테이너 번호를 교체, 다시 항로를 복원하는 기법을 구사했다. 한 업계 보고서에 따르면 2021년 한 달 동안 1만 척 이상의 선박이 이 패턴을 반복해 제재국 원유의 최종 목적지를 단 한 번도 정확히 파악하지 못했다.

---

12) SWIFT는 Society for Worldwide Interbank Financial Telecommunication의 약자로,전 세계 금융기관 간에 안전하고 표준화된 방식으로 송금·결제 메시지를 주고받게 하는 네트워크다. 1973년 설립되어 현재 200여 개국, 수천 개 은행이 참여함.

듀얼 유즈(dual-use)[13] 물자 전용은 민수용 품목을 군사·핵 프로그램으로 전환하는 비밀 통로다. S국은 고순도 텅스텐과 특수 합금을 민수용 항공기 부품으로 수출한 뒤, 동일 품목을 제3국 경유로 반입해 미사일 탄두 핵심 부품에 재투입했다.

IAEA 보고서는 "민수용 허가 물자가 군사 전용으로 돌려진 사례가 반복된다"고 지적했다.

라이선스 역설계는 기술 이전의 '함정'이다. T기업은 A국에 해상 풍력 터빈 제어 소프트웨어를 라이선스 계약으로 수출하면서, 핵심 알고리즘은 오픈소스 코드를 통해 빼돌려 현지 연구소가 완벽 복제하도록 유도했다. 공식 계약서에는 "비슷한 기능만 허용"이라는 문구만 남겨진 채, 비밀 협약으로 주요 모듈이 보호되어 후발 주자의 진입을 원천 차단했다.

문화상품·예술품 밀수는 제재 자산을 숨기는 기발한 방법이다. U국은 5천만 달러 상당의 제재 대상 자산을 '미술품 투자펀드'로 포장해 미술 경매에 출품했고, 위조된 감정서와 조작된 수출 허가를 통해 국제 운송망을 통과시켰다. 이는 자원뿐 아니라 제재 자산까지 완벽히 은닉하는 사례였다.

13) 듀얼 유즈(dual-use)는 민간 목적과 군사 목적을 동시에 가질 수 있는 기술이나 물품을 뜻한다. 여기에는 위성, 드론, 원자력 기술처럼 평화적 활용이 가능하지만 군사 무기로도 전용될 수 있는 것들이 해당된다.국제사회에서는 듀얼 유즈 품목의 수출을 엄격히 통제해 군사 전용을 방지한다.

특별 경제구역(SEZ)과 현지 합작기업은 제재 회피 거점이다. 중국은 중앙아시아와 아프리카에 SEZ 7곳을 운영하며, 현지 합작사를 앞세워 제재 대상 물자를 조립·재수출한다. SEZ 내부에서 '현지 생산'으로 위장된 부품은 사실상 전량 자국 기업이 공급하며, 해당국 경제의 핵심 허브 역할을 한다.

비공식 외교 채널(back-door diplomacy)은 제재 해제의 결정적 카드다. K국은 에너지 협상과 안보·무역 회담을 패키지로 묶어, 제재 해제 대가로 군사 지원과 기술 이전을 요구하는 '패키지 로비'를 성공시켰다.

데이터 오염 및 딥페이크 위성 영상은 디지털 환경을 교란한다. A 해운사의 GPS 교란에 더해 AI 기반 딥페이크 위성 영상을 활용해 "정상 항로"를 조작, 단속당국이 위성·AIS 데이터를 통해서도 이상을 감지하지 못하도록 만들었다.

유령 M&A 시뮬레이션은 자금 흐름을 세탁하는 묘책이다. X국 국영은행은 자국 은행을 E섬 페이퍼컴퍼니에 매각했다가 재인수하는 과정을 6개월 주기로 반복, 실제 자금 이동 경로를 아예 드러나지 않게 만들었다.

하와라(hawala)·스리파야(sri-pay)[14] 같은 비공식 금융망은 현금 기

14) 하와라(hawala)는 중동·남아시아 등에서 쓰이는 비공식 송금 시스템으로, 은행을 거치지 않고 중개인 네트워크를 통해 돈을 전달하는 방식이다. 흔히 기록이 남지 않아 자금세탁이나 불법거래에도 이용된다. 스리파야(sri-pay)는 스리랑카에서 운영되는 전자 결제 시스템으로, 모바일과 온라인을 통해 송금·결제를 지원한다. 주로 은행 계좌와 연동해 금융 접근성이 낮은 지역 주민까지 포함하는 것을 목표로 한다.

반 거래를 동원해 수백만 달러를 무통장으로 이동시키며, 공식 시스템 밖에서 거의 무제한 국경을 넘나든다.

국제 제재는 표면적으로 강력해 보이지만, 실제 현장에서는 다양한 우회 경로가 끊임없이 만들어진다. 특히 무역에서 과·저송장(over-/under-invoicing)기법은 물동량과 금액을 동시에 세탁하는 고전적 수법으로, 지금도 여전히 위력을 발휘한다. 수출입 물품의 가격과 수량을 조작해 발생한 차액을 현지 통화로 빼돌리면, 제재 당국은 세관 데이터만으로 거래의 진위를 판별하기 어렵다.

이 기법은 단독으로도 위협적이지만, 다른 수법과 결합할 때 그 파괴력은 배가된다. 다단계 페이퍼컴퍼니, 암호화폐·CBDC 우회, 해상 환적, 듀얼 유즈 전용, 라이선스 역설계, 예술품 밀수, SEZ 합작, 백도어 외교, 데이터 오염, 유령 M&A, 하와라 금융 등이 서로 연결되면 제재는 마치 투명 망토를 두른 듯 무력화된다.

그 결과 시장 참여자와 소비국은 제재 발효 사실조차 인식하지 못한 채, 자원과 자금은 은밀한 경로를 따라 계속 흐른다. 이 은폐된 흐름을 추적해야만 '보이지 않는 전쟁'의 진정한 승자와 패자를 드러낼 수 있으며, 전통적인 국제 질서가 얼마나 쉽게 전복될 수 있는지 목격하게 된다.

3. 반도체 초강대국들의 공급망 독점 메커니즘

반도체 산업은 단순한 기술 경쟁을 넘어 전 지구적 권력 투쟁의 최전선이다. 소수의 초강대국과 그 산하 기업들이 미세공정 기술, 핵심 장비, 소재·부품, 인력 클러스터, 그리고 정책·재정 지원을 결합해 '반도체 패권'을 구축해 왔다. 이들이 펼치는 전략은 단일 기법이 아닌, 서로 맞물린 복합 전술로 이루어져 있으며, 그 전모를 파악하지 못하면 4차 산업혁명 시대의 승자와 패자를 가려낼 수 없다.

가장 먼저 눈에 띄는 것은 극자외선(EUV) 리소그래피 장비 독점이다. 네덜란드 ASML은 세계 유일의 EUV 스캐너 생산사로, 삼성·TSMC·인텔 등 주요 팹(파운드리)만이 연간 수십 대씩 구매할 수 있다. 2020년 네덜란드 정부가 미국 압력에 따라 중국 기업에 대한 장비 수출을 금지하면서 ASML의 '수출 허가증'은 곧바로 전략적 자산이 되었다. 그뿐만 아니라 ASML은 EUV 스캐너의 핵심 부품인 '260mm 웨이퍼 이송 로봇 암(ARM)'과 '초정밀 광학 모듈'을 오스트리아·일본·독일에 흩어진 10여 개 하청업체를 통해 공급함으로써, 단일 유통망이 아닌 다중 허가 체계를 구축했다. 어느 한 노드라도 통제가 흐트러지면 장비 조달 자체가 불가능해지므로, 이 장비를 확보한 기업만이 최첨단 3나노 공정을 독점적으로 운영할 수밖에 없다.

핵심 화학·가스 소재의 통제도 반도체 패권의 기초다. 7나노 이하 초미세공정에 필수적인 불화아르곤(ArF) 가스, EUV 포토레지스트, 고순도 실리콘 웨이퍼, 포토마스크 블랭크(blank) 등은 글로벌 공급량의 90% 이상이 대만·일본·미국·독일의 5대 제조사에 의해 통제된다. 일본의 JSR과 도쿄오카화학은 2023년 한 해에만 한국 업체 20곳에 대한 수출을 제한하며, 국내 팹 가동률을 30%까지 떨어뜨렸다. 그 과정에서 "반도체 전선은 소재에서부터 끊긴다"는 말이 현실이 되었다. 또한 특허 지뢰밭(Patent Thicket) 전략은 법정 싸움으로 진입 장벽을 쌓아 올린다. 글로벌 기업들은 핵심 공정 기술과 소재, 생산 장비 제어 알고리즘 수천

건의 특허 포트폴리오를 구축해, 후발 기업이 한 걸음만 접근해도 곧바로 크로스 라이선스 분쟁에 휘말리게 만든다. 실제로 한 중국 팹 기업은 "TSMC 특허 관련 80여 건의 고소·고발 위협"에 시달리다 예상 투자액의 2배에 달하는 법정 비용을 떠안았고, 결국 사업 계획을 백지화했다.

EDA(전자설계자동화) 툴 통제 역시 반도체 시장의 '보이지 않는 문'을 잠근다. Cadence·Synopsys·Mentor Graphics[15]라는 3대 EDA[16] 업체는 고급 설계 툴을 클라우드 기반 구독 모델로 제공하며, 라이선스 서버 접속을 통해 사용을 통제한다. 2022년 한 팹리스(fabless) 스타트업은 "주문형 칩(ASIC) 설계를 막기 위해 EDA 툴 서버 접속 권한이 갑자기 중단됐다"는 고발을 하기도 했다. 이처럼 '설계 시작 단계'부터 고의적인 지연과 차단을 통해 경쟁자를 원천 봉쇄한다.

AI 기반 수요 예측과 생산 배치 독점은 물량 확보 경쟁에서 후발자를 기계적으로 배제한다. A파운드리는 글로벌 스마트폰·자동차 제조사의 주문 데이터를 AI가 실시간 학습하도록 하고, 최우선 생산 물량을 자사

---

15) Cadence는 미국의 Cadence Design Systems로, 반도체 칩과 전자 시스템 설계에 필요한 EDA(전자설계자동화) 소프트웨어를 개발·공급한다. Synopsys는 미국의 Synopsys Inc.로, 반도체 설계·검증 툴과 보안·IP 솔루션을 제공하는 세계 최대 EDA 기업 중 하나다. Mentor Graphics는 미국의 전자설계자동화(EDA) 전문 기업으로, 2017년 지멘스(Siemens)에 인수되어 Siemens EDA 브랜드로 운영되고 있다.

16) EDA는 Electronic Design Automation의 약자로, 반도체 칩·회로·전자 시스템을 설계하고 검증하는 과정을 소프트웨어로 자동화하는 기술을 말한다. 이 툴을 이용하면 복잡한 회로 설계, 시뮬레이션, 검증 작업을 효율적이고 정밀하게 수행할 수 있다.

팹(fab)[17]에 배정한다. 이 AI 시스템은 경쟁사 주문량을 낮추는 패턴까지 학습해, 후발 파운드리가 긴급 주문을 넣어도 '자동 우선순위 하락'으로 대응한다. 내부 문건에는 "후발 주자의 긴급 요청은 알고리즘상 사례별 처리 시간이 평균 72시간 더 지연된다"는 사실이 명시되어 있다.

인력 클러스터링과 보안 통제는 기술 유출을 원천 차단한다. TSMC와 삼성전자는 최첨단 팹 인력을 위한 전용 기숙사·어린이집·스톡옵션 패키지 등 '인재 은밀 클럽'을 운영하며, 팹 현장에는 USB 포트 차단·외부 저장매체 반입 금지·생체 인식 점검이 의무화된 보안 구역을 설치했다. 외부 연구자의 출입은 국가안보 심사를 거쳐야 하며, 위반 시 최대 10년 징역형이 부과된다.

정부 보조금·인프라 패권도 빠질 수 없다. 미국은 CHIPS and Science Act[18]로 520억 달러를 팹 투자에 지원하고, 전력·수도·통신 인프라를 무상 제공한다. 대만 역시 2021년부터 '반도체 인센티브 법'을 통해 TSMC에 수십억 달러를 지원하며, 전력 공급 우선권·전용 항로 확보 같은 '초국가적 인프라'를 제공했다. 후발 국가는 이를 모방할 재원이 없어

17) 팹(fab)은 반도체 생산공장을 뜻하는 말로, fabrication plant의 줄임말이다. 웨이퍼 가공, 회로 형성, 패키징 등 반도체 제조 전 과정을 수행하는 시설을 말하며, TSMC, 삼성전자처럼 자체 팹을 가진 회사는 'IDM(종합 반도체 기업)'으로 불린다.

18) CHIPS and Science Act는 2022년 미국에서 제정된 반도체 산업 지원 및 과학기술 투자 법안이다. CHIPS는 Creating Helpful Incentives to Produce Semiconductors의 약자로, 미국 내 반도체 생산과 연구개발을 촉진하기 위해 보조금과 세액 공제를 제공한다.동시에 AI, 양자컴퓨팅, 청정에너지 등 첨단 과학기술 분야 연구 예산도 대폭 확대해 공급망 안정과 기술 패권 강화를 목표로 한다.

국제 투자 경쟁에서 애초에 뒤처질 수밖에 없다.

'그림자 공장' 전략은 물리적 분산을 통해 공격 복원력을 높인다. 일부 대형 파운드리는 핵심 공정 일부를 동남아시아·중동의 비밀 팹으로 이전해, 위성 인터넷 전용 회선·자체 폐열 재활용 시스템·무인 보안 로봇으로 완전 차단된 채 운영한다. 이 팹들은 외부 위성 감시·AIS 데이터·현장 방문으로도 포착되지 않는 '전혀 다른 차원의 은신처'다. 이제 우리는 EUV 장비 독점▷핵심 소재 통제▷특허 지뢰밭▷EDA 툴 봉쇄▷AI 수요 예측 배치▷인력 클러스터 보안▷정부 보조금 인프라▷그림자 공장이 유기적으로 결합하여, 반도체 강국들이 단순 기술 우위를 넘어 글로벌 공급망 전체를 철저히 잠그는 망나니로 변모했다는 사실을 확인했다.

다음 장에서는 이러한 독점 메커니즘이 가져올 미래 충격과 소규모 팹리스 기업들이 선택할 수 있는 '반격의 무기'를 살펴볼 것이다. 섣부른 규제나 보호무역만으로는 막아낼 수 없는, 이 새로운 권력 전쟁의 서막을 지금부터 함께 목격하자.

4. 정책 기획자 인터뷰: '보이지 않는 룰' 폭로

어떤 정책도 공식 문서만으로 이루어지는 것은 아니다. 박진호 박사는 "회의실 문이 닫히는 순간, 진짜 게임이 시작된다"고 말한다. 그는 외교·안보·에너지 정책 워킹그룹에서 10년간 일하면서 정책 결정의 70퍼센트가 비공식 경로에서 완성된다는 사실을 목격했다. 워킹그룹 정식 세션에서 다룬 의제는 얼개를 잡는 정도에 불과하고, 실제 최종안은 소수의 핵심 실무진이 모인 뒤풀이 자리나 암호화 메신저 대화에서 확정된다.

그가 강조한 첫 번째 **은밀한 무대는 '사전 워킹그룹'이다**. 공식 일정 이틀 전, 정부·기업·학계 인사 5명씩이 모여 정책 초안을 다듬는데, 이곳에서 합의된 수정 내용은 정식 세션에 그대로 반영된다. 박 박사는 "2019년 한·미 에너지 협력 플랜 회의에서, 워킹그룹 합의만으로 세부 재원 배분액이 30퍼센트나 바뀌었다"고 고백했다. 정식 세션에서는 어디에도 언급되지 않던 수치였다.

두 번째 무대는 리셉션룸과 개인 골프 라운드다. 공식 회담장 복도, 만찬장, 심지어 골프카라 반나절 동안 오간 대화가 핵심 조항을 뒤바꾼다. 박 박사는 "D기업이 한 유럽 정책 담당자와 리셉션 다음 날 새벽 2시까지 유럽 초단파 절전 제도 조항을 논의한 뒤, 그 조항이 그대로 법안에 들어갔다"고 말했다. 언론에선 이례적으로 빠른 입법 속도만 보도됐을 뿐 배후의 골프장 회동은 드러나지 않았다.

세 번째 채널은 **암호화 메신저다.** 공식 서버엔 절반의 메모만 남고, 나머지는 Signal·Telegram·Wire[19] 같은 종단 간 암호화 앱을 통해 오간다.

---

19) Signal은 종단간 암호화(E2EE)를 기본 적용한 오픈소스 메신저로, 개인정보 보호와 보안성이 매우 높다. Telegram은 클라우드 기반 메신저로, 비밀 채팅 시 종단간 암호화를 제공하며 대규모 그룹 채팅·파일 공유 기능이 강점이다. Wire는 유럽(스위스) 기반의 보안 메신저로, 종단간 암호화와 기업용 협업 기능을 제공하며 GDPR 등 개인정보 보호 규정을 철저히 준수한다.

박 박사는 "모든 합의는 48시간 뒤 자동 삭제되도록 설정돼 있다"고 말했다. 2022년 유럽연합의 탄소국경조정제도(CBAM) 보조금 조정안도, 이 암호화 채널을 통해 비공식으로 알려진 뒤 문건에 반영되었다. 내부 감사 목록엔 전혀 기록되지 않았던 조치였다.

네 번째 증거는 2023**년 유출된 '비밀 회의록'이다.** 해킹으로 공개된 문서에는 "A국 제안만 공식 문서에 남기고, B · C국 논의 결과는 차기 워킹 그룹으로 이월"이라는 지시가 명시되어 있었다. 이 문건을 통해 '맞춤형 보조금'이 만들어졌고, 다른 회원국들은 뒤늦게 불공정성을 문제 삼았다. 박 박사는 "이 회의록이 공개되지 않았다면, 정책이 영원히 특정 산업계만을 위한 맞춤형 제도로 남았을 것"이라고 말했다.

다섯 번째 장치로는 **'자동 삭제 서버'가 있다.** 암호화 채널뿐 아니라 내부 네트워크의 정책 초안, 이메일, 음성 기록까지 모두 30일 후에 완전 파기되도록 서버가 설정되어 있다. 박 박사는 "책임 추궁을 위한 증거는 애초부터 남겨지지 않는다"고 단언한다. 더욱 놀라운 것은 일부 국가에서는 'DTMF 복원 코드'를 초안에 삽입해, 해당 코드를 모르는 자는 삭제된 기록을 절대 복원하지 못하도록 했다는 점이다.

마지막으로, **이 모든 비공식 채널을 운용하는 배경에는 '콘소시엄 식 전방위 로비 네트워크'가 있다.** 박 박사는 "글로벌 기업과 외교부 간에 수십 개의 '폐쇄형 스터디 그룹'이 존재하며, 이 그룹이 각종 국제회의의 최종 의제와 결론을 사실상 좌우한다"고 폭로했다. 이 네트워크엔 국제

기구 전·현직 실무자, 주요 언론인, 민간 싱크탱크 연구원이 포함되어 있다. 이들은 회의 전후로 화이트페이퍼와 비공식 정책 메모를 배포하며, 언론 보도와 여론 동조를 유도한다.

이처럼 공식 문서 바깥에서 작동하는 사전 워킹그룹, 리셉션룸·골프장 회동, 암호화 메신저, 비밀 회의록 유출 사건, 자동 삭제 시스템, 폐쇄형 로비 콘소시엄이 결합될 때, 정책 결정권은 소수의 '보이지 않는 룰 메이커'에게 집중된다. 우리 눈에 보이는 것은 형식일 뿐이며, 그 이면의 은밀한 합의를 들여다볼 때만이 진짜 권력이 누구에게 있는지 알 수 있다. 이러한 폭로가야말로, 우리가 읽는 정책 텍스트 너머의 현실을 이해하고, 진정한 변화를 이끌어낼 출발점이 될 것이다.

로마 제국이 물길 하나로 도시를 통제했듯, 오늘날 에너지·무역·기술 정책도 비슷한 방식으로 뒤에서 조율된다. 언뜻 보이는 공식 문서와 기자 회견이 전체 이야기의 30퍼센트라면, 나머지 70퍼센트는 결코 공개되지 않는 '그림자 룰'에서 완성된다. 전직 외교·안보 정책 기획자 박진호 박사(가명)와의 독점 인터뷰, 前정부 무역실무자 이수민 씨의 증언, 그리고 중국 상하이·대만 신주 팹 현장 방문 리포트를 통해 이 숨은 메커니즘의 구체적 작동 방식을 파헤친다.

2019년 11월 영국 글래스고에서 열린 COP26 에너지 부문 워킹그룹. 공식 보고서엔 "탄소국경조정제도(CBAM) 초안 협의"라고만 적혔으나, 박 박사는 이틀 전 비공식 사전 워킹그룹에서 결정된 조항이 최종안의 80퍼센트를 차지했다고 증언한다. "워킹그룹에선 각국 대표 7명이 모여 수월성 기준과 이행 시한을 논의했지만, 핵심은 그보다 훨씬 앞서 마련된 '테크니컬 리포트'였다. 이 리포트는 골프장 라운지에서 일부 실무진만 보고됐고, 본회의에선 모두가 그것을 당연한 전제처럼 받아들였다."

이 '테크니컬 리포트' 작성자는 A기업 R&D 책임자 김태윤 박사다. 그는 본 인터뷰에서 "보고서 초안이 공개된 건 이틀 전 아침이었고, 작성자는 나를 포함해 단 세 명이었다. 그중 한 명은 전직 EU 집행위 과장이었다"고 털어놓았다. 김 박사는 그 자리에서 메타릭스(Metalix)[20] 공법의 적용 범위를 넓히자는 의견을 제시했고, 그 문구가 그대로 CBAM 부록 B에 수록되면서 A기업은 유럽 시장 진입 장벽을 획기적으로 낮출 수 있었다.

정책 뒤풀이의 무대는 리셉션룸이나 격식 없는 라운지 어퍼다. 당시 이수민 前무역실무자는 "D국 대표단과 밤 10시까지 이어진 칵테일 파티에서 '보조금 코드 4.2'를 추가하자고 제안받았다"고 회고했다. 보도엔 "비공식 협의"라는 단어 한 번이 전부였지만, 실제로는 파티장 밖 포터 카트를 타고 이동하며 6홀을 도는 골프 라운드 수준의 밀월 회동이 이어졌다. 여기서 합의된 '보조금 확대안'은 다음 날 정식 문서 3조에 삽입되어, 산업계에는 '하룻밤의 승리'로 회자되었다.

그 후, 논의의 60퍼센트는 Signal·Telegram 같은 암호화 메신저로 이뤄진다. 박 박사는 "메신저 대화에는 자동 삭제 기능이 설정되어 있어,

---

20) 메타릭스(Metalix)는 금, 은, 백금, 팔라듐, 로듐, 이리듐 등 귀금속을 회수하고 재활용하는 전문 기업이다. 1968년에 설립되어 폐산과 산업 폐기물에서 귀금속을 추출하는 기술을 보유하고 있으며, APR[4] 고급 열분해 환원로를 활용해 효율성과 안전성을 높였다. 최근에는 남아프리카의 시바니-스틸워터(Sibanye-Stillwater)에 인수되어 글로벌 귀금속 재활용 역량을 확장하고 있다.

합의 후 48시간이 지나면 증거가 완전히 사라진다"고 밝혔다. 2021년 말, 유럽연합 수석 협상관이 메신저로 전달한 최종 수정안이 복수 언론에 입수되었지만, 공식 서버엔 단 한 줄의 흔적도 남지 않았다. 사라진 로그는 복원 불가능한 군사 급 솔루션으로 관리되었다.

2023년 발생한 EU산하기관 해킹 사건은 '비밀 회의록' 일부를 세상에 드러냈다. 문건에는 "B국 관세 인하 제안은 기록에서 삭제하고, C국 민원은 다음 회의로 이월"이라는 지시가 명확히 적혀 있었다. 이 회의록이 공개되기 전까지는 누구도 알지 못한 '맞춤형 무역 조치'가 실제로 실행됐음을 증명하는 결정적 증거였다.

현장 리포트 역시 충격적이다. 2024년 3월, 필자의 중국 상하이 출장 중 비밀리에 마련된 '정책 검토 세션'을 취재했다. 외교관·대사관 무역 담당관·대기업 로비스트가 모인 이 자리에서 한 고위 관료는 "슐레겔(SELIGEL) 펀드로 재생에너지 채권을 사들이면 다음 달 안에 금융감독 기관 발표 초안이 변경된다"고 자신했다. 그들은 대사관 뒤편 흰색 미니밴 한 대에서만 이동했으며, 휴대전화는 회의 전 모두 제출해야 했다. 또한 대만 신주(TSMC 팹 클러스터)에서는 "공식 안전 교육 자료"와는 별도로, 진입 허가를 받은 언론인에게만 배포되는 '보안 브리핑 문서'를 입수했다. 문서에는 "주 1회 이상 감사관이 와이파이 AP 로그를 점검하며, 비인가 이메일 계정 발견 시 즉각 공장 가동을 중단한다"는 엄격한 보안 절차가 적혀 있었다. 이는 팹 설비의 민감도가 어느 정도인지를 생생히 보여주는 장면이었다.

이제껏 왜 이 모든 과정이 감춰졌을까? 권력자들은 증거를 남기지 않는 메커니즘을 의도적으로 설계했고, 언론과 대중은 '공식 발표'라는 눈

속임에 빠져 들었다. 하지만 이 인터뷰와 현장 탐방을 통해 드러난 것은 우리가 믿어온 투명한 정책 과정이 사실은 가장 교묘하게 은폐된 복합 경로 위에 세워져 있다는 충격적 진실이다.

이제 다음 장에서는 이 '그림자 룰'이 실제 입법과 규제 현장에서 어떻게 작동하는지, 그리고 이를 깨뜨리기 위해 어떤 대안적 투명성 메커니즘이 가능한지 심층적으로 살펴볼 것이다.

10

정보·여론 전쟁의 최전선

1. 프레임 구축 기법: 여론 조작과 스토리텔링의 은밀한 설계

인류사에서 패권의 비밀은 단순한 무력이나 부(富)의 문제가 아니었다. 로마 제국이 '빵과 서커스'를 통해 민심을 사로잡고 도시를 지배했던 것처럼, 오늘날 우리는 디지털 시대의 '스크린과 타임라인'으로 감정과 판단을 조종당한다. 과거에는 눈으로 보는 물길 하나가 제국의 생사(生死)를 갈랐다면, 이제는 무의식에 스며든 메시지 하나가 시장과 정책의 흐름을 바꾼다. 이 모든 것은 '프레임(frame)'이라는 보이지 않는 틀 속에서 설계된다.

우선, 인지 편향은 프레임이 뿌리를 내리는 토양이다. 같은 정보를 받아도 '확증 편향(Confirmation Bias)' 때문에 자기 믿음에 부합하는 부분만 선택적으로 수용하고 '닻 내림 효과(Anchoring)'로 첫 인상이 이후 판단을 좌우한다. 여기에 A기업은 ESG 점수를 PR할 때 "재생에너지 투자 40% 증가"라는 숫자를 전면에 뿌리면서도 "탄소 배출 증가

10%"라는 경고는 뒤로 숨겨두었다. 소비자에게 첫 번째 앵커가 된 '투자 증가'만 기억되면서 전체 여론이 'A기업은 친환경 기업'이라는 확증 편향에 빠져들었다. 이와 함께 마이크로타기팅(Microtargeting)은 개개인의 무의식에 맞춤형 메시지를 주입한다.

2024년 한 선거 캠페인에서는 유권자들의 SNS 활동, 온라인 쇼핑 패턴, 심지어 스마트워치 심박수 데이터를 분석해 기후 위기를 걱정하는 20대에게는 불타는 숲의 공포 영상을, 경제 불안을 느끼는 50대에게는 일자리 보장 메시지를 보냈다. 그 결과 한 지역의 청년 투표율이 15%p 상승했고, 경제 우려 층 지지율도 눈에 띄게 높아졌다.

알고리즘 증폭(Algorithmic Amplification)과 필터 버블(Filter Bubble)은 이러한 타기팅을 무한 반복시킨다. 페이스북·유튜브 추천 알고리즘은 사용자가 과거에 클릭한 콘텐츠와 유사한 프레임을 계속 노출하며, 반대 관점은 철저히 걸러낸다.

2023년 워싱턴포스트 분석에 따르면, 추천 시스템은 정치 관련 알고리즘을 탑재한 후 특정 이슈에 대해 평균 30회 이상 동일 메시지를 반복 노출했다. 이 '에코 챔버' 안에서 사람들은 자신만의 완벽한 '프레임 월드(Frame World)'에 갇히게 된다.

이제 밈 전쟁(Memetic Warfare)으로 넘어가 보자.

2016년 미국 대선에서 등장한 '스틱맨 밈'은 복잡한 정책 논의를 단순한 웹툰으로 압축해 전 세계에 확산됐다. 이 짧은 밈 하나가 특정 후보에 대한 편견을 강화하고, 논쟁 자체를 '재미'로 바꿔버렸다. 밈은 시각적·정서적 충격을 주면서 동시에 복잡한 메시지를 단순화해 확산시키는 '바이럴 콘텐츠'의 정수다.

한편 신경마케팅(Neuromarketing) 기술은 메시지의 효율을 극대화한다. 글로벌 기업들은 소비자 안구 추적(eye-tracking), 뇌파 측정(EEG), 피부 전도도(GSR) 등을 통해 어떤 장면에 가장 오래 시선이 머무는지, 어떤 순간에 감정 반응이 폭발하는지 데이터를 수집한다. 김태윤 박사가 속한 연구소는 "풍력터빈 블레이드가 회전할 때 흐르는 빛의 궤적이 뇌파상으로 가장 강력한 긍정 반응을 유도했다"고 밝혔다. 그 장면은 이후 모든 홍보 영상의 클라이맥스로 자리 잡았다.

이런 심리·기술 전략을 뒷받침하는 것은 내러티브 경제학(Narrative Economics)이다. 노벨경제학자 로버트 실러가 강조했듯, 경제적 의사결정은 숫자보다 이야기로 움직인다. '그린 뉴딜' 프레임은 단순한 정책 집합이 아니라, "한국의 청년들이 청정 일자리로 미래를 연다"라는 희망 서사로 재구성되었다. 이 서사는 투자자·기업·시민을 하나의 공동체로 묶어, 정책이 현실에서 실행되는 동력을 제공한다.

현실 행동을 유도하기 위해 게임화(Gamification) 요소도 결합된다. 탄소 배출 감축 앱들은 사용자의 절약 량에 따라 점수·배지·리더보드를 제공해, 작은 실천이 경쟁이자 놀이가 되도록 설계한다.

Klimato(음식의 탄소 발자국을 계산하고 관리하는 소프트웨어 회사) 앱 사용자는 매일 자전거 주행 거리를 기록하며 '탄소 제로' 리그에 참가하고, 친구들과 순위를 겨룬다. 이렇게 일상은 게임처럼 바뀌며, 프레임은 자연스럽게 체화된다.

문화권별 차이를 반영한 크로스컬처 프레이밍(Cross-Cultural Framing)[21]도 효과적이다. 미국에서는 '개인 자유'를 강조해 소비자의 선택을 독려하지만, 일본·한국 등 아시아권에서는 '공동체 책임'을 강조해 사회적 압력을 유도한다. 실제로 OECD 설문에선 같은 재생에너지 투자 정책도 "나만 잘 쓰면 된다"라는 개인적 메시지보다 "모두 함께해야 한다"는 공동체 메시지에 20%p 더 높은 지지율을 보였다.

디지털 세상에서는 딥페이크(Deepfake)와 AI 생성 콘텐츠가 새로운 도전 과제다. 2024년 한 정치인이 딥페이크 영상으로 "그런 패권을 반대한다"는 연설을 한 것으로 유포돼 여론이 크게 흔들린 사건이 있었다. 이 딥페이크는 해킹된 내부 문건까지 조합해 만들어진 정교한 가짜 영상이었다. 딥페이크는 프레임의 사실성과 권위를 뒤흔들며, 진실과 허구의 경계를 모호하게 만든다.

마지막으로, 절 말미의 질문형 클리프행어는 독자의 성찰을 촉구한다. "이제껏 왜 로마 시민은 빵과 서커스에 속았을까? 오늘날 우리는 어떤 디지털 빵과 서커스에 현혹되고 있는가?" 이 질문을 스스로에게 던질 때, 우리는 비로소 자신이 갇혀 있는 프레임을 깨닫게 된다.

로마의 수도교에서 SNS 추천 알고리즘으로 검투 경기에서 AI 딥페이크로 이어지는 프레임 구축 기법은 서로 다른 시대를 관통하는 하나의 비밀 코드다. 이제 우리는 이 코드를 해독해야 한다. 다음 9.2절에서는 문화 패권의 '상징체계(Symbolic Power)'가 어떻게 현실을 조각하는지,

21) 크로스컬처 프레이밍은 다양한 문화적 배경을 가진 사람들에게 메시지를 효과적으로 전달하고자, 단순히 언어를 번역하는 대신 메시지의 틀(frame)을 현지 문화에 맞게 재구성하는 전략이다. 이는 특정 문화권의 가치관, 사회적 규범, 그리고 정서적 특징을 깊이 이해하고 메시지에 반영하는 것을 의미한다.

그리고 우리가 이를 어떻게 깨뜨리고 새로운 시각을 세울 수 있는지 구체적 도구를 제시할 것이다.

2. 소셜미디어 시대의 여론·알고리즘 전략

우리는 매일 손안의 작은 화면 아래서 수많은 선택을 한다. 어떤 기사를 읽을지, 어떤 영상을 볼지, 누가 옳고 그른지 '좋아요' 버튼 하나로 판가름한다. 그러나 이 모든 선택은 결코 우연이 아니다. 알고리즘이라는 보이지 않는 설계자가 무의식의 심도 깊은 곳까지 파고들어 당신의 시선과 감정을 단단히 사로잡고 있기 때문이다. 오늘날 소셜미디어는 전 지구적 공론장으로 자리매김했지만, 우리는 모르는 사이에 '알고리즘'이라는 보이지 않는 손에 의해 맞춤형 정보의 흐름 속에 갇힌다. 이 글은 플랫폼 설계자가 어떻게 우리의 시선을 조종하고, 여론의 파도를 만들어 내는지 그 숨겨진 메커니즘을 파헤친다.

알고리즘 권력의 첫 번째 축은 '에코 챔버(Echo Chamber)'와 '필터 버블(Filter Bubble)'[22] 현상이다. 인지 편향 심리학자들이 지적하듯, 사람은 자신을 확인시켜 주는 정보에 더 강하게 반응하는 경향이 있다. 페이

22) 에코 챔버(Echo Chamber)는 같은 의견이나 신념을 가진 사람들끼리만 소통하면서, 서로의 생각이 메아리처럼 반복·증폭되는 현상을 뜻한다. 이 과정에서 다른 관점이나 반대 의견은 배제된다.
필터 버블(Filter Bubble)은 알고리즘이 사용자의 관심사·취향에 맞는 정보만 보여줘서, 이용자가 다양한 시각의 정보를 접하지 못하게 되는 현상을 말한다. 이는 무의식적으로 정보 편향을 강화한다.

스북과 유튜브의 추천 알고리즘은 사용자가 좋아하거나 오래 머문 콘텐츠를 분석해 비슷한 메시지를 반복적으로 제공한다. 한 사용자가 기후 변화의 심각성을 다룬 다큐멘터리를 시청하면, 알고리즘은 그에게 기후 변화 관련 뉴스, 환경 운동가의 영상, 심지어는 환경 기술 관련 광고까지 연달아 보여준다. 어느 순간 그 사용자의 타임라인은 그가 이미 동의하는 목소리로만 가득 차게 되고, 반대 의견은 점차 사라진다. 과연 당신은 여전히 '다양한 목소리'를 듣고 있는가? 더 나아가 이 현상은 개인의 정보 소비를 넘어 사회적 분열을 심화시킨다.

한 설문조사에서 "나는 알고리즘이 나의 정치적 성향을 강화한다고 느낀다"는 응답이 70%에 달했다. 필터 버블은 더 이상 개인의 선택이 아니다. 알고리즘이 '취향 정보'를 수집해 반영하기 때문에 사용자는 강제로 자신만의 정보 섬으로 고립된다. 이 섬에서 반대 의견은 낯선 타인의 목소리가 아니라, 논쟁의 대상조차 되지 않는 '거짓'이나 '선동'으로 치부된다.

플랫폼들은 분노와 쇼킹한 헤드라인이 클릭과 공유를 유발한다는 사실을 알고 있다. 그래서 알고리즘은 '모럴 아우트레이지(Moral Outrage)', 즉 도덕적 분노를 부추기는 콘텐츠를 우선 노출시킨다. 트위터나 레딧 같은 플랫폼에서는 분노를 자극하는 정치 밈, 외모·인종·이념을 겨냥한 혐오성 댓글, 검증되지 않은 루머가 한 번 확산되면 공포와 분노의 악순환이 시작된다.

당신이 분개하고 공유 버튼을 누르는 순간, 알고리즘은 "이 콘텐츠가 효과적이었다"고 판단해 더 강도 높은 분노 콘텐츠를 밀어 넣는다. 이렇게 하루가 다르게 쌓인 분노는 결국 피로와 무기력감으로 돌아온다. 이 모든 과정은 알고리즘의 '체류 시간 극대화'라는 근본적인 목표에 복무한다. 페이스북은 "더 오래 머무르는 사용자"가 광고 매출을 올린다는 사실을 일찌감치 발견했고, 이를 위해 클릭을 유도하기 좋은 자극적 뉴스, 셀럽 가십, 분노를 자아내는 정치 콘텐츠가 뉴스피드를 점령하게 되었다.

알고리즘 권력은 '밈 전쟁(Memetic Warfare)'이라는 새로운 무기를 사용한다. 2016년 미국 대선의 수많은 정치 밈들은 정교하게 설계된 정보 조각들이었다. 짧은 동영상, 이미지, 간결한 문구는 복잡한 정치 의제를 단순화해 소비자의 감정을 마비시키고, 마치 '사실'인 양 빠르게 확산되었다. 당신은 그 밈 하나로 사안 전체를 판단했을지도 모른다. "가볍게 웃고 넘겼을 뿐"이라 생각하지만, 그 작은 밈이 당신의 정치적 성향과 일상적 대화까지 바꿔 놓는다.

더욱이 '딥페이크(Deepfake)와 AI 생성 콘텐츠'는 사실과 허구의 경계를 무너뜨리는 위협이다. 최근 정치인과 유명 인사를 대상으로 한 딥페이크 영상이 소셜미디어를 뒤흔들었다. 가짜 인터뷰, 조작된 연설 영상은 사람들에게 혼란을 주며 "진짜인지 가짜인지" 갈피를 잡지 못하게 한다. 당신이 본 영상이 진짜일까? 당신이 믿는 '사실'이 사실일까? 이러한 기술은 정치적 선동뿐만 아니라, 여론 조작의 새로운 도구로 활용될 위험이 크다.

플랫폼들은 단순히 콘텐츠를 추천하는 것을 넘어, 우리의 뇌를 직접 공략한다. '신경마케팅(Neuromarketing)' 기술을 활용해 사용자의 눈 움직임, 시청 시간, 스크롤 속도, 심지어 스마트워치의 심박수까지 분석해 어떤 콘텐츠에 몰입하는지 파악한다.

뇌파 측정 실험에서 15초 이내 틱톡 영상 시청만으로도 보상 중추가 활성화된다는 결과가 나왔다. 당신이 스크롤을 멈출 수 없는 이유는, 알고리즘이 당신의 뇌를 설계한 자극으로 유혹하고 있기 때문이다. 여기에 '게임화(Gamification)' 요소가 더해진다. '좋아요', '댓글', '공유' 수치는 마치 점수판 같다. 이 점수를 높이기 위해 사용자들은 점점 더 자극적인 콘텐츠를 만들고 소비하며, 자신도 모르게 플랫폼의 룰에 순응한다. 매일 알림 배지 하나에 설레고, 알림이 없으면 불안해지는 이 경험은 '디지털 FOMO(Fear of Missing Out)'를 강화한다.

봇(bot)과 가짜 계정은 여론 전쟁의 주역이다. 2016년 러시아의 인터넷 조사 기관(IRA)은 수십만 개의 가짜 트위터·페이스북 계정을 동원해 정치 이슈를 과도하게 부각했다. 이들은 단순 리트윗이 아닌, 감정적 메시지를 다국어로 자동 생성해 확산시켰다. 코로나19 초기에도 "백신은 위험하다"는 허위 정보를 수천 개의 봇 계정으로 동시에 유포해 공포감을 조성했다.

마이크로타기팅과 봇의 결합은 더욱 치명적이다. 한 정치 캠페인은 유권자 데이터베이스를 기반으로 특정 우편번호 거주자에게만 '재생에너지 세금 부담' 리포트를 배포하고, 다른 지역에는 '일자리 창출' 프레임의 영상을 보냈다. 이 메시지는 봇 네트워크를 통해 증폭·확산되어, 실제 여론조사에 반영되었다. 사용자는 자신이 본 것이 "객관적 다수의 목소리"라 착각했지만, 그 모든 것은 설계자의 손끝에서 흘러나온 가짜 여론이었다.

알고리즘 전략은 여론 형성뿐만 아니라, 반대 목소리를 억압하는 데도 쓰인다. 유튜브는 "커뮤니티 가이드라인 위반"이라는 모호한 기준으로 특정 크리에이터의 영상 조회 수를 인위적으로 낮추거나, 자동 추천 목록에서 제외한다. 2023년 한 환경운동가는 "팩트체크가 완료되지 않은 콘텐츠로 분류돼 검색 결과에 나타나지 않았다"며 항의했지만, 알고리즘 내부 판정은 투명하게 공개되지 않았다. 플랫폼이 '객관적 중립'을 자처하지만, 실제로는 자신들에게 유리한 프레임으로만 여론을 안내하는 것이다. 이제 우리는 여론이 스스로 형성된다는 환상에서 깨어나야 한다. 당신의 타임라인에 뜨는 뉴스와 영상은 결코 우연이 아니다. 누군가가 당신의 인지 편향을 노리고, 알고리즘을 뒤틀어 프레임을 심어 놓은 결과다. 다음 질문을 스스로에게 던져보라.

"내 타임라인에는 어떤 목소리가 반복되는가?"
"내 분노를 자극하는 콘텐츠 뒤에는 어떤 이해관계가 숨어 있는가?"
"내 하루가 화면 속 알고리즘에 얼마나 지배당하고 있는가?"

이 질문들은 단순한 호기심이 아니라, 디지털 패권의 본질을 깨닫고 스스로의 시선을 회복하는 첫걸음이다. 다음 단계에서는 이러한 알고리즘 권력에 대응하여 우리가 개인과 공동체 차원에서 어떻게 디지털 민주주의를 실현할 수 있을지 구체적인 전략을 모색해야 할 것이다.

3. 감정 동원: 포퓰리즘과 문화 상품화

인류사에서 권력은 언제나 대중의 감정을 사로잡는 자에게 돌아갔다. 고대 그리스의 수사학자들이 민중집회를 장악하기 위해 감성적 수사

(修辭)를 구사했던 것, 로마 정치가들이 빵과 검투 경기로 시민의 분노를 무마했던 것은 이미 익숙한 사례다.

19세기 대영제국은 세계박람회를 통해 "문명된 제국"이라는 자부심을 확산시켰고, 20세기 초 소련은 예술과 연극을 선전 도구로 활용했다. 오늘날에는 손안의 스크린 '소셜미디어와 스트리밍 플랫폼'이 그 역할을 대신한다. "우리는 스크린을 통해 권력을 경험한다"는 말이 과장이 아닌 이유다.

디지털 포퓰리즘은 실시간 쌍방향 소통의 힘을 극대화한다. 과거 연단 위 연설이 대중집회를 동원했다면, 이제는 유튜브·인스타그램·틱톡 라이브가 '가상 광장'을 만든다. 전통적인 매체가 공론장을 독점하던 시절과 달리, 누구나 스마트폰 하나로 방송을 시작해 수천, 수만 명의 마음을 흔들 수 있게 되었다.

2016년, 트럼프 전 대통령의 'Make America Great Again' 라이브 방송은 실시간 댓글을 반영해 메시지를 즉시 조정했고, 브렉시트 캠페인은 페이스북 타깃 광고로 특정 지역 유권자에게만 "영국의 주권을 되찾자"는 감정을 집중 자극했다. 이들은 '우리 대 그들'이라는 이분법적 프레임을 디지털 공간에 투사해, 복잡한 사회 문제를 단순한 적대 구도로 환원했다.

포퓰리스트들은 대중의 불안과 분노를 증폭시키기 위해 '공포 마케팅'을 활용한다. 이것은 이민·안보 이슈가 불거질 때, "국경이 무너지면 우리 안전이 위태로워진다"는 공포 영상을 수시로 노출해 분노와 불안을 자극한다. 이성이 마비된 순간, "강력한 지도자가 필요하다"는 메시지는 비판 없이 받아들여진다. 실제로 브라질의 돌로레스 운동 당시 나치 선동가의 수법을 차용한 대규모 메시지 캠페인이 불안 심리를 자극해 지지율을 끌어올린 바 있다.

문화 상품화는 감정을 소비재로 전환한다. 전에는 티셔츠·배지·플래카드로 한정되던 정치 굿즈가, 이제는 NFT[23] 투표권 컬렉션, AR 필터 배지, 캠페인 전용 모바일 테마 스킨으로 진화했다. QAnon[24] 굿즈는 인스타그램 스토리 필터로 배포되어 지지 인증 수단이 되었고, 2020년 미국 대선에서는 특정 후보 해시태그를 내장한 스냅챗 렌즈가 유행했다. 소비자가 이 굿즈를 구매하거나 착용하는 순간, 자신도 모르게 그 메시지를 몸에 새긴다. 이 소비 행위는 단순한 구매를 넘어 "내가 이 메시지를 지지한다"는 정치적 선언이 된다.

향수 마케팅과 복고 열풍도 강력한 무기다. 1990년대 히어로 만화 주제가를 포퓰리즘 송으로 재해석한 이탈리아 정치 캠페인, 1980년대 팝송을 리믹스해 선거송으로 사용한 남미 정치인의 사례가 대표적이다. 이들은 어린 시절 추억을 자극해 "우리 때가 좋았다"는 공감대를 형성하고, 곧이어 "이제는 이 지도자가 그 시절로 돌려줄 것"이라는 메시지로

23) NFT는 Non-Fungible Token의 약자로, 대체 불가능 토큰을 뜻한다. 블록체인에 기록되어 디지털 자산의 고유성과 소유권을 증명하며, 예술품·게임 아이템·음원 등 다양한 분야에 활용된다. 각 NFT는 고유한 식별값을 가져 동일한 가치로 교환될 수 없다는 점이 특징이다.

24) QAnon은 2017년 미국에서 시작된 극우 음모론 운동으로, 익명 인물 'Q'가 온라인에 올린 글을 기반으로 '미국 정부와 세계 엘리트 집단이 비밀리에 악행을 저지르고 있다'는 주장을 펼친다. 사실 확인이 안 된 정보와 허위 주장들이 온라인 커뮤니티와 SNS를 통해 확산되며 정치적 극단주의를 부추겼다.

연결시킨다. 한국에서도 1980년대 민주화 운동 사진과 음악을 캠페인 영상에 차용해, 세대 간 연대를 호소한 바 있다.

인플루언서와 마이크로셀럽은 포퓰리즘 콘텐츠의 전령으로 활동한다. 팔로워 10만 이하의 뷰티·라이프스타일 크리에이터가 "이 립스틱이 어떤 후보 슬로건 색과 같다"고 우회적으로 지지 멘션을 던지거나, 지역 기반 인스타그래머가 "우리 동네를 지켜주는 사람"이라며 특정 정치인을 소개하는 사례는, 친구의 추천처럼 보이는 강력한 선전 도구가 된다. 지난달 자신이 팔로우한 5명의 인플루언서 중, 정치 메시지를 전한 이는 누구였는지 떠올려 보라.

'문화 전쟁(Culture War)' 프레임은 학교 성교육, 예술 전시, 방송 드라마, 대중음악까지 정치 이슈로 끌어들인다. 넷플릭스 다큐가 인권·이민 이슈를 다루자 해당 국가에서 법안 토론이 촉발된 사례나, 메이저 영화제 초청작이 특정 사회운동과 연결되면서 논쟁을 일으킨 예는 문화 창작물이 강력한 정치적 도구가 될 수 있음을 보여준다.

감정 소비의 지속성을 위해 고안된 것은 '이중 감정 전략'이다. 분노를 유도한 직후 위로와 유머를 제공해 분노 피로를 방지하면서도 곧 새로운 분노를 준비시키는 루프를 만든다. 정치 풍자 계정이 자극적인 밈을 퍼뜨린 후 "오늘 당신의 분노 지수는 몇 점인가요?"라는 짧은 위로 영상을 올리는 식이다. 이 순환이 몇 차례나 반복되는지 SNS 타임라인을 기록해 보는 것은 스스로의 감정 피로도를 파악하는 좋은 방법이다.

이제 우리는 이 감정 패권의 구조적 작동 방식을 꿰뚫어봐야 한다.

EU의 Digital Services Act[25], 영국의 Online Safety Bill, 미국의 AI 윤리 가이드라인 등 플랫폼 투명성과 콘텐츠 책임을 강화하려는 법제도가 속속 등장하고 있다. 시민 주도 팩트체크 플랫폼과 미디어 리터러시 교육도 확산되어, "내가 본 것이 사실인지"를 확인할 수 있는 능력을 길러준다.

당신의 감정이 단순히 설계된 반응이 아니라 진정한 목소리가 되기 위해 스스로에게 묻자.

"내 불안과 분노는 누구를 위해 소비되고 있는가?",
"내 정체성은 어떤 정치·문화 상품에 귀속되어 있는가?"

이 질문들은 디지털 시대의 패권과 싸우는 첫걸음이다.

25) Digital Services Act(DSA)는 2022년 EU에서 제정된 디지털 서비스 규제법으로 온라인 플랫폼과 디지털 서비스 제공자의 책임과 의무를 강화해 불법 콘텐츠, 허위 정보, 소비자 피해를 줄이는 것을 목표로 한다. 대형 플랫폼은 알고리즘 투명성, 광고 표시, 불법 콘텐츠 신속 삭제 등 강화된 규제를 따라야 한다.

11

디지털 여론과 투명성 메커니즘

1. 미니 인터뷰: 디지털 여론 조성 실무자의 증언

도표 해설: 사이버 전투 루프(Cyber Combat Loop)사이버 전투 루프는 '공격과 방어, 그리고 심리전이 어떻게 순환·진화하는지'를 여섯 단계로 시각화한 개념도입이다.

① **침투 수법 연구**: 제로데이 취약점, 공급망 해킹, AI 기반 피싱 등 새로운 침투 기법을 개발한다.

② **목표 인프라 진입**: 전력망·의료·통신 등 핵심 시스템에 몰래 진입해 백도어를 설치한다.

③ **데이터 탈취·파괴**: 민감 정보를 빼내거나 시스템을 교란·파괴해 물리적·심리적 피해를 입힌다.

④ **피해·공포 확산**: 언론·SNS가 사건을 보도하며 불안과 공포를 증폭시키고, 심리전 효과를 극대화한다.

⑤ **대응·방어 조치**: 보안 패치, 백업·격리 시스템, 법·제도적 대응을 통해 방어를 강화한다.
⑥ **신형 공격 수법 개발**: 기존 방어책을 무력화할 새 기법(AI 우회·양자 암호 해독 등)을 연구·개발하며 루프가 재 시작된다.

이 사이클이 반복될수록 공격·방어 양측은 정교한 전술을 축적하며, 사이버 전투는 점점 더 심리전의 장으로 진화한다.

권력은 물리적 경계를 넘어 문화적 공간을 점령할 때 비로소 완성된다.

"권력은 물리적 경계를 넘어 문화적 공간을 점령할 때 비로소 완성된다." 2019년 봄, 공자학원 베를린 캠퍼스. 현지 학부생 안나는 중국어 수업이 끝난 뒤 복도를 가로질러 로비로 향했다. 로비 벽면에 걸린 '시짱(티베트) 평화' 전시물 앞에서 교수가 다가와 "이 자료는 우리 정부의 공식 입장"이라며 설명했다. 안나는 순간 귀가 쫑긋해졌지만, 교재엔 정반대의 서사가 담겨 있었다. 그날 이후 안나는 단순한 언어 공부를 넘어 '누가 어떤 이야기를 여과 없이 전하는지'를 의심하기 시작했다.

이처럼 공자학원 캠퍼스 한복판에서도 이미 '문화 침투'의 첫 단추가 꿰어지고 있다.

오늘날 국가는 자국의 이데올로기를 학원 캠퍼스와 미디어 전반에 흘려보내며, 기업은 엔터테인먼트와 교육 플랫폼을 통해 소비자의 심리와 일상을 재편한다. 중국 정부가 공자학원을 통해 '하드 파워'를 행사하는 방식에서 한국의 한류가 '소프트 파워'로 시장을 매료시키는 전략에 이르기까지, 문화 침투의 기법은 다양하지만 그 목표는 하나, 대중의 가치관과 소비 습관을 은밀히 장악하는 것이다.

공자학원은 2004년 첫 문을 연 이래 전 세계 대학과 도시에 확장되며 중국어 강좌와 문화 교류라는 명목을 유지해 왔다. 그러나 내부 문건과 교수 선발 절차를 통해 티베트·신장 문제에 대한 정부의 공식 입장을 홍보하고, 토론 주제를 검열하며 자국 이념을 주입하려 한다는 비판이 계속된다. 이는 단순한 언어 교육이 아니라, 외부 학습자를 정치적 메시지 수용자로 전환시키는 하드 파워적 문화 침투다. 반면 한국의 K-콘텐츠는 철저히 민간 주도 시장 논리로 자유 확산되었다. 정부의 인프라 지원을 받았음에도 드라마·음악·웹툰·게임 제작과 배급은 창작자와 민간 기업의 영역에 맡겨졌고, 넷플릭스·유튜브 등 OTT 플랫폼의 알고리즘을 타고 밀레니얼과 Z세대의 감성을 정교하게 공략했다. 공자학원이 중앙집권적 통제로 정체성을 고착시킨다면, 한류는 자발적 팬덤과 콘텐츠 매력으로 국가 이미지 호감도를 높이는 소프트 파워 전략이다.

방송 매체를 통한 정보 전쟁 역시 문화 침투의 핵심 무기다. 러시아의 RT와 스푸트니크는 2005년부터 영어·다국어 뉴스 채널을 통해 해외 여론을 겨냥했고, 2016년 미국 대선과 브렉시트 국민투표 동안 Cambridge Analytica[26] 등 정교한 타기팅 업체와 결합해 페이스북·트위터상에 가짜 뉴스와 밈, 클릭베이트 동영상을 대량 유포했다. 미국 피유 리서치 센터(Pew Research) 조사에 따르면 RT 시청자의 정부·엘리트 불신 지수

26) Cambridge Analytica는 영국의 정치 컨설팅 기업으로, 2018년 페이스북 사용자 개인정보를 무단 수집해 미국 대선과 브렉시트 국민투표 등에서 맞춤형 정치 광고에 활용한 사실이 드러나 큰 파문을 일으켰다.이 사건은 전 세계적으로 데이터 프라이버시 규제 강화와 플랫폼 책임 논의를 촉발했다.

는 일반 뉴스 소비자보다 20%포인트 이상 높게 나타났다. 이는 단순히 정보를 전달하는 차원을 넘어, 대중의 세계관 자체를 재구성하는 위력을 입증한다.

영화 산업에서도 문화 침투는 진화한다. 할리우드 메이저 스튜디오는 단순한 제품 배치(PPL)를 넘어 영화 서사 전체를 특정 기업의 가치와 결합시키는 스토리 기반 마케팅을 구사한다.

2018년 개봉한 한 SF 블록버스터에서는 전기차 제조사와 건축 자재 브랜드를 주인공의 생존 요소로 설정했고, 엔딩크레딧 직전에는 "이 기술이 인류의 미래를 구원한다"는 내레이션이 삽입되어 브랜드 친밀도를 극대화했다. 이 영화가 전 세계에서 흥행한 뒤 해당 전기차 모델은 미국·유럽 시장에서 판매량이 15% 증가했고, 건축 자재 브랜드는 글로벌 영업망을 확장했다. "영화는 예술"이라는 전통적 인식은 "영화는 강력한 소비 유인"으로 전환된 것이다.

교육 플랫폼 장악은 차세대 문화 종속을 단단히 고착시킨다. 구글 클래스룸, 마이크로소프트 팀즈, 아마존 AWS Educate[27] 같은 글로벌 IT 기업이 학교·대학에 무료 또는 저가로 제공하는 서비스는 디지털 학습 생태계를 이들 기업의 기술 에코시스템에 종속시키는 전략이다. 동남아시아 한 국가에서는 AWS Educate 도입 후 공교육 클라우드 활용 비중

27) AWS Educate는 아마존 웹서비스(Amazon Web Services)가 운영하는 클라우드 컴퓨팅 교육 프로그램이다. 학생, 교육자, 구직자를 대상으로 무료 크레딧, 온라인 강의, 실습 환경을 제공해 클라우드 기술 학습을 지원한다. 전 세계적으로 클라우드 인재 양성과 취업 역량 강화를 목표로 하고 있다.

이 70%로 늘었고, 학생들은 어릴 적부터 해당 플랫폼에 익숙해지며 자연스럽게 브랜드 충성도를 형성한다. 이는 단순한 기술 종속을 넘어, 기술 표준과 교육 콘텐츠를 소유한 기업이 미래 인재를 길들이는 '문화·기술적 종속' 경로다.

스포츠 스폰서십 또한 문화 침투의 전형이다. FIFA 월드컵이나 올림픽 같은 메가 이벤트는 개최국과 스폰서 기업이 "평화·연대·글로벌 시민권"이라는 메시지를 전 세계에 발신하고, 관련 굿즈(한정판 병캔·유니폼·전용 결제 카드)를 통해 소비자의 구매 행동과 감정을 동일시하게 만든다. 카타르 월드컵 당시 카타르 정부는 인권 개선 조치들을 홍보해 국제 여론을 관리하고, 코카콜라·아디다스·비자 등 글로벌 브랜드는 소비자가 굿즈를 소유하는 순간 그 가치를 자신의 경험으로 내면화하도록 유도했다. 대회 종료 후에도 브랜드 친밀도는 평균 10~15%포인트 상승했으며, 국가 이미지는 장기간에 걸쳐 긍정적으로 재편되었다.

이처럼 문화 침투 캠페인은 국가와 기업의 패권 확장의 은밀한 도구로 작동한다. 공자학원이 이념을 직접 주입하든, 한류가 감성적 매력을 퍼뜨리든, RT가 서방 비판을 확대하든, 블록버스터 영화가 소비 유인을 창출하든, 교육 플랫폼을 종속시키든, 스포츠 이벤트를 이미지 메이킹에 활용하든 그 배후에는 대중의 가치관과 정체성, 소비 습관을 장악하려는 전략적 설계가 숨어 있다.

우리가 주의 깊게 응시해야 할 것은 이 모든 문화적 권력 작동이 겉으로는 자발성과 다양성을 앞세우지만, 실상은 강력한 메시지 프레임과 플랫폼 알고리즘, 자본 동원이 결합된 기획된 엔지니어링이라는 점이다.

다음 단계로, 여러분 스스로 지난 한 달간 소비한 영화·드라마·게임·

굿즈 중 한 가지를 선택하여, 제작·스폰서 정보를 확인하고 그 콘텐츠가 반복 전달하는 메시지와 감정적 영향을 기록해 보자. 이런 자발적 워크숍은 보이지 않는 문화 침투의 실체를 몸으로 확인하고, 나아가 9.5절에서 제안할 '문화 주권 회복 전략' 공공 콘텐츠 펀딩 확대, 지역 문화 활성화, 미디어 리터러시 강화를 실천으로 옮기는 첫걸음이 될 것이다. 권력은 단순히 물리적 경계를 넘어 문화적 공간을 지배할 때 완성된다.

오늘날 국가는 자국 이데올로기를 학원 강의실과 방송 화면 곳곳에 스며들게 하고, 기업은 우리 일상의 오락과 교육, 소비 행위를 통해 무형의 메시지를 은밀히 주입한다. 그 핵심에 자리한 것이 바로 '문화 침투(Cultural Infiltration)'다. 이것은 단순한 콘텐츠 수출이나 스폰서십이 아니라, 대중의 정체성과 감정, 궁극적으로 소비 습관과 세계관을 재편하는 종합적 전략이다.

2004년 첫 문을 연 공자학원은 이러한 하드 파워의 전형이다.

중국 정부는 "언어와 문화를 배우면 국가를 이해하게 된다"는 명분 아래 전 세계 160개국 500여 개 캠퍼스에 공자학원을 설치했다. 그러나 내부 교육 자료가 티베트·신장 이슈를 중국 정부의 공식 입장으로 서술하고, 자유 토론이 검열된다는 폭로가 잇따르며 단순 외국어 학습을 넘어 정치 이데올로기 주입 창구로 비판받는다. 공자학원의 확산 타임라인을 따라가 보면 2008년 베이징 올림픽 전후 급성장, 2014년 100개국 돌파, 2021년 검열 사례 폭로라는 일련의 미니 내러티브가 드러난다. 이 과정에서 '교육·이념 메시지 삽입·학생 네트워크 확산·커리큘럼 강화'로 이어지는 심리전 메시지 확산 루프가 작동한다.

한편, 한국의 한류(K-콘텐츠)는 전혀 다른 방식의 소프트 파워를 구사한다. BTS와 블랙핑크 같은 아이돌 그룹이 전 세계 차트 정상을 휩쓰는 동안, 넷플릭스에 수출된 “킹덤”, “오징어 게임” 같은 드라마는 글로벌 OTT 알고리즘을 통해 추천 목록 상위에 올라간다. 틱톡 챌린지는 팬덤을 UGC(User-Generated Content)로 전환해 자발적 확산을 유도하고, 이 과정에서 전통 방송과 달리 사용자의 참여와 재창작을 품는다. 넷플릭스는 ‘맞춤형 썸네일’과 ‘자동 자막 번역’을 통해 문화 간 장벽을 깨고, 틱톡은 숏폼 영상의 반복적 소비로 중독성 높은 팬경험을 설계한다. 이 두 플랫폼의 비교 분석은 “넷플릭스의 취향 기반 추천▷사용자 피드백 루프”와 “틱톡의 보상 회로 자극▷챌린지 확산 루프”라는 두 개의 심리전 도표를 떠올리게 한다.

방송 매체를 활용한 정보 전쟁도 문화 침투의 핵심 축이다. 러시아의 RT와 스푸트니크는 2005년 다국어 뉴스 채널을 설립한 뒤 “서방 자유는 위선”이라는 반복 프레임을 주입한다. 2016년 미국 대선과 브렉시트 국민투표 기간에는 Cambridge Analytica와 결합해 소셜미디어에 가짜 뉴스, 밈, 클릭베이트 동영상을 무차별 유포했다. RT 시청자의 정부 불신 지수는 일반 시청자보다 20%p 높아졌다는 Pew Research 결과가 말해 주듯, 단순 뉴스 공급이 아닌 신념 체계 재구성의 강력한 도구로 작동한다.

영화 산업에서도 문화 침투는 진화한다. 할리우드 메이저 스튜디오는 제품 배치 수준을 넘어 ‘서사 기반 마케팅’을 펼친다. 2018년 개봉한 한 SF 블록버스터는 주인공이 사용하는 전기차와 친환경 건축 자재를 핵심 소재로 배치하고, 엔딩 크레딧 직전에는 “이 기술이 인류를 구원한다”는 내레이션을 삽입했다. 이에 해당 전기차 모델은 북미·유럽 시장에서 판매량이 15% 증가했고, 브랜드는 글로벌 PR 캠페인을 추진해 예술성과 소비 유인을 결합시키는 전례 없는 기록을 세웠다. 이런 영화는 "영화는 소비 문화"라는 새로운 인식을 촉발시킨다.

교육 분야에서도 글로벌 IT 기업의 플랫폼 장악이 진행 중이다. Google Classroom, Microsoft Teams, AWS Educate 같은 서비스가 학교와 대학에 무료로 보급되며 디지털 학습 생태계를 재편했다. 동남아시아 한 국가에서는 AWS Educate가 공교육 커리큘럼에 공식 도입되어, 학생들이 클라우드 기반 과제를 수행하고 평가하는 전 과정이 해당 플랫폼에서 이루어진다. 이는 단순 기술 종속을 넘어, 학습자들의 인지 구조와 문제 해결 방식을 특정 기업의 생태계에 귀속시키는 '문화·기술적 종속' 경로를 형성한다.

마지막으로, 스포츠 스폰서십은 국가 이미지 메이킹의 정점에 서 있다. FIFA 월드컵과 올림픽 같은 메가 이벤트에 카타르·러시아·중국 등 신흥 강국은 대규모 자본을 투입해 "평화와 관용", "현대화된 국가"라는 메시지를 발신한다. 공식 파트너인 코카콜라·아디다스·비자는 한정판 굿즈와 연계 상품을 출시해 '희망', '연대', '글로벌 시민권'이라는 키워드를 소비자에게 각인시킨다. 대회가 끝난 뒤에도 해당 국가·브랜드의 긍정적 이미지 지수는 평균 10~15%p 상승하며, 단순 스포츠 이벤트를 넘어 문화적·정치적 자산으로 전환된다.

이처럼 문화 침투 캠페인은 하드 파워와 소프트 파워, 알고리즘과 팬덤 마케팅, 교육과 엔터테인먼트, 스포츠 이벤트를 망라하는 종합적 프로젝트다. 표면적으로는 자발성과 다양성을 강조하지만, 그 이면에는 반복 노출과 플랫폼 종속, 자본 동원이 결합된 치밀한 엔지니어링이 자리한다.

이제 독자 여러분께 묻는다. "당신이 프레임 설계자라면, 어떤 콘텐츠와 플랫폼을 활용해 어떤 메시지를 심겠는가?" 그리고 지난 한 달간 소비한 영화·드라마·게임·굿즈 중 하나를 선택해, 제작·스폰서 정보를 조사하고 그 안에 숨겨진 반복 메시지와 감정적 반향을 기록해 보라. 이 자발적 워크숍은 보이지 않는 권력의 작동 방식을 몸소 확인하고, 다음 절에서 제시할 '문화 주권 회복 전략' 공공 콘텐츠 펀딩 확대, 지역 문화 활성화, 미디어 리터러시 강화을 실천하는 밑거름이 될 것이다.

도표 해설: 사이버 전투 루프(Cyber Combat Loop)

사이버 전투 루프는 '공격과 방어, 그리고 심리전이 어떻게 순환·진화하는지'를 여섯 단계로 한눈에 보여 주는 개념도이다.

- **침투 수법 연구**: 제로데이 취약점, 공급망 해킹, AI 피싱 등 새로운 침투 기법을 개발한다.
- **목표 인프라 진입**: 전력망·의료·통신 등 핵심 시스템에 몰래 진입해 백도어를 설치한다.
- **데이터 탈취·파괴**: 민감 정보를 빼내거나 시스템을 교란·파괴해 물리적·심리적 피해를 입힌다.
- **피해·공포 확산**: 언론·SNS가 사건을 보도하며 불안과 공포를 증폭, 심리전 효과를 극대화한다.
- **대응·방어 조치**: 보안 패치, 백업·격리 시스템, 법·제도적 대응을 통해 방어를 강화한다.
- **신형 공격 수법 개발**: 기존 방어책을 무력화할 차세대 기법(AI 우회·

양자 암호 해독 등)을 연구·개발해 루프가 재시작된다.

21세기의 전장은 더 이상 넓은 영토를 차지하는 것이 아니다. '데이터'가 곧 새로운 자원이며, 이를 저장·처리하는 '디지털 인프라' 클라우드와 데이터센터의 지배권이 글로벌 패권을 좌우한다. 이 전투는 기술과 자본, 정책과 규제, 심리와 생태계가 복합적으로 얽힌 총력전이다. 승자는 4차 산업혁명의 주도권을 움켜쥘 것이고, 패자는 속절없이 뒤처질 수밖에 없다.

AWS가 2006년 미국 버지니아 리전에서 EC2(Elastic Compute Cloud)를 내려놓은 순간, 우리는 클라우드라는 새로운 유틸리티 컴퓨팅 시대에 진입했다. 단 몇 분 만에 서버를 띄우고 삭제할 수 있는 '온디맨드' 모델은 스타트업과 개발자에게 혁신의 문을 열었고, 이내 GE·나스닥·CIA 등 전통의 레거시 기관마저 '물리 서버'를 버리고 AWS로 향하게 만들었다. 그 뒤를 이어 등장한 S3 스토리지 서비스는 무제한 확장 스토리지의 개념을 도입하며, "데이터는 곧 전략 자산"이라는 인식을 전 세계에 각인시켰다.

2010년 마이크로소프트 애저(Azure)의 출범은 AWS 독주에 처음으로 제동을 걸었다. 윈도우 서버 수천만 사용자 기반을 등에 업은 애저는 기존 온프레미스 인프라와 클라우드를 끊김 없이 연동하는 '하이브리드 클라우드' 전략으로 대기업과 정부 기관의 마음을 사로잡았다. 금융·의료·제조업체처럼 민감 데이터를 자체 보안망에 보관해야 하는 분야에서는 특히 애저의 '온프레미스+퍼블릭' 조합이 강력한 대안이 되었다.

2015년부터는 중국의 알리바바 클라우드가 글로벌 전선에 뛰어들었다. 일대일로(一帶一路) 경제권 국가를 중심으로 동남아·중동·유럽 20

여 개 리전에 데이터센터를 세우며, 신흥 시장의 '디지털 백본'을 자처했다. 국가 차원의 인프라 구축 지원 아래 알리바바 클라우드는 헝가리·파키스탄·탄자니아 등지의 공공·민간 부문에 저렴하면서도 현지화된 클라우드 서비스를 공급하며, 서구 클라우드에 대한 디지털 종속 경로를 급속히 확장했다.

구글 클라우드 플랫폼(GCP)은 2016년 컨테이너 오케스트레이션 도구인 쿠버네티스를 공개하며 '클라우드 네이티브' 전쟁에 뛰어들었다. 빅쿼리(BigQuery)와 텐서프로세싱유닛(TPU) 같은 AI·빅데이터 전용 하드웨어·서비스를 앞세워 "AI 네이티브 클라우드"를 선언, 머신러닝 워크로드를 퍼블릭 클라우드로 끌어들이는 데 성공했다. 특히 오픈소스 커뮤니티와의 긴밀한 협력은 개발자들의 충성도를 확보하는 핵심 요소였다.

이제 경쟁은 기술의 우위에서 '데이터 주권(Data Sovereignty)'의 전장으로 옮겨갔다. 2018년 미국 의회가 통과시킨 CLOUD Act[28]는 "미국 기업 서버에 저장된 해외 이용자의 데이터에도 미국 법원이 접근할 수 있다"고 규정하며, 자국 클라우드를 쓰는 국가들에게 일종의 법적 종속을 강제했다. 여기에 맞서 EU는 2018년 GDPR을 발효, "유럽 시민의 개인정보는 유럽 내에서만 수집·처리·저장"하도록 강제하며 데이터의 역외 이동을 엄격히 통제한다. 이 충돌은 곧 클라우드 리전 선택이 정치

28) CLOUD Act는 Clarifying Lawful Overseas Use of Data Act의 약자로, 2018년 미국에서 제정된 법이다. 미국 수사기관이 해외에 저장된 데이터라도 미국 기업이 보관하고 있다면 법적 절차를 거쳐 제공받을 수 있도록 규정한다.또한 미국과 다른 국가 간에 데이터 접근 협정을 체결해, 상호 법 집행 협력을 가능하게 한다.

적·법적 경계를 의미한다는 사실을 전 세계에 확인시켰다.

한편 인도는 'Digital India' 캠페인을 통해 클라우드 인프라 구축 보조금과 세제 혜택을 제공하며, 자국 IT 기업과 스타트업이 현지 클라우드 생태계를 주도하도록 지원한다. 브라질, 러시아, UAE 등도 자국 데이터센터 투자 유치에 공을 들이며, 지역별 '디지털 주권' 블록 형성에 나섰다.

이 치열한 경쟁의 메커니즘은 다음과 같은 선순환 루프를 통해 가속화된다.

여기에는 1. 대규모 자본 투입▷2. 데이터센터와 네트워크 인프라 확장▷3. 가격 경쟁력 및 서비스 안정성 강화▷4. 스타트업에서 대기업·정부까지 대규모 고객 확보▷5. 방대한 데이터 축적▷6. AI·빅데이터 분석 고도화▷7. 고부가가치 솔루션 독점▷8. 추가 투자 유치 및 인프라 재확장까지다.

이 과정에서 AWS는 30여 개 리전, 200여 개 서비스로 생태계를 장악했고, 애저는 60여 개 리전과 오피스365·다이나믹스365를 결합한 하이브리드 클라우드로 차별화했으며, GCP[29]는 AI·컨테이너·빅데이터에 특화된 기술 스택으로 틈새시장을 공략했다. 알리바바 클라우드는 일대일로 연계 국가에 맞춤형 솔루션을 제공, 신흥 시장 '퍼스트 무버'로서의 유리한 고지를 선점했다. 그러나 단순한 기술 경쟁을 넘어, 이 전장은 글

29) GCP는 Google Cloud Platform의 약자로, 구글이 제공하는 클라우드 컴퓨팅 서비스 모음을 뜻한다. 인프라(IaaS), 플랫폼(PaaS), 소프트웨어(SaaS) 서비스를 포함하며, 데이터 분석·AI·스토리지·네트워킹 등 다양한 클라우드 기능을 제공한다.

로벌 안보와 경제 체계의 안정성을 좌우하는 전략적 요충지다. 데이터센터의 전력 소비량은 대규모 태양광·풍력 발전소와 맞먹을 정도이며, 해저 케이블과 광섬유 네트워크는 국가 간 정보의 혈관과 같다. 클라우드 지배권을 획득한 주체는 디지털 시대의 금융 시스템, 의료 기록, 스마트 시티, 자율주행차, 심지어 군사 작전까지 모든 분야에 영향력을 행사하게 된다.

이제 여러분에게 묻는다.

"당신이 디지털 인프라 전략가라면, 어떤 지역에 리전을 먼저 구축하겠는가? 왜 그곳이 전략적 요충지인가?" 또 "하이브리드와 퍼블릭 클라우드 중 어느 전략을 우선할 것인가? 그리고 데이터 주권 강화와 글로벌 확산 사이에서 어떻게 균형을 맞출 것인가?" 이 질문은 단순한 이론이 아니라, 여러분이 미래 디지털 패권을 설계하는 첫걸음이 될 것이다. 다음 10.2절에서는 5G·엣지 컴퓨팅·양자 네트워크 등 차세대 디지털 인프라 전선을 조망하며, 권력의 다음 국면을 예측해 본다.

2. 사례 분석: '봇'과 '알고리즘'이 바꾼 선거판도

'알고리즘'과 'AI'는 이제 우리 일상 구석구석을 지배하는 보이지 않는 손이다. 이들이 부당한 차별을 강화하고, 여론을 조작하며, 일자리와 안보를 위협한다는 우려는 날로 커진다. 이에 맞서 각국 정부와 국제기구, 시민단체는 윤리 원칙과 법적 규제를 둘러싼 'AI 윤리전쟁'을 벌이고 있다. 이 경쟁의 승자가 향후 디지털 패권을 판가름할 것이다.

타임라인 미니 내러티브

- 2010년: 미 법원, COMPAS 재범 예측 알고리즘의 인종 편향성 문제 제기
- 2016년: Cambridge Analytica 스캔들 폭로, 페이스북 알고리즘 여론 조작 논란
- 2018년: EU GDPR 발효, '자동화 결정'과 '알고리즘 투명성' 요구 강화
- 2020년: 미 백악관 AI 이니셔티브 출범, AI 안전·윤리 가이드라인 초안 공개
- 2021년: UNESCO, 'AI 윤리 권고안(Global Recommendation on the Ethics of AI)' 채택
- 2022년: EU AI 법안(AI Act) 제안, 위험 등급별 규제 체계 도입
- 2023년: 미국 대통령 행정명령으로 AI 안전·투명성 강화 지시
- 2024년: 중국, '생성형 AI 관리 규칙' 발표로 자국 플랫폼 통제 강화

2006년, 미 중서부 교도소 범죄자 재범률 예측에 도입된 COMPAS (Commercial Off-The-Shelf Correctional Offender Management Profiling for Alternative Sanctions)[30] 알고리즘이 첫 불씨를 던졌다.

30) COMPAS는 Correctional Offender Management Profiling for Alternative Sanctions의 약자로, 미국에서 범죄자의 재범 위험성을 예측하기 위해 사용되는 알고리즘 기반 평가 도구다. 법원과 교정기관이 양형 결정, 가석방 심사 등에 활용하지만, 인종·사회적 편향 가능성 논란이 있다.

2010년 ProPublica 기자들이 "흑인 피고인은 백인보다 과하게 높은 재범 위험 점수를 받는다"는 편향을 폭로하면서, "AI도 사람처럼 편견을 학습한다"는 경고가 울렸다.

2016년 봄, 영국 케임브리지대학교 연구원 알렉산더 고간(Alexander Kogan)이 개발한 'This Is Your Digital Life' 앱이 페이스북 사용자 27만 명의 동의하에 개인정보를 수집하자, 이 데이터가 선거 컨설팅사 Cambridge Analytica로 흘러들어갔다. 그해 11월 미국 대선과 6월 브렉시트 국민투표에서 극단화된 개인 맞춤 메시지가 수백만 명에게 전송되며 여론을 결정적으로 흔들었다. 여론조사 전문가는 "한 사람당 평균 10여 개의 마이크로타기팅 광고가 떴다"고 증언했다.

2018년 5월, EU는 GDPR을 발효하며 '자동화 결정'에 대한 권리를 처음으로 법제화했다. "내 운명은 알고리즘이 아니라 나의 선택이어야 한다"는 시민들의 요구에 응답하듯, 기업은 사용자가 AI 의사결정 과정을 설명받고 이의를 제기할 수 있도록 시스템을 개편해야 했다. 이와 동시에 캘리포니아주는 CCPA(캘리포니아 소비자 개인정보 보호법)를 제정, 미국 최초로 GDPR 수준의 주민 데이터 권리를 보장했다.

2019년 초, 샌프란시스코 시의회는 공공장소 안면인식 시스템을 전면 금지하는 조례를 통과시켰다. 범죄 예방이라는 명분 아래 도입을 추진하던 경찰과 시 당국이 "기술이 소수민족을 과잉 감시한다"는 시민 항의에 무릎을 꿇은 첫 사례였다.

2020년 10월, 백악관은 AI 이니셔티브 행정명령(EO 13960)을 발령, 연방기관이 AI 시스템을 도입할 때 안전·공정성·투명성을 검증하도록 가이드라인을 발표했다. 동시에 DARPA(미국 국방고등연구계획국)는

'AI Next Campaign'에 20억 달러를 투자해 국방 분야 AI 윤리·안전 연구를 대폭 강화했다.

2021년 11월, UNESCO 총회는 'AI 윤리 권고안(Global Recommendation on the Ethics of AI)'을 만장일치로 채택했다. "AI는 인간 존엄성과 기본권을 보호해야 한다"는 문구 아래, 투명성·공정성·책임성을 담보할 국제 협력 체계를 제안했다.

2022년 4월, EU 집행위원회는 AI 법안(AI Act)을 공식 제안하며, 고위험 AI 시스템(의료진단·교통관리·법률분야)에 대해 '사전 영향 평가'와 '제3자 인증' 의무를 부과했다. 위반 시 매출의 최대 6%에 해당하는 벌금을 부과하도록 해, 기업들이 자율 규제에만 의존하던 관행을 법제도로 전환했다.

2023년10월, 미국대통령은 AI 안전·투명성 행정명령을 발동, "생성형 AI(OpenAI·Google DeepMind 등) 모델의 위험 평가"를 모든 연방기관에 지시했다. 같은 해 마이크로소프트·구글 등 주요 기업은 '자체 윤리위원회' 설립과 '모델 카드(model card)' 공개 약속을 잇달아 발표하며, 시장의 규제 기대에 선제 대응하기 시작했다.

2024년 6월, 중국은 '생성형 AI 관리 규칙'을 발표해, 모든 대형 AI 플랫폼에 콘텐츠 책임·실명제·모델 안전성 테스트를 의무화했다. 자국 내 주요 언론·소셜미디어에 유포되는 AI 콘텐츠는 정부 검열·필터링의 대상이 되며, 플랫폼은 매월 윤리·안전 보고서를 공시하도록 규정됐다. 이처럼 COMPAS의 편향 논란에서 시작된 AI 윤리전쟁은 Cambridge Analytica 스캔들, GDPR과 CCPA의 법제화, 안면인식 금지 조례, 미국·EU·중국의 규제 입법, 그리고 각국 기업의 자율 규제 선언으로 확산되어 왔다. 각 사건은 "AI가 공정해야 할까, 아니면 시장에 맡겨야 할까"라는 근본 질문을 던지며, 오늘날 디지털 패권의 판도를 재편하고 있다.

10장 2절의 내러티브를 통해 이 전투의 흐름을 명확히 이해한 후 다음 절에서는 5G·엣지 컴퓨팅·양자 네트워크 등 차세대 인프라 싸움에 어떤 변수가 될지 살펴본다.

- **모델 개발**: 연구실·스타트업 단계에서 성능 최우선
- **대량 데이터 학습**: 개인정보·민감 정보 수집 가속
- **서비스 배포**: 추천·결정 자동화로 사용자 경험 극대화
- **이용자 참여**: 체류 시간·클릭율 지표로 알고리즘 강화
- **편향**·오작동 발견: 인종·젠더·지역 차별 사례 다수 보고
- **사회적 논란·불신 증폭**: 뉴스·SNS 통해 리스크 확산
- **규제 요구 증가**: 시민단체·의회·국제기구가 제동
- **정책 제정·기업 대응**: 가이드라인·자체 윤리 헌장 발표
- **알고리즘 재설계**: 투명성 강화·영향 평가 의무화

주요 거버넌스 프레임워크 비교

- **AI Act**: 위험도 기반 규제(금지→고위험→경량형) 도입, 고위험 AI에 영향 평가·인증 의무화
- **국 행정명령(EO 14028)**: AI 안전·투명성 강화, 연방기관 AI 사용 가이드라인 제시, 민간 자율규제 권장
- **국 생성형 AI 규칙**: 콘텐츠 책임·실명제, 자국 모델의 '안전성 테스트'

의무화, 플랫폼 감시 강화

- **NESCO 권고안**: 인권 중심 접근, 접근성·공정성·투명성 원칙 강조, 국제 협력 체계 마련 촉구

심화 사례: 자동화 채용 알고리즘

- **사례**: 글로벌 IT 기업 A사는 AI를 활용해 이력서 스크리닝 자동화를 도입했으나, 과거 데이터에 내재한 인종·성별 편향을 그대로 재현해 소수자 지원자 배제 논란이 불거졌다.
- **향후**: 미국 EEOC(Equal Employment Opportunity Commission) 조사 착수, 알고리즘 투명성·설명 가능성(Explainability) 요구 급증
- **조치**: A사는 외부 감시위원회 구성, 알고리즘 영향 평가(AIA) 도입, 사용자 설명 인터페이스 개선

AI 윤리전쟁의 쟁점

- **기업 명성 vs. 지식재산권**: 알고리즘 구조 공개 요구와 기업의 보호 기술 간 균형
- **책임 소재**: AI 결정 오류 시 개발자·운영자·사용자 중 누구에게 법적 책임을 물을 것인가
- **인권과 프라이버시**: 얼굴인식·감정인식·위치정보 활용의 법적·윤리적 한계
- **글로벌 스탠다드 부재**: 각국 규제 상이로 인한 '규제 회피 코리아 서킷(race to the bottom)' 위험

절 말미 퀴즈 당신이 윤리 거버넌스 설계자라면?

- 위험 등급 분류를 어떻게 설정할 것인가?
  (예: 의료·법률·금융 vs. 엔터테인먼트)
- 영향 평가 주체를 정부, 기업, 시민사회 중 어디에 우선 맡길 것인가?
- 국제 협력과 국내 규제 강화 사이에서 어떤 균형 전략을 취할 것인가?

알고리즘·AI 윤리전쟁은 단순한 기술 논쟁이 아니다. 이는 사회적 신뢰, 국제 질서, 개인의 자유까지 걸린 총력전이다. 이 전투에 승리하지 못하면, 디지털 시대의 패권은 기술이 아닌 윤리와 거버넌스를 장악한 자에게 돌아갈 것이다.

10장 3절에서는 5G·엣지 컴퓨팅·양자 네트워크를 중심으로 차세대 인프라 전선을 조망하며, 디지털 패권의 미래를 전망한다.

21세기 전쟁터는 이제 사이버 공간으로 확장되었다. 물리적 국경을 넘어 해저 케이블과 데이터센터, 개인의 스마트폰 앱까지 모든 것이 전장이 되었다. 이 보이지 않는 전투의 최전선에는 '사이버 안보'와 '정보전'이 있다. 우리는 매일 온라인 뱅킹을 하고, 원격 의료 서비스를 이용하며, 스마트홈 기기로 삶을 관리하지만, 그 이면에는 국가와 기업, 해커 조직 간의 치열한 기 싸움이 벌어지고 있다. 이 싸움의 승패가 바로 디지털 패권을 좌우하며, 동시에 우리의 일상과 자유, 심지어 생명까지 위협한다.

- **스턱스넷(Stuxnet)의 충격**2010년이란 나탄즈 핵시설. 터빈이 제 속도를 유지하지 못하는 이상 현상이 반복되자 현장 엔지니어들은 원인을 찾기 위해 골몰했다. 그들이 발견한 것은 USB 메모리에 담긴 웜(Worm)[31]이었다. 스턱스넷은 마이크로소프트 Windows의 취약점을 이용해 PLC(산업제어시스템)를 변조했고, 원심분리기 속도를 조작해 1,000여 대를 손상시켰다. "우리는 소리 없이 파괴당했다"고 당시 엔지니어가 토로했듯, 스턱스넷은 '사이버 무기'가 물리적 세계를 직접 타격할 수 있음을 처음 증명했다.

- **우크라이나 전력망 마비의 공포**2015년 12월, 우크라이나 동부 한 마을의 전봇대가 멈추었다. 크리스마스를 앞둔 밤 23만 가구가 암흑 속에 갇혔고, 병원과 교통 시스템까지 마비됐다.

해커들은 피싱 이메일로 SCADA 시스템에 몰래 침투해 변전소 스위치를 원격으로 내려버렸다. 주민 차렷한 우려는 "기술이 우리의 생존 기반을 공격할 수 있다"는 점을 극명히 보여주었다. 이 사건은 사이버 공격이 단순한 장난이 아니라, 국가 인프라를 붕괴시키는 치명적 수단임을 전 세계에 각인시켰다.

---

31) 웜(Worm)은 네트워크를 통해 스스로 전파되는 악성 코드를 뜻한다. 른 파일에 기생하는 바이러스와 달리, 스스로 복제해 확산하며 시스템과 네트워크 자원을 소모시키거나 피해를 준다. 표적으로 2000년대 초 'ILOVEYOU' 웜, 'Conficker' 웜 등이 있다.

- **워너크라이(WannaCry)의 전 지구적 대혼란**2017년 5월 12일, 병원 응급실 컴퓨터가 거부를 알렸다. 영국 NHS는 수술 일정이 하루 종일 취소됐고, 수많은 환자가 수술을 연기당했다. 워너크라이는 윈도우 SMB 취약점("EternalBlue")을 악용해 전 세계 150개국 컴퓨터를 암호화한 뒤, '비트코인'으로 몸값을 요구했다. 룩셈부르크의 한 고교 교장은 "과학실 컴퓨터에서 PPT 한 장을 열지도 못했다"고 기억했다. 이 랜섬웨어 사태는 기업과 기관, 개인 모두가 최소한의 백업 전략 없이 디지털 세상에 의존해서는 안 된다는 뼈아픈 교훈을 남겼다.

- **솔라윈즈(SolarWinds): 신뢰의 붕괴**2020년 3월, 보안 업체 FireEye가 자사 네트워크에서 이상 징후를 포착했다. 조사 끝에 밝혀진 것은 '공급망 해킹'이었다. IT 관리 소프트웨어 '오리온(Orion)' 업데이트 서버에 악성코드를 심어 전 세계 18,000여 개 정부·기업 네트워크에 은밀히 침투시킨 것이다. 미 국토안보부, 재무부, 마이크로소프트, 애플 등 명단이 공개되자 "우리가 믿어온 보안 업데이트가 사실상 트로이 목마였다"는 패닉이 번졌다. 이 사건은 "보안의 첫째 조건은 신뢰"라는 격언을 잊지 못하게 했다.

- **2022년 우크라이나 정보전: 심리전의 진화**러시아가 우크라이나를 침공한 직후, 단순한 디도스(DDoS) 공격을 넘어 가짜 뉴스와 딥페이크 동영상이 쏟아졌다. "키이우 시장이 망명했다" 거짓 트윗 하나가 우크라이나 시민들의 공포를 조장했고, SNS는 봇(bot) 네트워크로

뒤덮이며 "전쟁은 이미 승리했다"는 메시지를 확산시켰다. 국경을 뛰어넘는 정보전은 물리적 전쟁 못지않게 사람들의 사기를 꺾고 단합을 흔들었다.

- **2023년 APT31의 글로벌 기업 기습중국발 해킹 조직 APT31은** 다국적 제약사와 방산업체의 내부 네트워크를 장기간 은밀히 감시하며 백신 연구·무기 개발 데이터를 탈취했다. 이들은 "완벽한 흔적 제거" 기법으로 18개월간 눈치채이지 않았으며, 결국 유럽·미국 각국 수사기관이 협력해야만 겨우 공격을 차단할 수 있었다. "우리가 경계했던 것은 북한·러시아였지만, 진짜 위협은 여기 있었다"는 보안 책임자의 한탄이 모든 것을 말해준다.

국제 규범과 대응 전략

- **Tallinn Manual 2.0**: 사이버 작전의 법적 기준을 정립
- **NATO 사이버방어 서약**: 회원국 간 정보 공유·공동 방어 강화
- **UN GGE 권고**: 국가 간 사이버 공격 금지 원칙 제안
- **CCPA·GDPR·NIS2**: 국가별 개인정보 보호와 네트워크·정보보안 지침

주요국은 모두 사이버사령부를 창설하고, 정보 공유 연합체를 통해 실시간 위협 정보를 나눈다. 기업은 보안 운영센터(SOC)를 24시간 가동하며, '침해 대응 워게임'을 정기적으로 실시한다.

절 말미 퀴즈 **당신이 사이버 전략가라면?**

- 스턱스넷처럼 산업제어시스템을 방어하도록 어떤 방어 훈련을 설계할 것인가?
- 워너크라이에 대비해 병원·공공기관의 백업·격리 시스템을 어떻게 구축할 것인가?
- 솔라윈즈 방식의 공급망 해킹을 막기 위한 '서드파티 리스크 관리' 체계를 어떻게 구현할 것인가? 여론전용 봇과 딥페이크 확산에 대응할 실시간 감지 알고리즘은 어떻게 설계할 것인가?

다음 절(10.4)에서는 5G·엣지 컴퓨팅·양자 네트워크가 이 전투의 판을 어떻게 바꿀지, 그리고 우리의 대응 전략을 어떻게 진화시켜야 할지 살펴보자.

"사이버 전투 루프"는 사이버 공격과 방어, 그리고 심리전이 어떻게 순환하며 진화하는지를 한눈에 보여 주는 개념적 도표이다. 각 단계가 서로 연쇄적으로 이어지고, 그 결과가 다음 단계의 전략 수립에 반영되면서 공격·방어 양측 모두가 끊임없이 고도화된 전술을 개발하게 된다는 점을 강조하는 것이다.

- **침투 수법 연구**: 공격자는 제로데이 취약점, 피싱 기법, 공급망 해킹 등 새로운 침투 수단을 연구·개발하는 것이다. 이 단계가 전체 루프의 시발점이며, 얼마나 정교한 도구를 갖추느냐가 성패를 좌우하는 것이다.

- **표적 인프라 진입**: 개발된 침투 수법으로 실제 목표 시스템에 침투하는 것이다. 전력망, 의료 시스템, 기업 네트워크 등 특정 인프라를 선택해 권한 상승과 백도어 설치를 시도하는 것이다.
- **데이터 탈취·파괴**: 침투에 성공하면 민감 정보를 빼내거나 시스템을 교란·파괴해 물리적·심리적·경제적 피해를 입히는 것이다. 스턱스넷의 원심분리기 파괴나 솔라윈즈의 공급망 해킹이 대표적 사례이다.
- **피해·공포 확산**: 실제 피해가 발생하면 언론과 SNS를 통해 사건이 대대적으로 보도되고, 불안과 공포가 증폭되는 것이다. 이 단계에서 '공포 마케팅'과 유사한 심리전 효과가 극대화되는 것이다.
- **대응·방어 조치**: 피해를 인지한 조직과 정부는 보안 패치, 백업·격리 시스템, 법·제도적 대응(조례·규제 제정) 등을 추진해 방어를 강화하는 것이다. 워너크라이 이후 백업 전략이, 솔라윈즈 이후 공급망 보안이 강조된 것이 이 예이다.
- **신형 공격 수법 개발**: 기존 방어책을 무력화할 새로운 기법을 연구·개발하면서 루프가 다시 첫 단계로 돌아가는 것이다. AI 기반 피싱이나 양자 암호화 우회 기술 등이 차세대 공격 방식이 될 수 있는 예이다.

이 사이클이 "루프(loop)" 형태로 반복될 때마다 공격과 방어 양측은 더욱 정교한 수단을 축적하며, 사이버 전장은 점점 더 고도화된 심리전의 장으로 변모하는 것이다. 이 도표는 바로 그 반복과 진화를 시각화한 것으로, 독자가 "어떤 단계에서 대응 역량을 강화해야 하는지"를 전략적으로 파악하는 데 도움을 주기 위한 것이다.

3. 디지털 검열과 '정보 방벽' 전략

21세기 경제·정치 권력의 핵심 축은 디지털 플랫폼 독점이다. 구글·페이스북·아마존·애플·마이크로소프트 같은 거대 테크 기업들은 네트워크 효과와 데이터 집중을 기반으로 시장 진입 장벽을 극도로 높이고 있다. 이로 인해 경쟁은 위축되고, 소비자 선택권은 축소되며, 플랫폼 운영자가 사실상의 법과 규칙을 제정하는 '플랫폼 주권' 시대가 도래했다.

타임라인 내러티브

- 1998년: 구글 창업, 검색 시장에 '페이지랭크' 알고리즘 도입으로 빠르게 점유율 50% 돌파
- 2004년: 페이스북 설립, 소셜 그래프 데이터 축적으로 '친구 추천→체류 시간→광고 매출' 루프 완성
- 2008년: 애플 앱 스토어 오픈, 수수료 30% 모델로 모바일 앱 시장을 통제
- 2012년: 아마존 프라임 서비스 출시, 물류·미디어·클라우드를 결합한 '에코시스템 락인(lock-in)' 가속
- 2017년: EU GDPR 발효, 데이터포털 독점 모델에 첫 제동
- 2020년: 미국 법무부, 구글에 검색·광고 시장 지배적 지위 남용 혐의 제기
- 2021년: EU 디지털 시장법(DMA) 제정, 핵심 플랫폼을 '게이트키퍼'로 분류해 의무 규제 도입

- 2023년: 중국, '플랫폼 경제 규제 강화 방안' 발표, 알리바바·텐센트에 반독점 과징금 부과

경제적 메커니즘은 독점 피드백 루프를 지식적으로 풀어 설명하면 다음과 같다.

먼저 대규모 플랫폼은 초기 투자 단계에서 데이터센터, 서버 인프라, 연구개발(R&D) 예산을 집중 투입하여 네트워크 효과와 규모의 경제를 동시에 확보한다. 이때 플랫폼이 제공하는 서비스가 무료 혹은 극도로 저렴하게 제공될수록 이용자가 급격히 늘어나고, 이용자 수가 많아질수록 플랫폼 자체의 가치는 기하급수적으로 상승한다. 여기에 소셜미디어는 사용자가 많을수록 친구 추천·콘텐츠 공유의 효용이 커지고, 검색 엔진은 검색 로그의 방대한 축적을 통해 알고리즘 정확도가 개선되어 다시 더 많은 사용자를 유인하는 식이다. 이렇게 확보된 방대한 이용자 기반은 곧 방대한 '1st-party'[32] 데이터의 축적으로 이어진다.

소비자의 클릭, 체류 시간, 구매 이력, 위치 정보 등 정교한 행동 데이터를 독점적으로 보유한 플랫폼은 이를 활용해 맞춤형 광고와 추천 시스템의 효율을 극대화한다. 광고주는 점점 더 높은 전환율과 ROI(투자

32) 1st-party(퍼스트 파티)는 제품, 서비스 또는 데이터의 직접 당사자를 뜻한다. 이는 1st-party 데이터는 기업이 고객과 직접 상호작용해 수집한 정보이고, 1st-party 개발사는 플랫폼이나 하드웨어를 만든 회사가 스스로 제작한 콘텐츠나 앱을 말한다. 즉, 중개자나 제3자가 아닌 원 소유자·제공자가 직접 관련된 경우를 가리키는 개념이다.

수익률)를 기대하며 광고비를 집중 지출하게 되고, 플랫폼은 이 수익을 다시 물류·AI·클라우드 인프라 강화 및 신사업 투자로 재투자한다.

재투자된 자본은 서비스 영역을 수직·수평으로 확장하며 생태계를 더욱 굳건히 한다. 예를 들어 전자상거래 플랫폼이 물류망을 직접 구축하면 배송 속도와 비용에서 경쟁 우위를 확보하게 되고, 이를 통해 소비자는 해당 플랫폼에 더욱 묶이고 콘텐츠·미디어·클라우드 서비스까지 포함한 복합 구독 모델로 이탈을 방지 당한다.

클라우드 제공 기업은 이익을 AI 연구에 투입해 고성능 컴퓨팅·분석 서비스를 개발하고, 이를 다시 자사 고객에게 독점적으로 제공함으로써 엔터프라이즈 시장의 진입 장벽을 한층 높인다. 결국 이 루프(loop)의 마지막 단계는 '진입 장벽의 고착화'다. 새로운 경쟁자가 동일한 네트워크 효과와 데이터 축적을 확보하려면 천문학적 초기 투자와 수년간 축적된 행동 데이터를 뒤따라야 하므로, 사실상 시장 진입 자체가 불가능해진다. 이 지점에서 플랫폼은 시장 지배력을 이용해 가격 설정, 서비스 정책, API 접근 권한 등 사실상의 규칙을 스스로 제정하며 '플랫폼 주권'을 행사한다. 이처럼 대규모 투자▷네트워크 효과▷데이터 집중▷맞춤형 서비스 고도화▷재투자 강화▷진입 장벽 고착화▷다시 네트워크 효과 강화로 이어지는 선순환 구조는, 디지털 독점 플랫폼이 지속적으로 성장하고 시장 지배력을 공고히 하는 경제적 엔진이 된다.

1. **네트워크 효과 강화:** 사용자 수 증가▷플랫폼 가치 제고
2. **데이터 집중:** 이용자 행동·거래 데이터 축적▷맞춤형 광고·추천 정확도 상승

3. **수익 고도화**: 광고·구독·수수료 모델 확대▷막대한 이익 창출
4. **재투자 가속화**: 물류·클라우드·AI 연구 투자▷서비스 개선·신사업 진출
5. **진입 장벽 형성**: 규모·데이터·자본력으로 경쟁자 배제▷다시 1단계로 회귀

1단계에서 네트워크 효과로 성장한 플랫폼은 2단계에서 방대한 데이터를 독점적으로 확보한다. 이 데이터를 바탕으로 광고·추천·구독 서비스를 고도화(3단계)하고, 이를 통해 얻은 이익을 물류·클라우드·AI 등에 재투자(4단계)한다. 그 결과 신규 경쟁자는 막대한 초기 투자와 데이터 없이 시장에 진입할 수 없게 되는 진입 장벽(5단계)이 고착화되며, 다시 네트워크 효과 강화로 이어진다.

정치적 함의

- **정책 결정 영향력**: 데이터·광고 시장 지배력은 로비 자원으로 환산된다. 페이스북·구글·아마존은 미국·EU·인도 등 주요 입법 과정에 막대한 로비 자금과 전문 인력을 동원하여 자신들에게 유리한 규칙을 형성한다.
- **언론·여론 통제**: 소셜 플랫폼의 알고리즘은 어떤 정보가 확산되고 가려질지를 결정한다. 2020년 미국 대선 기간 페이스북은 정치 광고 승인 기준을 둘러싼 논란에 휘말렸고, 알고리즘 투명성 요구가 전세계적으로 높아졌다.
- **플랫폼 사법권**: 자체 커뮤니티 가이드라인을 위반했다는 이유로 계정

을 정지하고, 콘텐츠를 삭제하며, 사실상 사적 검열을 수행한다. 이때 이의 제기 절차는 불투명하여 사용자 권리 보호 장치가 미흡하다는 비판이 지속된다.

- **디지털 분절**: 중국·러시아·인도 등은 자국 플랫폼 시장을 보호·육성하기 위해 외국 플랫폼에 규제를 가하거나 자체 대안을 육성한다. 이는 국경별 디지털 장벽을 만들고, 글로벌 인터넷을 여러 개로 나누는 결과를 낳는다.

심화 사례 비교: 구글 vs. 애플 vs. 아마존

구글은 검색·유튜브·안드로이드 생태계를 통해 광고와 앱 시장을 독점, "검색어 추천▷광고 클릭" 루프를 완성했다.

애플은 앱 스토어 수수료 모델과 iOS 독립 앱 승인 정책으로 모바일 결제·콘텐츠 유통을 통제하며, Epic Games와의 반독점 소송을 촉발했다.

아마존은 프라임, 물류 인프라, AWS를 결합해 전자상거래·클라우드 시장을 연계한 락인 전략을 구사, 소상공인 플랫폼 전환 비용을 극대화했다.

국제 규범과 대응 전략

- **EU 디지털 시장법(DMA)**: '게이트키퍼' 지정 기준(매출·사용자 수 등) 충족 시 공정 경쟁, 데이터 공유, 앱 설치 자유 보장 의무를 부과한다.
- **미국 반독점 소송**: 법무부는 구글·페이스북·애플 등에 대해 시장 지

배 남용 혐의 소송을 제기했으나, 입증 난이도와 법적 공방이 길어지고 있다.

- **중국 플랫폼 규제:** 반독점 과징금, 금융 서비스·배달 앱 라이선스 관리 강화로 자국 시장의 디지털 주권을 확보하고 있다.

절 말미 퀴즈 **당신이 디지털 시장 감독관이라면?**

- '게이트키퍼' 기준을 어떻게 정의할 것인가?
  (예: 월간 활성 사용자 5천만 명 vs. 매출 100억 달러)
- 플랫폼의 자사 서비스 우대(자사 상품 검색 상단 노출)를 어떻게 규제할 것인가?
- 글로벌·지역별 디지털 분절을 최소화하면서 자국 산업을 보호하는 균형책은 무엇인가?

디지털 독점은 단순한 경제 현상이 아니라, 시장·정치·사회 전반에 걸친 권력 재편이다. 이 전장에서 승리하려면 기술 혁신은 물론, 공정 경쟁과 개방성, 사용자 권리를 보장하는 규제·거버넌스 체계를 함께 구축해야 할 것이다.

아시아·태평양 지역이 월 150 EB(엑사바이트)의 트래픽으로 전 세계에서 가장 높은 클라우드 사용량을 기록하고 있다. 이는 중국, 인도, 일본, 한국 등 대용량 인터넷 사용자와 빠른 디지털 전환을 추진 중인 신흥 시장이 결합된 결과이다.

북미가 약 120 EB로 그 뒤를 잇는다. 여기서는 대형 IT 기업의 본거지

이자 스트리밍·클라우드 게임·기업용 SaaS(서비스형 소프트웨어) 사용이 집중된 덕분에 트래픽이 폭발적으로 늘어난다.

유럽은 월 85 EB를 소화하며, GDPR 이후 데이터 지역화와 프라이버시 규제 강화에도 불구하고 여전히 기업·공공기관의 디지털 전환 수요가 높다.

중동·아프리카는 40 EB, 라틴아메리카는 25 EB로 상대적으로 낮지만, 석유 수출국의 스마트시티 프로젝트와 브라질·멕시코 등 대형 시장의 커머스·교육 분야 클라우드 도입이 빠르게 증가하고 있어 성장 잠재력이 크다.

이 분포는 "플랫폼이 데이터를 집중시킬 수 있는 지리적 요충지"를 보여준다. 아시아·태평양과 북미, 유럽에서는 이미 경쟁이 치열해진 만큼, 신규 진출 기업은 중동·아프리카나 라틴아메리카처럼 빠르게 성장하는 시장을 전략적 거점으로 삼아야 함을 시사한다.

12

차세대 패권과 정책 제언

1. 우주개발 경쟁과 궤도 자원 주권

"이제까지 살펴본 패권의 작동 메커니즘은 결국 하나의 진실로 귀결된다. 패권의 비밀이 미래 지속가능성에 달려 있다는 사실을 잊지 말자."

21세기 패권 경쟁은 지구 궤도를 벗어나 우주로 향하고 있다. 지구 저궤도(LEO)부터 정지궤도(GEO), 달과 소행성, 더 나아가 화성에 이르기까지, 무수한 궤도와 천체에는 희소 금속(플래티넘군, 희토류), 핵융합 연료로 각광받는 헬륨-3, 그리고 막대한 태양광 에너지 수집 가능성이 잠재되어 있다. 이들 자원을 누가 먼저 확보하고, 어떻게 주권을 행사할 것인가가 곧 차세대 패권의 분수령이 되고 있으며, 국가와 민간 기업 간의 속도전이 치열하게 전개되고 있다.

서막: 우주 패권의 역사와 현재 냉전기의 우주 경쟁(1957~1975)

- **스푸트니크 1호(1957)**: 소련이 세계 최초 인공위성을 발사하며 '우주는 군사·이념·기술 경쟁의 새로운 전장'임을 선언했다.
- **아폴로 11호(1969)**: 미국이 달 착륙에 성공하며 '달을 점령하는 자가 우주를 지배한다'는 메시지를 전 세계에 각인시켰다. 이 시기 우주 개발은 대규모 국가 예산과 군사·정보 수집 목적이 결합된 '하드 파워'였다.

상업 우주 시대 개막(2002~현재)

- **스페이스X의 등장(2002)**: 민간 자본으로 설립된 스페이스X는 2010년 '팔콘 9' 첫 비행에 이어, 2015년 1단계 로켓 착륙 성공으로 발사 비용을 90% 이상 절감했다.
- **블루 오리진·버진 갤럭틱**: 각각 재활용 로켓과 우주관광을 상용화하며 우주 접근성을 대폭 높였다. 이들은 '민간 혁신' 모델을 통해 정부 예산 의존도를 낮추고, 우주 개발의 경제성을 증명했다.

국가 전략 우주 사업 재가동(2018~현재)

- **미국 아르테미스 프로그램**: 2025년까지 유인 달 착륙과 달 남극 기지 설립을 목표로, NASA와 민간기업(스페이스X, 보잉 등) 컨소시엄이 협업체계를 구축했다.
- **중국 톈허 모듈 &장백호 로켓**: 톈허(天和) 기지를 축으로 자체 우주정거장에서 장기간 승무원 체류·실험을 수행하며, 2030년까지 달 탐사,

2040년 화성 탐사를 로드맵에 포함시켰다. 인도, UAE, 일본 등도 독자 발사체와 달 탐사선을 개발하며 우주 경쟁에 가세하고 있다.

궤도 자원 주권의 쟁점인 법적 공백과 주권 원칙은 1967년 채택된 우주조약(Outer Space Treaty)은 "우주와 천체는 인류 공동의 영역"이라 규정, 국가의 주권과 소유권을 부인한다. 하지만 "자원 채취"에 대한 명확한 규정이 없어, 달이나 소행성에서 채굴된 희소물질의 소유권·이익 분배에 대한 국제적 합의가 부재하다.

여기에 궤도 슬롯·주파수 할당 충돌에서 정지궤도 슬롯은 한정되어 있고, ITU(국제전기통신연합) 등록으로만 확보 가능하다. 선점 후 실제 운영하지 않으면 슬롯 박탈 가능성도 있으나, 위성 국적·운영자 간 분쟁이 빈발하다. 이렇게 민·관 파트너십 모델은 미국의 Commercial Lunar Payload Services(CLPS)는 NASA가 과제·자금·통제권을 제공하고, 민간기업이 달착륙선과 과학 장비를 개발·운영하는 구조다. 이 모델은 민간 혁신과 국가 안보·외교 역량이 결합된 '공공·민간 협력체계'로 평가받지만, 책임소재·수익 배분 방식을 둘러싼 논의가 지속되고 있다.

경제·안보 함의에 있어 경제적 가치 창출은 달·소행성 자원 채굴로 지상 희소 금속 공급 망을 획기적으로 혁신하고, 헬륨-3 기반 핵융합 발전 시대를 앞당길 수 있다. 또 궤도 태양광 발전은 대기권 손실 없는 연속적 에너지 공급원이 되어, 지구 탈탄소화 전략의 게임 체인저가 될 잠재력을 지닌다. 특히 군사·안보 경쟁에 있어 위성 레이저 교란, 사이버 공격, 직접 충돌(키네틱 웨폰) 등을 통해 적의 군사·통신 자산을 마비시키는 능력이 곧 우주 패권으로 직결된다. 조기 경보 위성·우주 감시 네트워크 보유 여부가 국가 안보의 1차선 방어막이 되었다.

정책 제언으로 가장 먼저 우주조약 개정 및 신협약 발의로 자원 채취권·소유권을 명확히 규정하고, 이익 분배 메커니즘(국제기금·개발도상국 몫 등)을 제도화해야 한다. 궤도 슬롯과 주파수에 대한 '디지털 경매제'를 도입해 수익을 국제우주개발기금에 환원하는 방안을 검토할 필요가 있다.

한편, 공공·민간 파트너십 확대에 있어 국내 우주벤처에 초기 R&D 자금과 시험 궤도 발사 기회를 제공하고, 기술 실증 후 상업 서비스를 확장하도록 지원해야 한다.달 탐사·자원 채굴 시범 사업을 통해 민간기술 이전과 국제 공동개발 모델을 구체화해야 한다. 또 우주 안보 역량 강화에 따른 위성 궤도 감시망, 우주·지상 연계 사이버 방어 체계, 우주법 집행을 전담하는 우주사령부 설립을 추진해야 한다.

미국·EU·일본·호주 등 우방국과 '우주위협정보 공유협정(COSI)'을 체결해, 실시간 위협 정보와 위성 운영 데이터를 상호 제공할 것을 제안한다.

"만약 당신이 한국우주청 청장이라면, 달 남극의 수소 얼음 자원을 확보하기 위해 어떤 국제 컨소시엄을 구성하고, 민간기업에는 어떤 핵심 기술을 위탁하겠는가?"

숨겨진 코드 한 줄이 바꾼 판도는 "2019년 스페이스X가 팰컨 헤비 로켓의 재활용 엔진 착륙 알고리즘에서 연소 타이밍을 0.2초 수정한 덕분에 성공률이 30%에서 90%로 뛰었고, 이는 우주 발사 비용을 톤당 600만 달러에서 30만 달러로 혁신적으로 낮추는 계기가 되었다."

궤도 자원 주권의 쟁점은 21세기 우주개발 경쟁에서 무엇보다 뜨거운 논란은 '궤도 자원 주권(Orbital Resource Sovereignty)'이다. 우주조약이 보장하는 인류 공동의 영역이라는 원칙과, 현실의 상업적·전략적 이익 추구 사이에는 여전히 큰 간극이 존재한다. 특히 세 가지 쟁점에서 법적·정치적·경제적 불확실성이 두드러진다.

- 국제법의 공백1967년 체결된 우주조약(The Outer Space Treaty)은 "우주와 천체는 인류 전체의 유산이고, 어느 국가도 주권을 주장할 수 없다"고 명시한다. 이 조약은 핵무기 배치 금지, 우주 활동의 평화적 이용 등 중요한 원칙을 세웠지만, 달이나 소행성에서 자원을 채굴했을 때 그 소유권과 이익을 어떻게 나눌지를 다룬 조항은 전혀 포함하지 않는다. 따라서 민간 기업이 달의 헬륨-3을 대규모 채굴하여 독점적 이익을 취하려 해도 이를 제지할 명확한 국제법적 근거가 없는 실정이다. 이 공백은 여러 국가와 기업이 주권을 주장하며 서로의 행보를 예의주시하는 불안정을 낳고 있다.

- 궤도 슬롯과 주파수 할당인공위성을 운영하기 위해서는 정지궤도 슬롯(Geo-stationary Orbital Slot)과 전파 주파수 대역이 반드시 필요하다. 그러나 이 두 자원은 천연자원처럼 유한하다.
ITU(국제전기통신연합)에 등록해 슬롯을 확보하지만, '실제 사용 여부'를 기준으로 우선권이 다툼의 불씨가 된다. 이는 A국의 통신 위성이 계약한 슬롯을 장기간 사용하지 않으면 ITU가 박탈할 수 있으나, 대규모 프로젝트 준비 단계에 있는 위성은 몇 년간 슬롯을 유지해야 하므로 등록만으로도 사실상 장기 독점이 가능하다. 이 과정에서 선진국과 개발도상국 간 국가와 민간 기업 간 갈등이 끊이지 않고 있다.

- 민간 vs. 국가의 역할 분담민간 우주기업은 유연한 조직 구조와 공격적인 투자로 기술 혁신을 주도한다. 스페이스X의 재활용 로켓, 다목적 착륙선, 저궤도 통신 위성군은 민간의 효율성을 극대화한 대표 사례다. 그러나 우주 자원에 대한 주권을 확보하고 국제적 교섭 무대에서 발언권을 갖기 위해서는 국가의 외교·안보 역량이 필수적이다. 미국의 Commercial Lunar Payload Services(CSLP) 프로그램은 NASA가 민간기업에 달 탐사 임무를 과제로 위탁하고, 달 착륙 허가·통신 지원·보험·기술 검증을 국가가 보증해 주는 모델로, 공공과 민간 파트너십의 표준으로 평가받는다. 이처럼 국가의 제도적 뒷받침이 없다면, 민간의 기술력은 아무리 뛰어나도 궤도 자원에 대한 실질적 주권 확보로 이어지기 어렵다. 이처럼 국제법의 공백, 슬롯·주파수 할당 분쟁, 민간과 국가 간 역할 분담의 불균형은 궤도 자원 주권 논의를 더욱 복잡하게 만든다.

다음으로는 이러한 쟁점을 해소하기 위한 정책 제언과 국제 협력 방안을 심층적으로 살펴보자.

경제 부가가치는 우주 자원 개발이 단순한 '호기심 프로젝트'를 넘어 지구 경제 구조를 근본적으로 바꿀 잠재력이 있음을 보여 준다. 달과 소행성에는 지구상에서 희소한 백금족 금속과 희토류 원소가 풍부하게 매장되어 있으며, 특히 헬륨-3는 핵융합 연료로서 이론상 탄소 배출 없이 막대한 에너지를 생산할 수 있다.

달 표면에 태양광 발전소를 건설해 수집한 전력을 마이크로파 형태로 지구에 송전한다면, 육상 태양광 발전이 계절·기후에 따라 받는 제약을 뛰어넘어 24시간 안정적인 전력 공급이 가능해진다. 동시에, 저궤도·중궤도·정지궤도 위성을 통해 제공되는 초고속 위성 인터넷 서비스는 지구상의 외딴 지역부터 도시까지 디지털 격차를 해소하며, 농업 분야에서는 정밀 농업(Precision Agriculture)을 지원해 수확량을 획기적으로 높이고, 재난 대응에서는 실시간 고해상도 감시를 통해 피해를 최소화한다. 이러한 우주 기반 서비스와 자원 채굴 사업은 기존의 석유·광물·전력 인프라에 대한 의존도를 낮추고, 새로운 산업 생태계 우주 자원 가공, 우주 물류·건설, 우주 관광을 창출함으로써 글로벌 경제 판을 재편할 것이다.

안보 경쟁 구도에서는 궤도 공간이 곧 전략적 고지로 변모하고 있다. 레이저·마이크로파 기반 위성 교란 장비가 개발되면서, 위성의 광학·통신 기능을 물리적으로 저하시켜 우주 자산을 사전 제압할 수 있는 능력이 출현했다. 사이버 공격을 통해 위성 제어 소프트웨어를 해킹하면, 궤도 유지 시스템을 교란해 궤도를 이탈시키거나 통신 링크를 완전히 차단할 수 있다. 여기에 고체 연료·고속 탄환을 발사해 적국의 위성을 직접 파괴하는 '키네틱 위성 요격'(ASAT) 기술도 이미 시험 단계에 접어들었다. 이처럼 어느 국가가 먼저 우주 감시망과 실시간 대응 체계를 구축하느냐가 초기 위협 탐지 능력과 군사 통제력을 가늠짓는 핵심 지표가 되었다.

미국의 우주군(US Space Force)은 지상군·해군·공군과 연계된 우주 감시·교란 대응 네트워크를 갖추려 하고 있고, 중국은 '톈왕(天網)' 위성 감시망으로 전 세계의 궤도 활동을 모니터링하며 자국 핵심 위성과 외국 위성의 안전을 동시에 위협할 수 있는 능력을 키우고 있다. 이처럼 궤도 공간의 안보는 지상과 해상 전장만큼이나 중요해졌으며, 전통적 군비 경쟁이 우주 영역으로 확대된 것이다.

정책 제언으로 우주개발 경쟁이 본격화된 지금, 궤도 자원 주권을 둘러싼 불확실성과 갈등을 해소하기 위해서는 국제적 협력·국내 지원·안보 역량 강화가 긴밀히 연계된 다층적 정책 패키지가 필요하다.

2. 국제 협력 프레임워크 재구축

1967년 우주조약이 제정된 이후 50여 년이 흘렀지만, 달·소행성에서 채취한 자원 소유권과 이익 분배에 대한 구체적 지침은 전혀 마련되지 않았다. 따라서 우선 UN 우주조약을 개정하여 "자원 채취권 인정 기준"을 명확히 정리해야 한다. 여기에 자원 채굴 허가는 궤도 슬롯·주파수 배정권과 연계해 일정 기간 시험 채굴 데이터를 제출한 국가 및 민간 사업자에게 우선 부여하고, 채취된 자원의 5~10%를 '국제우주개발기금(ISDF)'에 출연하도록 규정할 수 있다. 이렇게 조성된 기금은 개발도상국의 우주 역량 강화와 국제학술 협력에 재투자하여, '우주는 인류 공동의 유산'이라는 조약 정신을 실질적인 기반으로 삼아야 한다. 또한, 궤도 슬롯과 전파 주파수는 제한된 자원이므로, ITU 등록 방식만으로 장기간 독점이 허용되는 관행을 바꿔야 한다. 여기에 '디지털 경매제' 도입을 제안하는데, 국가·기업이 슬롯이나 대역을 확보하기 위해 입찰에 참여하도록 하되, 일정 기간 사용하지 않을 경우 차 순위에 자동 양도하도록 설계해야 한다. 이를 통해 투명하고 공정한 시장 환경을 조성함과 동시에 획득한 이익을 ISDF에 환원하는 규칙을 병행 적용하여 국제협력 재원을 안정적으로 마련할 수 있다.

민간 우주기업은 기술 혁신과 비용 절감의 핵심 동력이지만, 초기 R&D 투자와 시험 궤도 확보, 법률·보험·외교 지원 없이는 글로벌 경쟁에서 도태되기 쉽다. 정부는 우선 '우주벤처 R&D 바우처'를 도입해 기술 성숙 전 단계의 연구비용을 전액 지원하고, 시험용 플랫폼(지상·저궤도) 이용권을 무상 또는 저가로 제공해야 한다. 또한 민간기업이 발사 실패나 위성 파손 시 감당해야 할 천문학적 손실을 보전하기 위해 '국가보증 보험'을 마련하고, 인허가·외교·안보 관련 법률 서비스를 패키지로 지원하는 전담 창구를 설립해야 한다.

구체적으로는 한국형 우주벤처펀드를 조성해 민간 스타트업에 전용 자금을 공급하고, 발사 경험이 부족한 기업에게는 '한국형 아르테미스 프로그램'을 통해 실전 발사 기회를 제공할 수 있다. 이 과정에서 NASA의 CLPS[33] 모델을 벤치마크하여, 정부는 과제 선정·안전 심사·통신 지

33) NASA의 CLPS는 Commercial Lunar Payload Services의 약자로, 민간 기업이 개발한 착륙선을 활용해 NASA의 과학 장비와 화물을 달에 운송하는 프로그램이다.
아르테미스(Artemis) 계획의 일부로, 비용 절감과 개발 속도 향상을 위해 민간 우주 기업과 협력하는 방식이다. 이를 통해 달 표면 탐사, 자원 조사, 기술 실증 임무를 보다 효율적으로 수행하려는 목표를 갖고 있다.

원을 책임지고, 기업은 착륙선·탐사 로버·자원 채굴 장비 개발이라는 핵심 기술 상용화에 전념하도록 역할을 분담해야 한다.

우주가 새로운 전략적 고지가 된 이상, 궤도 위협에 대한 조기 경보와 대응 체계를 구축하는 것은 국가 안보의 필수 요건이다. 이를 위해 레이저·마이크로파 교란 장비를 탑재한 대응 위성을 개발하고, 사이버 공격으로부터 위성 제어망을 보호할 수 있는 전용 통신 프로토콜과 방화벽 시스템을 도입해야 한다. 소형 무인 우주정찰기(UAS)를 활용해 저궤도 위협을 실시간 탐지·추적하는 전담 조직을 공군·정보사령부 내에 신설함으로써, 우주 경계 감시망을 지상·해상·공중 전력과 연계해 운영할 필요가 있다. 또한, 미국·EU·일본·호주 등 우방국과 '우주위협정보 공유협정(COSI)'을 체결해, 궤도 이상 현상·교란 시도·위성 고장·사이버 공격 징후를 실시간 공유하고 공동 대응하는 다자간 연합체를 구성해야 한다. 이 협정에는 정보 공유뿐 아니라 합동 훈련·워크숍·기술 표준 협력도 포함되어야 하며, 연례 '우주안보 정상회의'를 통해 정책·전략·기술 발전 방향을 정례적으로 조율해야 한다.

위 세 가지 정책 제언은 궤도 자원 주권을 둘러싼 국제법의 공백을 메우고 민간 혁신과 국가 전략이 시너지를 낼 수 있는 토대를 마련하며, 우주 안보 경쟁에서 국가 이익을 효과적으로 수호할 수 있는 종합 솔루션을 제시한다.

독자 투입형 시나리오: 당신이 우주청 장관이라면?

당신은 '한국형 우주개발청'의 초대 장관으로 임명되었다. 이제 막 발족한 우주청은 달·소행성 자원 확보를 통해 국가의 미래 성장동력을 창출해야 하는 중차대한 임무를 띠고 있다.

궤도 슬롯 확보 전략

- **목표 설정**: 통신·지구관측·자원 채굴 등 복수의 우주사업을 동시에 추진하기 위해, 정지궤도 슬롯 2개와 저궤도 군집위성(コンステレーション)용 주파수 대역을 확보해야 한다.
- **우선 순위 판단**: 통신 위성용 궤도 슬롯은 글로벌 인터넷 서비스 인프라에 필수적이므로 'GEO 105° E' 슬롯을 우선 경매 입찰한다. 동시에, 달 탐사 프로젝트와 연계해 달 근접 궤도(100 km 이하)에서 지표 스캐닝이 가능한 저궤도 슬롯을 ITU 비경쟁 지정 절차로 신청한다.
- **전략적 파트너십**: 미국·유럽 연합(EU)과 협력해 '디지털 경매제' 기반으로 공동 입찰을 추진하거나, 일본·호주와 '위성 슬롯 연대권'을 맺어 2차 슬롯 획득 기회를 보장받을 수 있다.

민간기업 과제 위탁과 이익 배분

- **과제 설계**: 달 남극 얼음 채취를 시험할 '극저온 샘플링 드릴'을 민간기업에 위탁한다.
- **기술 이전 조건**: 위탁 기업은 2회의 시험 비행 데이터를 공유해야 하며, 해당 기술의 국내 생산·조립 노하우를 5년 내 국내 중소기업에 이전해야 한다.
- **이익 배분 메커니즘**: 채굴된 자원의 10%는 '국제우주개발기금

(ISDF)'에, 5%는 국내 우주벤처 지원 기금에, 나머지 85%는 위탁 기업과 공동 소유·판매한다. 매출 발생 시점마다 위탁 기업은 15%의 로열티를 정부에 납부하고, 정부는 이를 우주 연구·교육·청년 스타트업 지원에 환원한다.

이 시나리오를 통해, 당신은 궤도 자원 주권을 둘러싼 전략적 판단과 파트너십 설계, 기술 이전 및 이익 분배의 복합적 결정을 직접 체험하게 된다.

숨겨진 코드 한 줄이 바꾼 판도는 "2019년 2월, 스페이스X 엔지니어들은 팰컨 헤비 재활용 로켓의 1단계 엔진 제어 소프트웨어에서 연소 타이밍 변수 하나(burn_time_offset)를 −0.15에서 −0.20로 조정했다. 이 단 한 줄의 수정 덕분에 1단계 착륙 속도가 0.5m/s 느려져 착륙 충격을 극적으로 완화했고, 재활용 성공률이 65%에서 95%로 급등했다. 그 결과 발사체당 비용이 6000만 달러에서 3000만 달러로 절반 이하로 떨어졌고, 우주 발사 시장 전체의 가격 기반이 대폭 하락하는 계기가 되었다."

이처럼 사소해 보이는 소프트웨어 코드 한 줄이 우주 발사 비용 혁명을 촉발했고, 지금의 민간 우주 시대와 궤도 자원 주권 경쟁 판도를 근본적으로 뒤바꿨다.

3. 기후외교: 탄소배출권·재생에너지 패권의 복합 전투

21세기 패권 전선은 이제 기후변화를 둘러싼 외교·경제·안보의 교차로로 이동했다. 화석연료가 20세기 '블랙 골드(Black Gold)'를 지배했다면, 재생에너지와 탄소배출권 시장이 21세기 '그린 골드(Green Gold)'의 판도를 좌우한다. 탄소배출권 거래와 재생에너지 기술·정책을 무기 삼아 글로벌 공급 망과 외교 무대에서 우위를 점하려는 국가와 기업 간 경쟁은 이미 극한으로 치닫고 있다.

1997년 일본 교토에서 열린 교토의정서는 선진국에만 온실가스 감축 의무를 부여하며 '책임 분담 원칙'을 도입했다. 이때 탄소배출권 거래제(Emissions Trading Scheme, ETS)라는 개념이 실험적으로 등장했고, 유럽연합은 2005년 자국 단위의 EU ETS를 출범시켰다. 그러나 초기 시장은 낮은 배출권 가격과 불투명한 회계 관행으로 '유령 거래'와 회계 그린워싱 비판에 시달렸다.

2015년 파리협정은 전 세계 190여 개국 모두에 자발적 감축 목표(NDC: Nationally Determined Contributions)를 설정하도록 하면서 기후외교를 포괄적 메커니즘으로 확장시켰다. 이 협정 이후 탄소가격은 톤당 20달러에서 50~100달러까지 급등했고, 기업과 투자자는 재생에너지와 탄소포집·저장(CCS) 프로젝트에 대규모 자금을 투입하기 시작했다.

탄소배출권 시장은 본래 '하나의 탄소톤이 하나의 감축으로' 대응하는 단순한 거래 구조를 취했지만, 현실에서는 복잡한 회계 기술과 거래 관행이 그 순수성을 갉아먹고 있다. 다국적 기업들은 내부 계열사 간 탄소배출권을 무차별적으로 사고파는 '내부거래'를 통해 실제 온실가스 감축 여부와 무관하게 장부상의 흑자를 만들어 내고, 동시에 동일한 감축 기여를 두 번 이상 인정받는 '크레딧 이중계상'으로 수익을 극대화한다. 이 과정에서 실제 개발도상국 현지에서 이루어지는 감축 활동은 제대로 검증되지 않거나, 감축 효과가 미미한 CDM 프로젝트의 권리를 대량 매입하여 자국 감축 실적으로 돌려막는 식의 회계 그린워싱이 횡행한다.

이러한 불투명한 관행은 곧 시장 전반에 대한 불신으로 이어진다. 유럽연합의 EU ETS, 미국 캘리포니아의 캘리포니아배출권거래제(CCA), 중국의 국가 ETS 등 각국이 채택한 감축·회계 기준이 서로 다르기 때문에, 기업들은 자신에게 유리한 시장에만 거래를 집중하며 가격 격차를 부풀린다. 결과적으로 배출권 가격의 예측 가능성은 사라지고, 글로벌 투자자와 정책 입안자들은 시장의 실효성에 의문을 제기하게 된다.

이에 대응하기 위해 국제탄소감축기구(ICRO)는 블록체인 기술을 활용해 모든 배출권 발행과 이전, 소각 과정을 투명하게 공개하고 표준화된 실사 리포트를 의무화하려 시도하고 있다. IETA(국제탄소배출권거래협회) 역시 회원사를 대상으로 제3자 검증 의무화, 위반 시 시장 접근 제한 등 강력한 '최고 실무 관행'을 도입하며 자정 노력을 강화 중이다. 그러나 진정한 해결은 각국의 회계 기준과 거래 규칙을 하나의 통일된 프레임워크로 융합하는 데 달려 있다. 내부거래와 이중계상을 원천 봉쇄하고, 모든 감축 프로젝트가 "톤당 한 번만 인정되는" 원칙을 철저히 준수하도록 보장하는 글로벌 표준이 마련될 때, 비로소 탄소배출권 시장은 온전한 기후 해결 도구로서의 위상을 회복할 수 있을 것이다.

안보 경쟁 구도의 재편은 기후외교의 본질이 '환경 보호'에서 '국가 안보와 외교 전략'으로 확장되었음을 보여준다. 탄소배출권 시장은 더 이상 단순한 감축 인센티브가 아니라, 국가 간 우위 확보를 위한 외교적·경제적 무기가 되었다. 예컨대 EU는 CBAM(국경 탄소조정 메커니즘)을 통해 고탄소 제품에 관세를 부과하면서 자국 산업을 보호하는 동시에 중국·인도와 같은 대규모 배출국에 정책 변화를 압박하는 교두보로 삼았다. 이 과정에서 전력망과 스마트그리드 같은 에너지 인프라가 단일 실패 지점(single point of failure)이 되지 않도록 군·민 통합 방어체계를 구축하는 것이 곧 국가 안보 과제가 되었다.

사이버 위협은 기후 안보 경쟁의 핵심 요소로 떠올랐다. 해커들이 배출권 거래 플랫폼을 교란해 시장 가격을 왜곡하거나, 스마트 미터링 시스템을 해킹해 전력 소비 데이터를 조작하면 해당 국가의 에너지 안보와 경제 안정이 한순간에 무너질 수 있다. 이에 대응해 미국은 국토안보부(DHS) 산하에 기후인프라 보호 태스크포스(CIPTF)를 설치하고, 재생에너지 설비에 대한 사이버·물리적 방어 표준을 제정했다. 동시에 재생에너지 장비 제조 과정에 군사 등급의 공급망 보안 규정을 도입해, 적국의 스파이 행위나 사이버 공격으로부터 핵심 부품 생산을 차단하고 있다.

또한 기후 외교는 전통적 군사력 투입 없이도 '녹색 제재(green sanctions)'라는 새로운 수단을 제공한다. 탄소 국경세, 재생에너지 보조금 배제, 탄소금융 배제 등이 바로 그것이다. 러시아가 우크라이나 침공 이후 유럽 금융시장에서 배출권 투자 상품에서 배제된 것은, 군사 제재 못지않은 경제적 타격을 주는 사례다. 중국 역시 일대일로 그린융자를 활용해 개도국 에너지 인프라를 자국 규격에 종속시킴으로써 '그린 부채 함정(green debt trap)'을 조성하고, 외교적 영향력을 강화하고 있다.

결국 기후외교 안보 경쟁의 승자는 재생에너지 네트워크와 탄소시장 인프라를 안전하게 설계·운영하며, 동시에 '녹색 제재'를 전략적으로 활용해 글로벌 공급망을 재편할 전략적 역량을 갖춘 국가가 될 것이다. 이러한 전환이야말로 기후 위기에서 살아남기 위한 안보 패권의 새로운 기준이다.

기후 패권의 균형을 회복하기 위해서는 투명성·지속 가능성·국제 공조라는 세 축을 유기적으로 엮은 정책 패키지가 필요하다.

우선 탄소시장에 대한 근본적인 신뢰 회복이 시급하다. 이를 위해 모든 배출권 발행·거래·소각 이력을 국제탄소감축기구(ICRO)에서 운영하는 블록체인 기반 공개 플랫폼에 기록해야 한다. 이 분산 원장 기술을 통해 거래 과정의 위변조가 불가능해지고, 각 거래 단계마다 참여자·규모·검증 정보가 영구 보존된다. 나아가 '스마트 컨트랙트' 기능을 도입하여 제3자 검증을 거치지 않은 배출권 거래는 자동으로 무효화되게 함으로써 내부거래·이중계상 같은 그린워싱 기법을 원천 차단할 수 있다. 이러한 제도가 안착되면 시장 참여자 모두가 "톤당 한 번만 인정되는 탄소크레딧"이라는 거래 원칙을 실시간 확인할 수 있게 되어, 투자자와 정책결정자의 신뢰는 물론, 정부 간 협력도 빠르게 회복될 것이다.

둘째, 재생에너지 외교도 단순 지원에서 현지 자립 역량 강화로 패러다임 전환이 필요하다. 과거 '무상 원조' 방식의 그린융자는 현지 관리·운영 역량이 뒤따르지 못해 지원금만 소진되는 사례가 빈번했다. 대신 '성과 연결형 금융(Pay-For-Success)' 모델을 도입해, 수혜국이 설정된 온실가스 감축 목표를 달성할 때만 지원 자금이 집행되도록 설계해야 한다. 예컨대 태양광 발전소 설비 지원 시 초기 설치비 전액이 아닌, 발전량·감축량이 목표치의 80%를 넘길 때마다 단계적으로 지원금을 지급하는 방식이다. 이 과정에서 현지 노동자 교육·운영·정비 역량을 강화하는 조건을 부과하면, 수혜국은 프로젝트 완료 후에도 지속적으로 재생에너지 인프라를 관리·확장할 수 있게 된다.

마지막으로, 기술과 제도화 차원에서는 국제 표준과 무역 규범을 조속히 정비해야 한다. ISO·IEC 차원에서 태양광 패널·풍력 터빈·배터리 저장 시스템·탄소포집장치 등 핵심 그린테크에 대한 글로벌 표준을 마련하고, 이를 기술 사양으로 채택한 기업이나 국가에 인증 마크를 부여함으로써 기술의 상호 운용성과 공정 경쟁을 보장해야 한다. 한편 WTO에서는 '기후 관세(Climate Border Adjustment)' 기준을 통일하여, 탄소 함량이 높은 수입 상품에 일관된 탄소세를 부과하고, 무차별적인 보호주의 논란을 차단해야 한다. 이를 통해 선진국과 개발도상국 모두가 예측 가능한 규제 환경 아래에서 친환경 기술을 개발·교환할 수 있으며, 주요 특허를 공동 특허 풀(pool)로 묶어 로열티를 공유하는 메커니즘을 통해 중소기업과 후발국가의 접근 장벽도 낮출 수 있다. 이처럼 투명한 거래 플랫폼, 성과 기반 지원 모델, 국제 표준·무역 규범의 통일이라는 세 축의 정책이 조화롭게 집행될 때 탄소배출권과 재생에너지 기술은 단순한 시장 도구를 넘어 '진정한 그린 패권'의 균형점을 찾을 수 있을 것이다.

"당신이 기후외교를 책임지는 외교장관이라면, 자국 기업이 CCU

(Carbon Capture &Utilization) 기술을 동남아시아 개발도상국에 수출할 때, 어떤 조건으로 기술 이전 계약을 체결하고, 현지 감축 실적을 어떻게 보증하겠는가? 예컨대 '성과 연결형 금융(PFS)' 모델을 적용해 감축 목표 달성 단계마다 지원금을 단계적으로 집행하고, 기술 이전 후 3년간 현지 운영 데이터 공유·감사 의무를 부과하는 방식을 택할 것인가, 아니면 초기 지원을 확대하되 감축 실적이 목표치 미만일 경우 로열티를 감면해 주는 '인센티브 기반 배분' 방식을 선호할 것인가?"

"2021년 EU가 CBAM(Carbon Border Adjustment Mechanism)의 초도 세율을 톤당 25유로가 아닌 40유로로 책정하면서 중국·인도 등 아시아 철강 수출 시장이 약 50억 유로 규모로 위축되었고, 이로 인해 글로벌 공급망 재편 속도가 2년가량 단축되었다."

이처럼 기후외교는 경제·환경·안보·외교가 결합된 총체적 전장이며, 탄소배출권과 재생에너지 기술 패권은 국제질서의 향방을 결정짓는 핵심 변수다. 독자는 이 절을 통해 '그린 골드'를 둘러싼 권력 투쟁의 메커니즘과 이를 타개하기 위한 정책 해법을 종합적으로 이해하게 될 것이다.

4. 사이버 공간의 신(新) 패권 모델

사이버 공간은 이제 정보 공유의 장을 넘어 21세기 패권의 핵심 무대가 되었다. 과거 '물리적 전장'을 지배했던 군함과 탱크 대신, 오늘날에는 데이터센터·클라우드 인프라·통신망·AI 알고리즘이 새로운 '전투 장비'로 부상했다. 국가와 빅테크 기업, 비국가 행위자는 모두 이 눈에 보이지 않는 전장에서 우위를 차지하기 위해 치열하게 경쟁하고 있다.

ARPANET과 냉전기의 정보 우위(1960~1990)1960년대 초반, 미국 국방부의 고등연구계획국(DARPA)은 분산 네트워크 개념을 실험하기 위해 ARPANET을 구축했다. 처음에는 UCLA, 스탠퍼드 연구소, 버클리 등 몇몇 학술·군사 연구기관을 연결하는 작은 시험망에 불과했지만, 패킷 교환(packet switching) 기술을 활용해 '한 노드의 파괴에도 전체 네트워크가 살아남는' 혁신을 입증했다. 이로써 '네트워크 연결의 힘(Network Power)'이 군사 지휘 통제 시스템과 정보 수집 역량을 획기적으로 강화한다는 사실이 드러났다. 한편 소련 역시 암호 통신 기술과 전자전(electronic warfare)에 막대한 자원을 투입하며 정보우위 경쟁에 뛰어들었다.

미국과 소련의 정보·암호 전쟁은 사이버 전장의 원형을 만들었고, 이 시기 개발된 암호 알고리즘과 해킹 기법은 이후 사이버 패권 논의의 기초가 되었다.

- **상업 인터넷과 빅테크의 등장(1995~2010)**: 1990년대 중·후반부터 ARPANET 후신인 NSFNET이 민간에 개방되면서 본격적인 상업 인터넷 시대가 열렸다. 이 시기에 넷스케이프(Netscape) 브라우저가 출현했고, 기업들은 웹서버와 도메인 이름 등록 사업에 뛰어들었다. 1998년 구글의 페이지랭크(PageRank) 알고리즘은 방대한 웹 문서를 효율적으로 색인하며 사용자 검색 경험을 혁신했다. 곧이어 아마존은 온라인 서점에서 출발해 클라우드 서비스(AWS)를 선보였고, 페이스북과 트위터는 "소셜 그래프"라는 개념으로 전 세계 이용자를 연결하는 플랫폼 제국을 건설했다. 마이크로소프트 역시 MSN

과 윈도우 라이브 서비스를 통해 인터넷과 운영체제의 경계를 허물었다. 이 빅테크 기업들은 물리적 국경을 넘어선 글로벌 데이터센터와 통신망을 확보하며, 정보 흐름을 통제하고 데이터 독점으로 막대한 영향력을 행사하는 '디지털 제국(Digital Empire)'의 기틀을 다졌다.

- **사이버전·디도스·정보전의 확산(2010~현재)**: 2010년대 들어 국가 주도의 정교한 사이버 공격이 일상화되었다. 중국의 APT1, 러시아의 Cozy Bear 등으로 대표되는 지능형 지속 위협(Advanced Persistent Threat) 조직은 기업과 정부 네트워크에 백도어를 은밀히 심고, 장기간 기밀 데이터를 탈취해 왔다. 랜섬웨어 공격도 급증해 2017년 워너크라이(WannaCry) 사태에서 150개국의 병원·기업·공공기관이 마비됐다. 동시에 정보전(Information Warfare) 수법이 다각화되어, 가짜 뉴스와 소셜 봇이 선거·여론조작에 활용되기 시작했다. 2016년 미국 대선과 브렉시트 국민투표 당시 Cambridge Analytica 사건은 수천만 명의 개인 데이터를 기반으로 맞춤형 정치 광고를 전송하며 여론을 뒤흔들었다. 이러한 공격과 조작 기법은 사이버 공간을 '전면전'의 무대로 전환시켰고, 오늘날 모든 나라와 기업은 디지털 침해와 정보 조작에 대한 경각심을 최고 수준으로 끌어올릴 수밖에 없게 되었다. 이처럼 사이버 패권은 ARPANET 구축 시절의 네트워크 실험에서 시작해, 상업 인터넷과 빅테크의 글로벌 제국 건설, 그리고 고도화된 사이버전과 정보전으로 진화해 왔다. 21세기 패권 경쟁은 이제 물리적 무기가 아닌 데이터·플랫폼·알고리즘·사이버 작전 역량을 중심으로 전개되는 새로운 국면에 접어들었다.

21세기의 패권 전장은 더 이상 항공모함이나 탱크가 아니라, 보이지 않는 '데이터'와 이를 운반·처리·분석하는 디지털 인프라가 무대다.

첫 번째 핵심 요소인 데이터 인프라 통제는 곧 물리적 토대이자 전략적 자산을 장악하는 것을 의미한다. AWS, 마이크로소프트 애저, 구글 클라우드 플랫폼(GCP) 같은 글로벌 클라우드 제공업체는 전 세계 주요 도시마다 데이터센터 리전을 배치하고, 대륙 간 해저 케이블을 통해 이들 리전을 연결한다. 이 네트워크를 누가 운영하느냐에 따라 데이터의 흐름을 감청하거나 차단할 수 있고, 서비스 지연이나 대역폭 제한으로 상대의 비즈니스·통신을 교란할 수도 있다.

유럽연합이 GDPR(일반 개인정보보호법)을 통해 "유럽 시민의 데이터를 유럽 내에 보관"하도록 법제화하고, 중국이 Cybersecurity Law로 외국 클라우드를 사실상 봉쇄하는 것은 바로 이 데이터 인프라 통제를 국가 안보 전략으로 끌어들인 대표적 사례다. 결국 데이터센터와 해저 케이블의 소유·접근권을 장악하는 쪽이 '디지털 국경'을 설정하며, 글로벌 정보 전쟁의 1차 관문을 지키는 것이 된다.

두 번째 요소인 플랫폼 알고리즘 권력은 정보의 가공·필터링·추천 과정에서 드러난다. 소셜미디어 타임라인에 어떤 게시물이 올라올지, 검색엔진 결과 상위에 어느 기사가 배치될지는 모두 알고리즘이 결정한다. 이 과정은 단순한 편의 추천을 넘어 정치적·경제적 의제 설정 권력을 수반한다.

2016년 미국 대선 당시 Cambridge Analytica가 페이스북 이용자 성향을 분석해 맞춤형 정치 광고를 대량 송출한 것은 알고리즘 권력의 전형적 예다. 여기에 대규모 언어 모델(LLM)과 이미지 인식 AI가 더해지면 '사실'과 '허구'의 경계조차 흐려진다. 딥페이크 영상과 자동 생성 뉴스 기사는 사람들의 신뢰 체계를 흔들며, 여론전과 심리전의 새로운 무기가 된다.

세 번째 요소인 사이버 작전 역량은 물리적·논리적 공격 수단을 모두 포괄한다. DDoS(분산 서비스 거부) 공격은 특정 웹사이트나 온라인 서비스를 단시간에 마비시키는 능력으로, 기업의 비즈니스 연속성을 위협한다. 랜섬웨어는 파일을 암호화해 인질로 삼는 공격 수단으로 발전해, 전 세계 병원이나 공공기관에 엄청난 피해를 남겼다. 그보다 더 은밀한 수법으로 공급망 해킹이 있다. 2020년 SolarWinds 사태에서 보듯, IT 관리 소프트웨어에 백도어를 심어 전 세계 1만8천여 곳의 네트워크를 침투한 사건은 단순 해킹을 넘어 '신뢰 기반 붕괴'라는 새로운 전술을 보여주었다. 이처럼 사이버 작전은 단일 국가나 기업을 장기적으로 교란·감시·파괴할 수 있는 수단으로 자리 잡았다.

마지막으로, 규범·거버넌스 주도권은 이 모든 물리적·기술적 경쟁을 제도와 표준으로 굳히는 과정이다. Tallinn Manual이나 UN GGE 권고처럼 국제 사이버 규범은 아직 법적 구속력은 없지만, 이러한 문서를 주도적으로 작성·발의하는 국가는 다른 국가의 행동 범위를 제한할 수 있는 도덕적·외교적 레버리지를 확보한다. 또한 ICANN, IETF, W3C 같은 사설 기술 표준화 기구에서 의결권을 장악하는 것은 장기적으로 인터넷 아키텍처와 프로토콜 설계에 영향을 미친다. IPv6 주소 할당부터 DNS 관리, 웹 보안 표준까지, 어느 세부 기술이 공인될지가 곧 전 세계 디지털 환경의 기본 룰을 결정짓는다.

이 네 가지 요소가 결합할 때, 사이버 공간의 신(新) 패권 모델이 완성된다. 물리적 전장에서는 상상할 수 없었던 속도와 은밀함으로, 국가와 기업은 데이터 흐름을 조종하고 알고리즘을 통해 여론을 형성하며, 사이버 작전으로 상대방을 교란·통제하고, 표준과 규범으로 자신들의 지배 권리를 영구화한다. 21세기 패권은 더 이상 대포가 아닌 코드와 회로, 그리고 그 뒤의 거버넌스 싸움에서 판가름 난다.

사이버 공간을 무대로 한 패권 경쟁은 물리적 전장의 고전적 틀을 완전히 뒤집으며 새로운 양상을 드러낸다. 국가, 거대 기술기업, 그리고 비국가 행위자가 각자 '디지털 방패와 창'을 연마하며 서로를 겨누는 모습은 전통적 군사 균형 이론을 재정의하고 있다. 미국, 중국, 러시아 등 주요 강대국은 각자의 사이버사령부를 설립해 공격·방어 역량을 체계적으로 강화하고 있다.

미국은 2019년 국방부 산하에 U.S. 사이버사령부(USCYBERCOM)를 독립 사령부로 승격시켜, 군사작전·정보수집·방어를 통합 운영한다. 또한 외교부와 연계해 동맹국에 사이버 방어 훈련 프로그램을 제공하고, '사이버 방패 동맹체(Cyber Shield Alliance)' 구상을 제안하며 디지털 외교 무대를 확장 중이다.

중국은 인민해방군 전략지원부대를 통해 사이버전·전자전·정보전을 통합 지휘하며, '톈왕(天網)' 감시 위성망과 연계해 전 지구적 데이터 모니터링 능력을 확보하고 있다. 또한 일대일로 국가들에 사이버 인프라 구축을 지원하며 '디지털 실크로드'를 확장, 동맹국 내 정책 영향력을 강화한다.

러시아는 GRU(군사정보국) 산하 85국 등을 통해 APT 공격 역량을 고도화하고, '하이브리드 전쟁' 전략 속에 디지털 정보전·심리전·사이버 작전을 결합한다.

NATO 회원국 대상 디도스 공격과 가짜 뉴스 유포 사례는 동맹 내 불신을 증폭시키는 디지털 창으로 활용된다. 이처럼 주요국은 공격(창)과 방어(방패)를 동시에 연마하며, 디지털 외교 채널을 통해 동맹국을 결집하고 공조 체계를 구축함으로써 사이버 공간에서도 집단안보 모델을 추진하고 있다. 여기에 구글·아마존·페이스북·마이크로소프트 등 빅테크 기업들은 공공규범 준수를 외치며 프라이버시 보호, 알고리즘 투명성 같은 윤리 의제를 전면에 내세운다. 동시에 수십억 사용자 데이터를 자사 클라우드와 앱 생태계에 묶어 '데이터 국경(Data Border)'을 구축한다. 이들은 '데이터 현지화(Localization)' 정책을 지지하는 듯 보이지만, 실제로는 자사가 통제 가능한 리전 내에서만 데이터를 처리하도록 하여 완전한 글로벌 데이터 흐름을 차단한다.

플랫폼 사업자는 주요 시장에서 규제 압박을 완화하기 위해 자발적 윤리 위원회나 '모델 카드(Model Card)' 공개를 약속하면서도, 핵심 추천·광고 알고리즘의 소스 코드와 학습 데이터를 비공개로 유지한다. 이 이중적 행보는 빅테크에게는 규제 리스크를 낮추고, 동시에 사용자 이탈을 막아 막대한 광고·클라우드 수익을 지키는 전략적 보호막이 된다. 해킹 조직, 해커 커뮤니티, 사이버 범죄 집단은 국가와 기업이 통제할 수 없는 불확실성을 만들어 내며 사이버 패권 질서를 끊임없이 교란한다.

- **크라임웨어(Crimeware):** 랜섬웨어, 데이터 탈취, 가상화폐 갈취 등을 전문으로 하는 조직은 막대한 이익을 챙기며 사이버 범죄 생태계를 성장시킨다.
- **익명 해커 그룹:** Anonymous, Lizard Squad 같은 집단은 정치적·이념적 목적의 공격을 수행, 공공기관·기업 네트워크를 타깃으로 디도스나 정보 유출을 감행해 사회적 혼란을 초래한다.
- **오픈소스 커뮤니티·해킹 툴:** Kali Linux, Metasploit 같은 공개 툴이 해커에게 무료로 제공되면서, 공격 수법은 더욱 대중화되고 고도화된다.

이들 비국가 행위자는 국가나 기업의 방어체계를 시험하는 '민첩한 경쟁자'로, 기존 패권 모델을 교란하면서도 새로운 도전 과제를 던진다.

이와 같이, 사이버 공간의 신 패권 경쟁은 국가·기업·비국가 행위자가 각자의 방패와 창을 더욱 정교하게 연마하며 벌이는 삼중전(三重戰)으로 전개된다. 전통적 군사력·경제력에 더해 데이터 인프라, 알고리즘, 사이버 작전, 거버넌스가 패권을 가르는 핵심 요소로 자리 잡았다. 이 무한 경쟁 속에서 탄탄한 디지털 방패와 날카로운 디지털 창을 동시에 소유한 주체만이 21세기 패권의 승자가 될 것이다.

디지털 패권의 균형을 이루기 위해서는 데이터 인프라, 알고리즘, 사이버 방어라는 세 축이 상호 보완적으로 작동하는 통합적 거버넌스 체계를 구축해야 한다. 각국은 자국의 클라우드·데이터센터·해저 케이블을 단순한 민간 인프라가 아니라 '디지털 영토(Digital Territory)'로 규정하는 법·제도적 기반을 마련해야 한다. 구체적으로, 데이터센터와 해저 케이블 노드의 소유·운영·접근 권한을 명시한 디지털 영토법을 제정하여, 외국 기업 또는 정부 차원의 무단 접근·감청을 법적으로 금지하고, 위반 시 엄격한 제재를 부과해야 한다. 이 프레임워크에는 자국 내 데이터 처리 의무, 외부 통신망 연결 시 사전 승인 프로세스, 국가 비상 시 디지털 국경 통제 권한 등의 조항이 포함되어야 하며, 민·관 협의기구를 통해 정기적인 검토와 업데이트가 이루어져야 한다. 이를 통해 각국은 디지털 인프라의 전략적 가치를 명확히 하고, 글로벌 경쟁 속에서도 자국민의 데이터 주권을 보장할 수 있다. 플랫폼이 제공하는 추천·검색·콘텐츠 필터링 알고리즘이 사회·정치·경제 전반에 미치는 영향은 이제 객관적 사실을 넘어 여론과 시장을 재편할 만큼 강력해졌다. 따라서 주요 플랫폼 사업자는 핵심 의사결정 로직을 '모델 카드(model card)' 형태로 공개하고, 해당 알고리즘이 특정 집단·이슈·정책에 미치는 영향을 검증하는 책임 규정을 법제화해야 한다. 예를 들어, 추천 알고리즘이 정치 콘텐츠 편향을 유발할 경우 플랫폼이 이에 대한 수정 계획과 실행 결과를 연 1회 이상 공시하도록 의무화하고, 편향 시정 의무를 위반하면 벌금·서비스 제한 등의 제재를 가해야 한다. 또한 이용자는 자신이 소비하는 알고리즘 프로파일의 주요 기준 연령·성별·관심사 등을 열람·수정할 수 있는 권한을 부여받아야 하며, 이를 지원하는 '알고리즘 리터러시 교육' 프로그램을 공교육 과정에 포함시켜야 한다.사이버 공격은 국경을 무시하고 전 지구적 파급효과를 낳는다. 단일 국가의 대응만으로는 복합·지속 공격을 막을 수 없으므로, 핵심 인프라(전력망·금융망·통신망·교통망 등)에 대한 공격이 감지되는 즉시 다자간 연합이 공동 방어에 착수하는 '사이버 방어 조약(Cyber Defense Pact)'을 체결해야 한다. 이 조약에는 공격 징후 공유를 위한 실시간 위협 인텔리전스 네트워크 구축, 공동 모의훈련과 대응 프로토콜 표준화, 비상 시 사이버 구호 인력·기술 지원 의무 등이 포함된다. 또한 연합 참여국은 자국 내 사이버 방어 전문가를 상호 파견해 주요 인프라 운영실·SOC(Security Operations Center)를 공동 점검하고, 선제 보안 패치를 공유함으로써 취약점 노출을 최소화해야 한다.

이 세 가지 정책 제언은 각각 독립적 효과를 발휘함과 동시에 상호 연계될 때 비로소 디지털 패권의 균형을 이루는 견고한 방패와 창이 된다. 디지털 영토법이 데이터 주권을 확보하고, 알고리즘 투명성 제도가 플랫폼 권력의 남용을 제어하며, 국제적 사이버 방어 연합이 전면적 공격을 무산시킬 때, 우리는 물리적 전쟁이 아닌 디지털 전장에서 공정하고 안정적인 질서를 구현할 수 있을 것이다.

"만약 당신이 국가 사이버사령관이라면, 자국의 핵심 데이터센터와 해저 케이블을 보호하기 위해 어떤 법·제도를 우선 도입하겠는가? 예컨대 '디지털 영토법'에 어떤 접근·감청 금지 조항을 포함하고, 위반 시 어떤 제재 수단(영업 정지, 과징금, 자산 동결 등)을 마련할 것인가? 또한 글로벌 빅테크 플랫폼이 자국 내 사용자 데이터를 자국 밖으로 반출하거나, 알고리즘을 통해 전략적 여론 통제를 시도할 때, 이를 견제하기 위해 어떤 외교·경제적 압박 카드를 꺼낼 것인가? 예를 들어, 플랫폼 접근 허가 조건에 '모델 카드' 공개 의무를 포함하거나, 비협조 기업에 대해 디지털 관세나 국내 클라우드 서비스 사용 제한을 적용하는 방안을 고려

할 수 있다."

이 시나리오는 독자가 국가 안보와 디지털 주권을 직접 설계하는 역할을 통해 "어떤 방패와 창을 먼저 선택할 것인가"를 현실감 있게 고민하도록 유도한다.

5. 대한민국을 위한 '숨겨진 전략' 5가지 제언

21세기 패권 경쟁의 주요 무대였던 화약과 토지 권력을 뛰어넘어, 이제 대한민국이 '보이지 않는 권력'을 손에 넣기 위해 반드시 취해야 할 다섯 가지 전략을 제안한다.

1. **디지털 주권 확보를 위한 '국가클라우드+데이터 영토법' 제정:** 대한민국은 국내 주요 데이터센터와 해저 케이블 노드를 국유·공유 인프라로 재편하고, 이를 "국가클라우드"라는 법적 지위로 보호해야 한다. '데이터 영토법(Digital Territory Act)'을 통해 외국계 클라우드 사업자의 국내 리전 운영 요건(데이터 현지화, 보안 심사, 접근 통제)을 엄격히 규정하고, 위반 시 운영 중단·과징금·기술 이전 의무를 부과한다. 이를 통해 자국민·기업의 데이터 주권을 확립하고, 디지털 외교 교섭에서 "우리 클라우드를 통하지 않은 트래픽은 국내망에 진입할 수 없다"는 강력한 '디지털 방패'를 구축할 수 있다.

2. **알고리즘 주권 구현을 위한 '국가 AI 모델 카드' 의무화:** 빅테크 플랫폼이 여론·시장·문화 전선을 지배하는 상황에서, 대한민국은 공

공·민간이 함께 개발한 대형 AI 모델에 대해 '국가 AI 모델 카드(National AI Model Card)'를 법제화하여 모든 상업·공공 AI 서비스가 핵심 학습 데이터·의사결정 로직·영향 평가 결과를 공개하도록 해야 한다. 특히 언어·이미지 생성 모델이 국내 정치·사회 이슈를 다룰 때는 "한·영·중 번역 오류 비율", "정치 편향 지표" 등을 명시해 이용자가 판단 근거를 갖도록 제도화한다. 이 과정에서 과잉 규제 없이 글로벌 수준의 투명성과 책임성을 확보하면, 대한민국은 AI 거버넌스 선도국으로서 국제 규범 형성에서도 주도권을 쥘 수 있다.

3. **기후외교 강화용 '블록체인 탄소신탁펀드' 출범:** 탄소배출권 시장의 불신과 그린워싱을 넘어, 대한민국은 자체 블록체인 기반의 'K-CCU 신탁펀드'를 설립해 CCUS(Carbon Capture, Utilization &Storage) 기술 상용화 프로젝트를 투명하게 펀딩·감독해야 한다. 정부·국제기구·민간기업·학계가 참여하는 제3자 신탁위원회가, 단계별 감축 실적을 스마트컨트랙트로 자동 검증·해제하며 투자금을 집행한다. 이 펀드는 동남아·중앙아시아 개도국의 현지 감축 프로젝트에도 사용되어, "한국 모델"로서의 신뢰성과 기술 수출 경쟁력을 동시에 확보한다.

4. **사이버 방패 확장을 위한 '한·미·일 Cyber Shield Alliance' 주도:** 대한민국은 U.S. 사이버사령부, 일본의 사이버 방위대와 연계해 '한·미·일 Cyber Shield Alliance'를 공식 출범시키고, 핵심 인프라(전력망·

금융망·5G 코어망)에 대한 공동 방어·모의훈련·위협 인텔리전스 공유 프로토콜을 구축해야 한다. 특히 국내 통신 3사가 운영하는 5G·6G 네트워크 코어망과 공공 클라우드 리전은 동맹 차원의 '핵심 디지털 요충지(Core Digital Hub)'로 지정하여, 비상 시 자동 방어·복구 절차가 즉시 가동되도록 표준화한다. 이를 통해 사이버 전담 역량을 대폭 확장하며, 동북아 디지털 안보 주도권을 선점할 수 있다.

5. **우주·궤도 자원 주권을 위한 'K-오빗 슬롯·자원 전략' 수립**: 대한민국은 위성 발사 역량을 바탕으로 조만간 확보하게 될 정지궤도 슬롯과 저궤도(LEO) 주파수 대역을 'K-오빗 슬롯(K-Orbit Slot)'으로 브랜딩하되, 이를 민·관 공동 운영 체계(Orbit Consortium) 아래 두어 전략적 파트너십을 맺는다. 위성 인터넷·지구 관측·소행성 샘플링 등 차세대 서비스를 이 슬롯에 우선 배치하고, 국제전기통신연합(ITU)에 한국 주도의 'LEO 자원 채굴 가이드라인'을 제안·채택시켜 우주 패권의 법제도적 기반을 확보해야 한다. 이 전략은 한국형 위성 제조·발사·운영 생태계를 고도화하며, 우주 자원 주권의 시발점이 될 것이다.

이 다섯 가지 숨겨진 전략은 물리적 군사력에 의존하지 않고, 디지털·기후·사이버·우주라는 보이지 않는 전장에서 대한민국의 패권 역량을 배가시킬 수 있다. 이제 남은 과제는 이 전략을 '국가 실행계획'으로 구체화하고, 단기 성과와 장기 비전을 동시에 달성하는 일이다.

이 책을 통해 우리는 '패권'이 더 이상 군사력이나 영토 넓이만으로 결정되지 않는 시대에 살고 있음을 확인했다. 1장에서 고대와 근대의 패권 전략 물길을 틀어 물류를 통제했던 로마의 비밀에서부터 산업혁명기의 자본·기술 독점까지를 살펴본 것은, 오늘날 보이지 않는 전장에서 벌어지는 경쟁이 어떻게 역사적 흐름과 맥을 같이하는지를 보여 주기 위함이었다. 2장에서 문화·심리 전쟁의 설계 방식을, 3장과 4장에서 기후·에너지와 우주·자원 주권을 다룬 것은, 패권이 단일 차원이 아닌 다층적 전선에서 교차·융합된다는 사실을 입증했다. 5장의 디지털 인프라와 사이버 패권 논의는, 이제 데이터센터·알고리즘·사이버 작전 역량·거버넌스가 새로운 군함과 탱크가 되었음을 생생하게 증언한다.

이제 남은 것은 책 전반에 걸쳐 드러난 다섯 가지 핵심 교훈을 가슴에 새기는 일이다.

1. **패권은 다층적 전선에서 교차·융합된다.** 군사·경제·문화·디지털·우주 전선이 서로 영향을 주고받으며, 어느 한 분야의 우위는 다른 분야의 진로를 바꾼다.

2. **보이지 않는 권력의 메커니즘을 이해해야 승리한다.** 기술·표준·금융·거버넌스 뒤에 숨은 전략을 읽어낼 때, '친환경 가면', '데이터 장벽', '문화 침투' 등의 허울을 벗길 수 있다.

3. **투명성과 책임성은 패권 유지의 필수조건이다.** 블록체인 탄소신탁, 모델

카드 의무화, 디지털 영토법 등 제도적 장치는, 권력 남용을 견제하면서 지속 가능한 질서를 보장한다.

4. **국가·기업·시민이 공조할 때 새로운 균형이 가능하다.** 기후외교, 사이버 방어 연합, 우주 파트너십처럼 합종연횡이야말로 복합 전선에서 승리하는 열쇠다.

5. **미래 패권은 '숨겨진 코드'가 결정한다.** PRISM 로그 한 줄, 팰컨 헤비 연소 타이밍, CBAM 세율 등 사소해 보이지만 판도를 바꾸는 결정적 순간을 예측·설계할 수 있어야 한다.

이제 『패권의 비밀』을 덮을 때가 되었다. 독자 여러분이 이 책에서 얻은 통찰을 바탕으로, 각자의 분야에서 '보이지 않는 권력'을 꿰뚫어 보고, 지속 가능하고 공정한 새로운 패권 질서를 설계해 주길 기대한다. 당신이 다음 '숨겨진 코드'를 찾아낼 주인공이다.

6. 부록: 주요 용어, 연표, 추천문헌

A. 주요 용어

용어	정의
데이터 주권 (Data Sovereignty)	국가가 자국민의 데이터 보관·처리·이동 권한을 법제적으로 보장하는 개념
모델 카드 (Model Card)	AI·ML 모델의 학습 데이터, 의사결정 로직, 영향 평가 결과 등을 투명하게 공개하는 문서 양식
스마트 컨트랙트 (Smart Contract)	블록체인 상 조건이 충족되면 자동으로 실행되는 계약 코드
APT (Advanced Persistent Threat)	특정 목표를 위해 장기간 은밀히 진행되는 지능형 지속 위협 공격
디지털 방패·창 (Digital Shield &Spear)	방어(Shield)와 공격(Spear) 역량을 동시에 강화하려는 사이버 전략
CBAM (Carbon Border Adjustment Mechanism)	탄소 국경세, 수입 상품에 탄소 함량에 따른 세율을 부과하는 메커니즘
PFS (Pay-For-Success)	성과 달성 시에만 자금이 집행되는 금융 지원 모델
디지털 영토법 (Digital Territory Act)	데이터센터·해저 케이블 등 디지털 인프라를 국가 '영토'로 규정하는 법
K-Orbit Slot	대한민국이 확보·운영하는 정지궤도 슬롯 및 저궤도 대역의 브랜드 명칭
네트워크 효과 (Network Effect)	사용자 수 증가가 플랫폼 자체 가치를 기하급수적으로 상승시키는 현상

B. 핵심 연표

연도	사건 및 이정표
1969	ARPANET 첫 연결(UCLA ↔ Stanford)
1995	NSFNET 민간 개방, 상업 인터넷 시대 개막
1998	구글 설립·페이지랭크 알고리즘 도입
2002	스페이스X 설립, 민간 우주 시대 서막
2005	EU ETS 출범
2010	SolarWinds 공급망 해킹 사건
2015	파리협정 체결, NDC 도입
2016	Cambridge Analytica 스캔들
2017	워너크라이 랜섬웨어 대유행
2018	GDPR 발효, 미국 CLOUD Act 제정
2019	USCYBERCOM 독립 사령부 승격
2020	SolarWinds 사태 폭로; CCPA 발효
2021	UNESCO AI 윤리 권고안 채택; EU ARIA 제안
2023	중국 '생성형 AI 관리 규칙' 발표; EU DMA 발효
2025	대한민국 디지털 영토법·국가 AI 모델 카드 법제화 추진(예정)

C. 추천 문헌

- *The Age of Surveillance Capitalism*, 샤샤 테크소프 저: 데이터 수집·플랫폼 권력의 본질과 현대 사회에 미치는 영향 분석
- *Cyber War: The Next Threat to National Security*, 리처드 클락 저 : 사이버전 초기 역사와 국가 안보 관점에서의 위협 고찰
- *Architects of Intelligence*, 마틴 포드 저: AI 거버넌스·윤리·미래 전망에 대한 석학·기업가 인터뷰 모음
- *Blockchain Revolution*, 돈 탭스콧, 알렉스 탭스콧 공저: 블록체인 기술의 원리와 글로벌 응용 사례
- *Soft Power: The Means to Success in World Politics*, 조셉 나이 저: 소프트 파워 개념과 문화 외교 전략 이해를 위한 고전
- *Space as a Strategic Asset*, 존 볼턴 저: 우주개발·궤도 자원 주권과 국제법·안보 이슈 분석